职业教育理论与实践探索

王 瑶 ◎ 著

吉林出版集团股份有限公司

图书在版编目（CIP）数据

职业教育理论与实践探索 / 王瑶著 . — 长春 : 吉林出版集团股份有限公司, 2023.9
ISBN 978-7-5731-4333-4

Ⅰ.①职… Ⅱ.①王… Ⅲ.①高等职业教育－研究－中国 Ⅳ.① G718.5

中国国家版本馆CIP数据核字（2023）第182107号

职业教育理论与实践探索
ZHIYE JIAOYU LILUN YU SHIJIAN TANSUO

著　　者	王　瑶
责任编辑	齐　琳
封面设计	林　吉
开　　本	787mm×1092mm　　1/16
字　　数	455 千
印　　张	21
版　　次	2023 年 9 月第 1 版
印　　次	2024 年 1 月第 1 次印刷
出版发行	吉林出版集团股份有限公司
电　　话	总编办：010-63109269
	发行部：010-63109269
印　　刷	廊坊市广阳区九洲印刷厂

ISBN 978-7-5731-4333-4　　　　　　　　　　　　　定价：78.00元

版权所有　侵权必究

前　言

　　职业教育是社会发展的产物，是人类文明进步的产物，是人自身发展的产物，也是与经济社会发展联系最紧密、服务最贴近、贡献最直接的教育类型。大力发展职业教育既是近年来教育界不变的主题，也是党和国家的战略发展目标。随着国际竞争的日益加剧、科学技术的快速发展、现代产业体系的建立和完善及人力资源结构的合理调整，原有的职业教育理论和实践需要不断更新、发展、完善和创新。

　　职业教育政策是国家公共政策体系的重要组成部分，它以解决公共职业教育问题、满足公共教育利益为目的。从政治学视角来分析职业教育政策的演变规律，是公共政策研究方法及其内容在职业教育领域的运用和拓展，能够提高政策形成的科学性，提升政策执行的实效性，满足广大民众的利益诉求，服务于整个国家治理体系现代化大局。职业教育在我国当下和今后一段时间内，承担着为改革开放和全面建成小康社会培养高素质劳动者与技术技能人才的职责和使命。在国家不断突出职业教育战略地位的顶层设计框架下，提升职业教育吸引力的政策环境还没有完全建立起来。在国家"完善和发展中国特色社会主义制度，推进国家治理体系和治理能力现代化"的总目标下，如何克服存在的问题，调动政府、市场、企业、行业、学校、民众等多方相关者的参与积极性，实现利益共享，形成办好职业教育的合力和持久动力，实现职业教育公共治理现代化，是职业教育政策研究的重点和方向。

　　本书主要研究职业教育理论与实践探索方面的问题，涉及丰富的职业教育知识。主要内容包括现代职业教育基础知识、我国职业教育政策的历史沿革、现代职业教育教学方法、现代职业教育的师资队伍建设、现代职业教育与经济发展、现代职业教育实践教学管理模式、现代职业教育实践教学管理的组织结构、现代职业教育实践教学改革、现代职业教育体系的建设基础、现代职业教育体系的结构框架、现代职业教育对治理体系现代化的积极作用以及完善职业教育政策是国家治理体系现代化的重要内容等。本书涉及面广、技术新、实用性强，使读者能理论结合实践，获得知识的同时掌握技能，理论与实践并重，并强调理论与实践相结合。本书兼具理论与实际应用价值，可供相关教育工作者参考和借鉴。

由于笔者水平有限，本书难免存在不妥甚至谬误之处，敬请广大学界同仁与读者朋友批评指正。

目 录

第一章 现代职业教育的基本理论 ………………………………… 1
第一节 现代职业教育的概念及内涵 ……………………………… 1
第二节 现代职业教育的基本理念 ………………………………… 7
第三节 现代职业教育的基本特征 ………………………………… 11
第四节 现代职业教育的目的与任务 ……………………………… 17
第五节 现代职业教育的地位与功能 ……………………………… 22
第六节 现代职业教育的培养目标 ………………………………… 38

第二章 我国职业教育政策的历史沿革 …………………………… 44
第一节 近代以来职业教育的开创与探索 ………………………… 44
第二节 改革开放前职业教育政策发展 …………………………… 48
第三节 改革开放以来职业教育政策的发展 ……………………… 53
第四节 改革开放以来职业教育政策评析 ………………………… 85

第三章 现代职业教育的教学方法 ………………………………… 88
第一节 现代职业教育的教学原理 ………………………………… 88
第二节 现代职业教育的教学过程 ………………………………… 95
第三节 现代职业教育的理论教学方法 …………………………… 103
第四节 现代职业教育的教学模式及方法体系 …………………… 112
第五节 现代职业教育中现代教育技术的运用 …………………… 115

第六节　现代职业教育教学方法的选择与运用 ……………… 119

第四章　现代职业教育的师资队伍建设 ……………………… 123

　　第一节　职业教育的师资概述 ……………………………… 123

　　第二节　职业教育教师的素质结构 ………………………… 125

　　第三节　职业教育教师的专业化发展 ……………………… 131

第五章　现代职业教育与经济发展 ……………………………… 139

　　第一节　现代职业教育改革与市场机制 …………………… 139

　　第二节　现代职业教育与劳动力市场 ……………………… 145

　　第三节　现代职业教育与区域经济发展 …………………… 148

第六章　高等职业教育实践教学管理模式 ……………………… 153

　　第一节　国外四大职业教育模式 …………………………… 153

　　第二节　我国现代职业教育体系框架的建立 ……………… 168

　　第三节　当前高职教育实践教学存在的问题及改革办法 … 172

　　第四节　高等职业院校育人管理模式 ……………………… 177

第七章　高等职业教育实践教学管理的组织结构 ……………… 182

　　第一节　实践教学管理中的组织 …………………………… 182

　　第二节　高职院校实践教学管理的组织结构 ……………… 196

　　第三节　实践教学管理机制及其建立 ……………………… 205

第八章　高等职业教育实践教学改革 …………………………… 216

　　第一节　高等职业教育实践教学改革的必要性 …………… 216

　　第二节　高等职业教育实践教学改革存在的问题及对策 … 218

　　第三节　高等职业教育实践教学改革的思路 ……………… 227

第九章　现代职业教育体系的建设基础 ………………………… 232

　　第一节　职业教育对社会经济的贡献及发展困境 ………… 232

  第二节 职业教育面临的机遇和挑战……………………………… 242

  第三节 建设基础给予现代职业教育体系建设目标的启示……… 251

第十章 现代职业教育体系的结构框架……………………………………… 263

  第一节 现代职业教育体系的边界……………………………………… 263

  第二节 现代职业教育体系的本体……………………………………… 271

  第三节 现代职业教育体系的延伸体…………………………………… 286

  第四节 现代职业教育体系的环境层…………………………………… 287

第十一章 现代职业教育对治理体系现代化的积极作用…………………… 289

  第一节 发展职业教育与保障政治稳定………………………………… 290

  第二节 发展职业教育与改善民生……………………………………… 293

  第三节 发展职业教育与"新四化"布局……………………………… 296

  第四节 发展职业教育与促进经济发展新常态………………………… 300

  第五节 发展职业教育与构建学习型社会……………………………… 303

第十二章 完善职业教育政策是国家治理体系现代化的重要内容………… 306

  第一节 进一步强化顶层理性设计……………………………………… 307

  第二节 改进政府宏观管理作用………………………………………… 312

  第三节 充分发挥各方利益相关者的功能……………………………… 318

参考文献…………………………………………………………………………… 324

第一章 现代职业教育的基本理论

第一节 现代职业教育的概念及内涵

一、职业的含义与特征

(一)职业的含义

从词典释义看。在英语中,"vocation"一词意为由神感召而得到神职。在《牛津高级英汉双解词典》中,"vocation"指"工作、职业""占据某人时间的活动""(认为自己适合于做某事的)使命感""(对某种工作)天生的爱好或才能""行业、职业"。在我国,"职业"一词,最早见于《国语·鲁语》:"昔武王克商,通道于九夷百蛮,使各以其方贿来贡,使勿忘职业。"这里的"职"指执掌之事;"业"是古代记事的方法,把要做的事在木棒上刻成锯齿状,有多少事情就刻多少个齿,做完一件就刻一个齿,即"修业",所以,"业"的含义是事。"职业"即为分内应做之事,与一定的社会分工和完成某件事所需要的技术、技能相联系。

从职业发展历史看,随着奴隶社会的不断发展,农业与手工业、畜牧业不断分离,导致脑力与体力劳动的逐渐分离,并出现了最早的职业。在古代,有"官有职,民有业"一说。这里的"职"与"业"主要指的是朝廷人员与老百姓所从事的主要工作:"职"指的是官事;"业"指的是农、牧、工、商,也就是今天所指的行业。可见，在我国古代，"职"与"业"是分开赋予含义的。较早地完整使用"职业"一词是在《荀子·富国》："事业所恶也，功利所好也，职业无分，如是，则人有树事之患，而有争功之祸矣。"到了近代，随着社会的进步，社会分工日益精细化与复杂化，"职""业"逐渐被一起使用，主要含义是指个人在社会中所从事的并以其为主要生活来源的合法工作的种类。

现代的"职业"含义是指，人们在社会中所从事的、相对稳定的、作为主要生活来源的，并以此为社会服务和体现自我价值的专门的合法工作。可见，职业是参与社会分工，利用专门的知识和技能，为社会创造物质财富和精神财富，获取合理报酬作为物质生活来源，并满足精神需求的工作。它包含五个方面的内涵：第一，职业必须是社会分工产生的，为社会所承认的有益的工作，与人类的需求和职业结构相关；第二，职业必须是相对稳定的，不是可有可无的，也不是临时的，有一定的连续性，与职业的内在属性相关，强调利用专门的知识和技能；第三，职业必须是为群众服务的，既服务于社会也是社会所必需的，从而也是个人发展和实现人生价值的主要渠道；第四，职业与社会伦理相关，强调创造物质财富和精神财富，获得合理报酬；第五，职业是能够为己谋生的，是个人愿意以此获取生活资料的主要来源，与个人生活相关。

（二）职业的特征

职业作为一种劳动，它既有一般劳动形式的特征，也在产生和发展的过程中逐渐形成了可以与其他劳动形式相区别的特征。当代职业的特征主要表现在以下十三方面：

1. 目的性

职业以获得一定的回报为目的。这种回报不一定仅限于物质、金钱等报酬，还包括理想的实现、个人价值的实现、兴趣爱好的满足等。

2. 规定性

职业对从业人员素质具有一定的规定和内在要求。从事特定职业的从业人员必须达到职业所要求达到的专业素质，同时，从业人员必须在其中承担一定的职责。

3. 社会性

职业是从业人员在特定社会生活环境中所从事的一种与其他社会成员相互关联、相互服务的社会活动。

4. 稳定性

职业在一定的历史时期形成，并具有一定的生命周期。

5. 规范性

职业必须符合国家的法律，符合从业标准和社会道德规范。

6. 群体性

职业具有一定规模，它是群体的共同行为。达不到一定数量的从业人员的劳动不能被称为职业。

7. 可变性

职业的内涵与种类并不是一成不变的，它会随着社会经济、产业结构的变化而发生改变。

8. 经济性

对个人，职业是个人获取生活资料的主要途径；对社会，个人从事职业是促进社会经济发展的重要环节。

9. 技术性

不存在没有知识、技术的职业。特别在进入知识经济时代后，各种职业的技术含量在不断增加，技术性更加突出。

10. 专业性

任何一个职业都是要不断发展和完善的，因此，它的专业性会越来越强，专业化程度也会越来越高。

11. 时代性

职业是不断发展变化的。新的职业不断产生，旧的职业不断消亡，每个时代都有自己的特色职业。

12. 多样性

社会分工越来越细，职业的种类也必将越来越多，且具有多样性的特点。

13. 发展性

职业是人类发展的舞台，任何人的发展都离不开职业。

二、职业教育的概念

职业教育是一种复杂的教育活动，对其概念的认识也是复杂多样的。下面将从广义与狭义、外部与内部四个角度对其概念做归纳和分析。

从广义的角度理解"职业教育"的概念包括三层含义：所有的教育和培训都具有职业性，均有职业导向，因为所有的教育都影响着个人的职业；职业教育和培训包含所有类型的技术传授；职业教育既可以在家庭中传授，也可在工作单位或正规院校传授。从狭义的角度理解"职业教育"的概念也包括三层含义：职业教育就是培养高级工匠的教育；职业教育和培训仅包含操作性技能之类的技术传授；职业教育是与普通教育相对的，以专门培养中级专业技术人才为目的的学校教育，它处于大学层次之下，反映了教育体系内部的结构与分工。显然，广义的"职业教育"的概念混淆了职业教育与其他类型教育的差别，未区分出职业教育所传授的特定技术类型，而狭义的"职业教育"的概念又把职业教育局限于操作技能训练和中等层次的程度上，因此，二者都没有真实地、全面地反映出现代职业教育的真谛。

2001年，联合国教科文组织修订的《关于技术与职业教育的建议》认为："'技术与职业教育'是作为一个综合术语来使用的。它所指的教育过程除涉及普通教育外，还涉及与学习、经济和社会生活各部门的职业有关的技术和各门学科，以及获得相关学科的实际技能、态度、理解力和知识。技术与职业教育进一步被理解为：1.普通教育的一个组成部分；2.准备进入某一就业领域以及有效加入职业的一种手段；3.终身学习的一个方面以及成为负责任的公民的一种准备；4.有利于环境的可持续发展的一种手段；5.促进消除贫困的一种方法。"教科文组织所提出的上述解读，主要从职业教育的外部关系阐述了职业教育的外延和作用。这样的表述更易于让大多数国家的政府接受，并重视职业教育，这正是其用意所在。

职业教育还需要从内部来审视其内涵。有学者论述了职业教育应该是一种不同于普通教育的独特的教育类型，应该把职业学校真正办成遵循职业教育规律和特性、体现职业教育价值的教育机构，而不是作为低于普通学校的"二流"学校。还有学者将职业教育的概念表述为，"职业教育是培养技术应用型、技能型人才的一种教育或培训服务"，并将其理解为五个要点：职业教育是教育的一种类型；职业教育培养的是技术应用型、技能型职业的人才，而不是培养所有职业的人才；职业教育属于服务业，它为准备成为技术技能型人才提供教育服务；职业教育培养的是人才，是在普通教育基础上进行的；职业教育具有层次之分，旨在培养技术应用型与技能型两类人才。

作为独特教育类型的职业教育，在课程方面，是以就业能力为导向的能力本位课程或工作过程课程；在教学方面，实施行动导向教学，实行工学结合的人才培养模式；在学生评价方面，要求以学生获得职业胜任能力和职业资格为依据，重行而不唯知；在教师评价方面，要从重升学率和学术成果转向重就业导向的课程开发和教学应用与转化；在管理制度方面，要建立起符合职业教育规律与特色的管理制度；在教育体系方面，职业教育是横向"结成"体系，而普通教育是纵向"自成"体系。

综上所述，职业教育是终身学习的重要组成部分，是全民教育的主要承担者，是以培养符合职业或劳动环境所需要的技能型人才为目标的一种教育类型。它以职业需要为导向，以实践应用性技术和技艺为主要内容，传授职业活动必需的职业技能、知识、态度，并使学习者获得或者扩展职业行动能力，进而获得相应的职业资格。职业教育所培养的是技能型人才，进一步可以分为技术应用型人才和操作技能型人才，两者都需要具备一定的理论技术、实践技术、心智技能和运动技能，都需要在生产或服务的一线通过行动将已有的设计、规范和决策转化为产品或服务成果。

三、职业教育的内涵

职业教育是终身教育体系中在基础教育之上，为引导学生掌握在某一特定职业或职业群中从业所需的实际技能、知识和认识的教育服务，是使受教育者获得某种职业或生产劳动所需要的职业技能、知识、职业道德的教育，其目的是培养技能型应用人才和具有一定文化水平及专业知识技能的劳动者。

职业教育是社会发展的产物，是人类文明发展的产物，是人自身发展到某个特殊时期的产物。职业教育受益于社会，促进社会发展是职业教育的应有之义和神圣职责。职业教育应包括两部分内容：1.职业技术学校教育，即学历性的职业教育，分为初等、中等、高等职业学校教育；2.职业培训，按照职业需求或劳动岗位的要求，以开发和提高劳动者的职业技能为目的的教育和训练活动，是非学历性的短期职业教育。职业培训的形式多种多样。目前，我国的职业培训包括从业前培训、转业培训、学徒培训、在岗培训、转岗培训及其他职业性培训。根据实际情况，也可以将职业培训分为初级、中级、高级职业培训。因此，我们必须从以下五方面准确把握职业教育的内涵。

（一）职业教育是终身教育体系的一个组成部分

职业教育是相对应于其他教育存在的，没有其他类型教育也就不存在职业教育，并且职业教育是教育的重要组成部分，它对人的职业化、经济社会发展和消除贫困等具有重要价值。就个人而言，人对教育有基本需求、从业需求和闲暇需求，而职业教育可以满足人的从业需求。因此，职业教育是人终身教育和全面发展的一个方面、一个阶段、一个重点。

（二）职业教育是建立在基础教育之上的

接受职业教育需要以一定的科学文化知识为基础。受教育水平是接受何种层次职业教育的重要准入依据。高等职业教育以普通高中教育为基础，中等职业教育以初中文化教育为基础，初等职业教育以小学文化为基础。

（三）职业教育是职业定向教育

定向教育是以职业或职业群为主要依据的专业类别培养人才的方式。无论是全日制职业教育、部分时间制职业教育，还是职业培训，都是给予学生或在业人员从事某种特定职业或职业群所需的实际知识、技能和态度的教育，是为就业、转业做准备的，就是使"无业者有业，有业者乐业"。完成职业教育课程后，可以获得所在国的主管当局（教育部、雇主协会等）认可的在劳务市场上从业的资格。职业人才有多种类型、多种层次。

（四）职业教育面向部分人群

职业教育主要面向技术性、技能性职业者。非技术性职业者、学术性职业者、工程性职业者等，均无须接受职业教育。由于国度不同，时代不同，技术性、技能性职业的声望和社会地位不同，职业教育的地位与作用差别较大。

（五）职业教育是一种服务

职业教育过程分别由教育、教学、管理和服务构成。职业教育过程的结果是转变学生。学生是顾客，职业教育机构向学生提供了学习、生活、劳动的设备设施，通过教职工的教育、教学、服务过程为学生提供特定职业或职业群所需的知识、信息、方法，提高学生从业的实际技能、知识、认识，以及认识世界、改造世界的能力。因此，职业教育是一种高尚的服务业。

第二节　现代职业教育的基本理念

一、现代职业教育的属性

（一）现代职业教育是一种主体教育

传统职业教育追求的是对受教育者进行某种技能教育，强调受教育者对教师、学校和社会的机械服从和顺应。这种"见物不见人"的教育把受教育者当作教育的客体加以塑造，而不是当成教育的主体来加以培养，其塑造出来的人，"人"味很淡，"物"性十足，缺乏主体意识和创新精神。因而，职业教育也要和其他教育一样，全面贯彻党的教育方针，而且要面向全体学生，要注意学生的个体差异，促进人的个性在职业领域里的全面发展。

（二）现代职业教育是一种全民教育

由于职业教育是一种就业教育，所以它同时也是一种大众化的教育。职业教育在满足社会上个人的需要和开发个人潜能的同时，为所有人提供了技能的教育，尤其对在职人员和失业者提供培训、再培训，并获得受教育的均等机会。职业教育的普及与其提供的学习技能，将会促进全世界所有公民接受教育。

（三）现代职业教育是一种文化教育

"文化教育"在这里指的是一种理念文化，包括价值观念、道德观念和思维方式。实施职业启蒙教育阶段，职业教育渗透到基础教育，大力开展劳动技术教育，培养中小学生的劳动意识和劳动习惯，可使他们从小就树立劳动至上的价值观，为学会做事奠定良好基础；实施职业准备教育阶段，在传授一定文化知识和技能的同时，加强职业道德教育，培养学生学会做人，使其日后上岗就业能够热爱本职工作，无私奉献，使个人服务社会从而为社会做出贡献奠定基础；实施职业继续教育阶段，由于树立了劳动的价值观，可以使人懂得作为社会人应与社会及其他社会人和谐相处，并依靠自己的双手创造财富。

（四）现代职业教育是一种终身教育

正如《学会生存》报告中说的，不应该培养青年人和成人从事一种特定的、终身不变的职业，而应培养他们有能力在各种专业中尽可能多地流动，并刺激他们自我学习和培训自己的欲望。随着生产力的发展和社会的进步，人的职业、岗位职业能力会经常变动、更新，这就需要不断地参加这样或那样的职业技术学习，接受继续教育或培训。因此，职业教育是一种终身教育。

二、对职业教育功能的理解

（一）由单纯地针对职业岗位扩展到着眼于整个职业生涯

在现代社会中社会就业人员的利益导向和价值走势，使其职业经常变更，一个人一辈子固定在一个行业或一个岗位上的时代即将消失。我国自改革开放以来，人才流动已逐渐成为一种常见的社会现象，社会成员正由"单位人"逐渐走向"社会人"。这种就业需求，必然对职业教育的目标和内涵产生影响。

（二）由满足上岗要求走向适应社会发展

职业能力不仅指操作技能或动手能力，而且指综合的、称职的就业能力，包括知识、技能、经验、态度等，即为完成职业任务所需的全部内容。在职业能力的内涵中，应十分注重合作能力、公关能力、解决矛盾的能力、心理承受能力和竞争能力等非技术的职业素质，同时，随着科学技术的迅猛发展，社会职业岗位的内涵与外延处于不断变动中。因而，职业教育的教学计划不能仅着眼于当前上岗能力的需要，还应注重学生对职业岗位变动的良好适应性和就业弹性的需要。

（三）由提供学历和文凭向多方面延伸

职业教育体系总体上分为学历教育、非学历教育与培训两大部分。学历教育主要是以较长的连续时间，系统地培养基层一线的技术型人才为主。学历教育有中等职业教育和高等职业教育两个层次。在非学历教育与培训中，一部分是资格证书教育、工人技术等级培训，另一部分是岗位培训、在职进修培训和短期就业培训。随着我国加入WTO，实施"走出去"的战略，职业教育的功能还将由培养国内人才扩展到培养国际人才。

三、职业教育应有的理念

（一）新的职业理念

1.动态的职业观

伴随着世界经济的发展，产业结构、行业结构和技术结构都发生了深刻的变化。行业的兴衰导致职业的存亡，而技术结构的变化又直接影响职业结构的构成。为了适应职业的动态变化过程，职业教育工作者要有长远的眼光，不仅应当了解过去和现在社会职业的状况，还应当看到五年、十年甚至更长时期内职业教育的发展方向。对社会职业变化的高度敏感性和适应性将是职业教育在变化的时代立足和兴旺的根本。为此，高职院校必须十分关注社会职业的变化，不断加强办学条件建设，增强发展潜力，及时调整教学计划、教学内容、教学方式以及教学要求，以增强人才培养工作的适应性。

2. 整体的职业观

工业社会过细的劳动分工使人的职业发展出现了单一化，人的一生往往被束缚在一个零件的制造或某道工序的操作上。为了改变这一状况并增强学生对工作和未来生活的整体适应性，职业教育必须树立整体的职业观，扩大教学与训练的辐射面，培养学生多方面的工作能力，尤其是分析、判断、决策和行动的能力。

3. 人文的职业观

职业至上论和人文教育之争在普通高等教育领域由来已久，在高等职业教育中两者之间的矛盾更加突出。长期以来，中外高等职业教育都存在"唯职业论"的声音。人们以为，职业教育的宗旨就是为学生将来从事某种职业做准备，因此，高职院校围绕职业技术组织教学与培训工作是天经地义的事情。但我们说，帮助学生获得职业技能本身并无不妥，如何认识学生将要从事的职业，如何培养学生具备承担完成职业使命的能力却值得人们更加深入地思考。

职业并不是孤立存在的。从根本上说，职业是人类社会分工的产物，职业的本质不在于职业所要求的技术，而在于职业的社会价值。职业的社会价值的实现离不开技术，但仅仅依靠技术是远远不够的，它还要求从事职业的人具有正确的社会价值观、人生观，具有必要的人际交往能力以及其他社会生活能力。对于个人而言，职业与人们的生活更是有着不可分割的联系，职业不仅是人们谋生的渠道，还是人们从事社会生活并实现人生社会价值的舞台。现代工商业生产与服务把各种职业有机地融合在一起，信息技术的发展不但强化了各种职业之间的联系，更强化了人与人之间的联系。因此，职业教育不能单纯地着眼于技术的训练，还要从职业的人文性出发，加强学生的人文素质教育，提高学生的社会人际交往能力、社会价值判断与审美能力、社会组织与协调能力等。

（二）人本理念

1. 学生中心观

高职院校是学生开启职业生活和社会生活的桥梁，他们只有在这里获得全面、自由而充分的发展,才能在一个变化万千的时代,在职业生活和社会生活中游刃有余,与时俱进。为此,高职院校必须树立起以学生为中心的观念,以学生的发展为自己的根本目标。在考虑学生整体特点的情况下,注意学生的个体差异,做到因材施教,为学生当前的生活、以后的生存和发展打下基础。

2. 素质教育观

职业教育不是一种终结性的教育,而是服务于学生发展的终身教育。职业教育不仅要适时地根据受教育者的需求特点在办学方式上做出一定的调整,更主要的还是要为受教育者以后的发展打下扎实的基础,提供良好的素质。这种素质不仅表现在过硬的专业技能上,还应表现在具有深厚的理论基础上。受过职业教育的学生能够根据社会和职业的变化及时地对自己做出相应的调整,并实现个体持续的良性发展。如提升自我学习、形势分析和判断等方面的能力。

第三节 现代职业教育的基本特征

一、职业性

职业性是指职业教育培养生产、服务、技术和管理所需要的高素质劳动者和技术型、技能型人才。其具有以职业为导向,为就业服务的特点。

职业是职业教育的基础,是规范职业教育的专业、课程和评价的标准。如杜威所讲:"一种职业必须是信息和观念的组织原则,是知识和智力发展的组织原则。职业给我们一个轴心,它把大量变化多样的细节贯穿起来,它使种种经验、事实和信息的细目彼此井井有条。"

职业教育培养是现代职业培养生产、管理、服务所需的具有综合职业能力的应用型人才的实践活动。职业教育以学生能够就业,并能使学生在未来的职业实践中得到发展为主要目标，教学内容以学生就业岗位需要为导向，教学环境强调与真实的环境相同或相似。

职业性并不排斥文化修养、人文道德，而是融人力、知识、技术、技艺、工作的任务与过程及行动、道德、价值、精神等于一体。同时，职业教育重视培养学生良好的职业道德、职业意识、职业纪律、职业习惯，以及忠于职守的敬业精神，其教学计划、教学过程、教学方法、教学组织、生产实习和教学实习等，都与社会职业需要，与学生的职业活动、文化修养紧密联系。

二、技术性

技术通过职业教育内化到劳动者身上，才能转化为现实生产力，发挥出它的功能。技术的演变会影响职业教育发展的结构、层次、规模、课程和方法等。技术结构及产业结构的变化推动着职业教育结构的演变。技术革命及其引发的社会生产方式的变革决定着职业教育思想的发生和发展，技术革命导致了职业教育技术制度的变革。

技术可分为经验型技术、实体型技术和知识型技术。它们都是职业教育课程的主要内容。职业教育的教学过程也充分体现了技术的属性、技术传授的规律和要求。技术的学习需要重复，但重复不排斥创新。

技术的进步推动了职业教育办学模式和人才培养模式的改革。职业院校应该紧跟技术的不断进步，通过产教结合、工学结合的基本途径，使得教育与训练并重，促进学习者对新技术和新工艺的掌握，提高其就业能力。

三、社会性

世界各国的职业教育各具特色，但凡成功模式的职业教育都与本国社会实际紧密结合。社会环境适宜职业教育的发展，职业教育就能有效地促进经济社会的发展。服务于社会是职业教育的宗旨。职业学校，从其本质来说，就是社会性；从其作用来说，就是社会化。职业学校的基础，是完全构筑于社会需要之上的。职业教育不可能脱离社会环境，因为它与社会劳动就业直接联系，而劳动就业又是具有高度综合性的社会工程，涉及国家和地域的资源、人口、经济、政治、科学、文化、社会习俗观念、有关制度措施等各方面，这些都牵动着职业教育的办学。另外，职业教育诸如联合办学，定向、委托培训等办学途径，也使得职业院校必然受社会多方的制约。

职业教育又是一种社会需求制约型的教育。其培养目标、发展规模、结构和速度，既受社会需求的推动，又受社会需求的约束。在不同的历史时期，随着社会需求的变化，必然会引发职业教育的发展与变革。

职业教育对社会环境的高度依存性，要求其办学必须是开放的、灵活的。职业教育只有吸纳全社会的力量，才能办好。除在培养目标的确定、专业的设置、教学内容和教学方式的选择等方面要紧贴社会实际需要之外，在教学、课程、评价和管理等实施过程中，职业教育也需要行业企业的参与和支持，必须广泛吸纳社会力量，与生产劳动和社会实践紧密结合，走"工学结合"之路，实行灵活多样的人才培养模式，只有这样，职业教育的培养目标才能实现。

四、实践性

教育部《关于深化职业教育教学改革全面提高人才培养质量的若干意见》中要求，要加强实践性教学，实践性教学课时原则上要占总课时数一半以上。职业教育过程就是实践的过程，实践贯穿于职业教育的始终。

（一）教学内容突出实践性

职业教育在教学内容的选择上不过分强调专业的学术性、系统性、完整性和理论性。基础理论课的内容以必需和够用为原则，重理论知识中相关结论的使用而轻其推导过程。教学内容的着重点在实践操作和专业技能的培养上，丢弃了那种学生听得多、看得多，重理论、动手少的教学方法，而采用以实践为重、为先的方法，先做后学、先学后教、以需定教。

（二）教学方法上突出实践性

在课程安排上，先建立实践教学体系，后建立理论教学体系；先进行专业课教学，后进行基础课教学；在具体教学中，尝试先让学生动手做一做，然后归纳总结，再有针对性地开展理论学习。

（三）教学过程突出实践性

国内职业教育的教学过程，都无一例外地选择了突出实践性的工学结合、产教结合的教学模式。在整个教学过程中，院校的教学实训与企业实习交叉进行，从而使教学更具实践性、应用性，也更贴近企业对学生技能的要求。

五、大众性

职业教育的大众性即职业教育的人民性。职业教育是面向人的教育。因此，职业教育必须代表人民群众的教育利益，最大限度地满足广大民众的需要，以服务民众为宗旨，保证人人享有平等的接受职业教育与培训的机会，使职业指导和职业咨询面向社会所有成员。在当今社会，绝大多数的社会职业都需要经过一定的职业训练，并由获得职业资格的人来从事，这就决定了每个公民都必须接受一定的职业教育。

六、终身性

职业教育贯穿于人的一生，是实现终身教育的一种形式。一个人在一生中只有接受多次职业教育，才能不断地具有胜任各项工作的能力。在基础教育阶段，可以对儿童进行包括职业意识、劳动光荣等最基本的职业素质教育；进入初中阶段后，接受职业教育的机会越来越多，既可以通过普通教育教学内容的渗透接受初级职业教育和培训，也可以通过分流接受以就业为导向的职业教育；进入社会后，人们也必须根据生产科技发展的需要，接受各种职业培训，以完善自己；当人们到达一定年龄，离开职业岗位，仍然可以根据自己的特点和需求，选择职业教育的内容和类型，以充实自己、完善自己，满足自己对教育享受的需要。职业教育应以更加开放和包容的胸怀，更加灵活多样的课程和教学模式，提供终身学习的机会和途径。

七、市场性

职业教育要满足市场对人才的需求。如果只是按教育规律办学而不考虑人才市场的需求，那么培养出来的学生，无论质量有多高，都无法实现就业；而如果只是按人才市场需求办学，在教育过程中不尊重教育规律，那就培养不出高素质的人才。因此，职业教育既要按教育规律办学，又必须按市场规律运作，这就是说，职业教育要具有市场性。

职业教育在办学指导思想上应确立以人才市场需求为导向的运作模式。市场的需求就是设置专业的依据，企业对岗位或岗位群的具体要求就是职业教育课程和教学内容的要求，具体目标是教学要求与职业岗位要求"零距离"。因此，职业教育要注重相关专业领域的最新技术发展，并根据发展实际调整课程结构和教学内容，做到教学内容及时反映本专业领域的新知识、新技术、新工艺、新方法，使教学内容与经济发展相适应，与技术改革相同步。

八、多样性

突出职业教育的特点，达到教学目的，关键是教学方法。职业教育对象的多样性和教学内容的技术性、实践性，决定其教学方法应该是灵活的、多种多样的。在具体的教学过程中，应该打破传统的教室与讲台的课堂模式，根据不同的教育对象和教学内容，采取具有实效性的教学方式，多角度、多方位地拓宽课堂、搞活课堂。除了讲授、讨论、问答等方式外，更多地可以采用观摩的方式、动手的方式、模拟操作的方式、"双师型"教师指导方式、技师带徒弟方式、实际工作岗位锻炼方式、心理考验和心理锻炼的方式等。职业教育教与学的场所，可以不受校园的限制，可以在工厂车间、在田间地头进行；可以不受普通学历教育和传统上所要求的学制年限的制约，而是根据教育对象所学内容的不同有较大的弹性；在时间上可以是几年、几个月，可以是全日制也可以利用业余的时间。

九、直接性

职业教育是一种产业。是产业就要讲求效益，就要讲投入与产出。职业教育的投入与产出的循环周期较短。也就是说，职业教育的效益体现得比较直接。职业教育的教学内容直观而实际，具有较强的针对性和实际操作性。

不论是高层次的职业教育，还是针对性较强的职业培训，接受教育和培训的个人都能很快地把自己学到的技术和技能运用到生产实际或经济建设的实际中去，发挥所学知识与技能的作用，提高劳动生产率，在短时间内创造出物质财富和扩大经济收入，投入者都能很快从中受益。因此，不论是提高在岗人员的知识和技术水平，还是为下岗人员创造再就业的条件，或是为广大的农业劳动者传授农业科学知识，都能够直接地从职业教育中很快获得收益。

十、适应性

职业教育的适应性就是随着社会经济的变化，特别是生产技术水平的提高，而变化自身特性或发展方式的能力。它区别于普通教育的规定性，是其独有的特征。职业教育的适应性表现在：1.职业教育制度的适应。国家发展职业教育，建立健全适应社会主义市场经济和社会进步需要的职业教育制度，包括办学方向、办学层次、教学内容、职业培训机构及对职业教育管理等，始终处于主动适应的位置，适应社会经济发展的需要。2.职业教育对象的适应。受教育者不应只是具有过于狭隘的职业性质或局限于一种技能的掌握，因为"瞬息万变"是这个时代的特征，所以，未来职教的主要目的必须是使青年有很强的适应性。

十一、中介性

职业教育是把人力优势转化为智力优势，再把智力优势转化为生产力的重要桥梁，它还是教育与职业之间沟通的渠道。"教育不与职业沟通，何怪百业之不进步""要发展社会，革新教育，舍沟通教育与职业无所为计"，由此表明，职业教育的中介性就是指职业教育在人的发展和社会发展之间、教育和职业之间的特殊位置。就是说，职业教育促进人的个性发展和社会进步，不是普遍性或者特殊对象性的，而是直接对应于社会需要和个人生存的，是促进科学精神与人文精神的结合，是促进社会发展需要的个性素质，是使人的个性更适应社会直接需要的发展的、提高的、更新的中介加工。

十二、产业性

职业教育兼具教育性、产业性的双重特性，其与市场经济的有机融合，主要是通过人才供需关系的平衡协调来实现的。职业教育的产业化运作是指，职业教育的运行机制和管理模式要面向市场，进行投入与产出分析，并对其成本进行严格核算。职业院校要在国家的宏观调控下，按教育规律和市场规律办事，成为自主管理、自主办学的法人实体，逐步形成"原料采集（招生引资）"—"生产（教育教学）"—"销售及售后服务"（推荐就业及业后培训）一条龙自主运行机制。

第四节 现代职业教育的目的与任务

职业教育以实现技术技能强国、全面发展、人人成才、尽展其才为目的；以实现合理的人力资源结构支撑国家产业发展，培养具有良好的思想道德、知识技能和人文素养的技术技能人才，让每个学生都成为有用之才，回应农村和城市低收入家庭对美好生活的期盼，形成以实践和贡献评价人才，全社会尊重技术技能人才的文化价值观为任务。

一、职业教育的目的

（一）职业教育目的的内涵

现代职业教育是适应现代科学技术和生产方式，系统地培养生产服务一线技术技能人才的教育类型。社会对职业教育的要求就是对人才规格和质量的要求，即职业教育目的。

职业教育的目的是根据不同社会的政治、经济、文化、科学、技术发展的要求和受教育者身心发展的状况确定的，它反映一定社会对受教育者的要求，是职业教育工作的出发点和努力方向，是制订其教育规划、编制课程、开展教育活动、评价教育效果的价值尺度和根本依据,是进行教育教学改革,确定未来发展方向的基本指南。

一个国家的职业教育的目的,是这个国家教育总目的和教育方针在职业教育系统中的具体反映,也是各级各类职业技术院校确定培养目标的依据。

职业教育目的具有明显的时代性、适应性、前瞻性、相对稳定性和连续性。至今,关于职业教育的教育目的,虽还没有一个完整而公认的表述,但综观我国各个历史时期对职业教育目的的阐述,它应包含以下内容。

1. 全面发展。不同时期、不同层次、不同专业的职业教育目的,无不要求接受职业教育的对象能够全面发展。

2. 人才类型是技能型和技术型。

3. 人才层次是初、中、高级专门人才。目前,职业教育呈现层次高移的趋势,人才层次主要以高级专门人才为主。

4. 工作场合是基层部门、生产一线和工作现场。

5. 工作内涵是将成熟的技术和管理规范变为现实的生产和服务。

(二)职业教育目的的结构体系

职业教育目的是指国家总的职业教育目的,即国家对职业教育应培养什么样的人的总要求。各种类型职业技术院校,无论具体培养什么社会领域的人才,也无论培养哪个层次的人才,都必须使其培养的对象符合国家提出的教育总要求。我国现行的职业教育目的是培养一大批有一定科学文化基础和较强综合职业能力的,德、智、体、美、劳全面发展的,在生产、技术、服务、管理等一线工作的各级各类专门人才。

1. 教育目的

教育目的是国家对培养人的总要求,是对所有受教育者提出的,具有高度概括性的总体性说明。不同类型教育的目的,在总教育目的的规范下,分别侧重为社会培养所需要的人。

2. 培养目标

培养目标是各级各类院校对培养人的要求,是教育目的的具体体现,是针对特定的对象提出的,是根据院校性质对培养人提出的特定要求。

3. 教学目标

教学目标是教育者在教育教学过程中完成某一阶段工作时，希望受教育者达到的要求或产生的变化结果。它是课程的教学目标及教学过程中的教学目标，是指导、实施、评价教学的基本依据。

4. 课程目标

课程目标是指导整个课程编制过程的最为关键的准则。确定课程目标，首先，要明确课程与教育目的、培养目标之间的衔接关系，以确保这些要求在课程中得到体现；其次，要对学生的特点、社会的需求和学科发展等各方面进行研究。教学目标是课程目标的进一步具体化。

在职业教育目的的层次结构内部与上下层之间抽象与具体的关系，上层教育目的必须落实到一系列下层目标的行动上，而每一项教育行动又是构成上层教育目的必不可少的一部分。教育、教学目标循序渐进地积累，不断向培养目标和教育目的逼近，最后达到教育目的的要求。需要指出是，"目标"与"目的"有习惯上的区别，相对而言，目标比目的更精确、更具体。教育目的对教育实践具有方向性的引导作用，适用于一个较长的时期；而教育、教学目标则为师生实现教育目的提供工具、启示方法和指导步骤，它往往是为一定的学校、专业、课程和个人设定的，容易在短期内实现。目标可以检测，而目的不能检测，但在教学中必须领会目的。

二、职业教育的任务

职业教育的任务是职业院校为达到教育目的和学习培养目标而设计的教育、教学活动的对象，是教育目的的具体化，上承教育目的、下启教学内容，并对教育教学方法、组织管理都有直接的影响。

（一）坚持育人为本，德育为先，把立德树人作为根本任务

职业教育坚持立德树人，就是要全面贯彻党的教育方针，遵循职业教育规律和技术技能型人才的成长规律，培养德、智、体、美全面发展的社会主义建设者和接班人。立德树人，重在全面发展，使技术技能人才重点具备三个方面的素质：一是体现社会主义核心价值观要求的思想道德素质；二是以

支撑职业生涯发展为重点的知识技能素质；三是以提升生活品质和审美情趣为重点的人文素养。

（二）使学生掌握一定的职业基础知识和运用这些知识解决实际问题的技能、技巧，为学生今后就业和继续学习奠定坚实的基础

首先是在某一职业领域具有相对稳定和广泛适应的职业基础知识的教育。如有关某职业领域的基本事实、基本概念、基本原理、一般规律、劳动常识、科学的工作方法等，这是职业教育中教学的基本任务。其次是职业能力教育，包括技能和技巧两个方面：技能是指与学习相关的基础知识所必需的，按一定规则与程序完成操作的能力；技巧则是熟练化、自动化的技能。知识是内在的、静态化的东西，而技能、技巧是运用知识完成一定任务的能力。技能、技巧不仅表现在动作方面，还表现在心智方面，如智慧技能（读、写、算等技能）、感觉技能（听觉、触觉、嗅觉、视觉等技能）。

（三）围绕提高学生的职业能力，发展其智力、体力

提高学生的职业能力是职业教育中教学的主要任务，职业能力是一种综合实践能力，是职业活动的核心，这是由教育培养目标和其教学目的所决定的。一个受过职业教育和培训的人，应该具备适应岗位工作的能力，能够独立工作并具有进一步提高工作效率的能力，同时，要具备与职业相关的知识和态度，以及实践经验、动手能力和自学、自我评价能力。

职业教育中的教学，一方面，追求"职业适应能力"这一基本目标；另一方面，旨在开发学生潜在职业能力和一般能力，其中"智力"和"体力"是发展职业能力的两大支柱。要发展学生的智力必须对前人的知识、经验合理地吸收、消化、提炼，同时，要点燃学生创造的激情，培养良好的思想和心理品质。身体健康是人一切发展的基础，没有健康有力的体能就难以胜任职业岗位的需要。全面提高学生的身体素质和运动能力，提高身体适应外界变化和抵御疾病的能力，提高学生自我保健的意识与能力，养成良好的卫生习惯和锻炼身体的习惯，是职业教育教学中不能轻视的重要任务。

（四）加强对学生的职业道德和劳动审美教育，促进学生全面和谐发展

以职业道德为基础，学会立业。做人以德为本是中华民族的传统美德，也是世界各民族和平共处、共同发展的必然要求。社会公德、家庭美德、职业道德和个人良好的修养构成了道德教育的基本要素。在职业教育中，应突出和加强对职业道德的教育，对学生进行系统的职业道德教育，树立行业平等意识和通过从事一定职业为社会服务的职业观念。良好的职业素质是在长期的培养和实践中形成的。要培养学生敬业、乐业的精神，讲究效率、效益，精益求精、团结协作的精神，使他们具有丰富的美感、乐观的态度、顽强的意志、坚韧的性格，养成惜时、守时、诚实、自尊、自爱、自强、自信、平等待人等优良品质和认真、严谨、踏实、谦虚、进取的良好作风；要具有正确的职业态度、顽强的职业意志、积极的职业情感、高尚的职业志趣和强烈的职业责任感，养成质量至上、遵纪守法、爱护环境、科学管理、优化服务等自觉意识和行为习惯，视职业为事业的道德理想和信念。

培养学生正确的职业审美观是职业教育的一项不可或缺的任务。要从技艺美、产品美、服务美体验到心灵美、精神美，让学生获得健康、丰富的职业美感；要通过直接教学和渗透性教学等方式，提高学生的职业思想修养、科学素质修养和职业艺术修养，为形成正确的职业观打下牢固的基础；要实现德、智、体、美、劳、心（理）各方面的和谐发展，达到"在做事中学做人，在做人中求发展"的良性教育状态。

第五节　现代职业教育的地位与功能

一、现代职业教育的地位

（一）职业教育地位的基本认识

职业教育的地位，是指职业教育作为一种客观存在并正常发展时，在社会关系中、地域内经济建设和社会发展中应处的位置。

职业教育地位的内涵应该有四层意思：一是指职业教育在人们心目中的位置，即职业教育在人们的心目中所受到的重视或尊重程度的综合反映。二是指职业教育在地域内经济建设和社会发展中应处的位置。职业教育是一种在经济建设和社会发展过程中起重要推动作用的社会活动。各国关于职业教育地位的阐述，一般也是指在经济建设和社会发展中应处的位置。三是职业教育作为一种教育类型，它在整个教育体系中所处的位置。职业教育在教育体系中到底应处于什么位置？与其他类型的教育是什么关系？职业教育是不是某些人所认为的一种地位"低下"的从属于其他教育类型的教育？这些问题既影响职业教育本身的发展，也影响整个教育事业的发展。四是指在人的发展中所处的位置。从根本上讲，职业教育是培养人的，它在经济建设和社会发展中的作用也是通过培养人来实现的，然而我们以往有意无意地忽视了这个方面的研究。

（二）职业教育的地位

职业教育是国民教育体系和人力资源开发的重要组成部分，是广大青年打开通往成才大门的重要途径，它肩负着培养多样化人才、传承技术技能、促进就业与创业的重要职责。《国家中长期教育改革和发展规划纲要（2010—2020年）》把加快发展现代职业教育摆在更加突出的战略位置，要求切实把握发展机遇，着力解决突出问题，努力实现更大规模、更好质量、更高水平的发展，为实现中华民族伟大复兴梦提供强有力的技术技能人才支撑，推进职业教育科学发展。

1. 职业教育是促进人的个性发展，直接适应经济、社会发展和个人生存需要的主要中介

职业教育的中介地位，是指职业教育在人的发展中的特殊位置。职业教育促进人的个性发展，不是普遍性的或者特殊对象性的，而是直接对应于社会需要和个人生存需要的，是促进社会发展需要的个性素质，是使人的个性更适应社会直接需要的、更新的中介加工，是其间最主要的、最基本的桥梁，其特点是适应需要的直接性的中介。

2. 职业教育是在基础教育之上的与普通（专业）教育相对应的一种教育类型，是继续教育、终身教育的主要内容

职业教育的类别地位，是指职业教育在整个教育体系中所处的位置，是国家教育事业和现代教育的重要组成部分。《宪法》规定："国家举办各种学校，普及初等义务教育，发展中等教育、职业教育和高等教育，并且发展学前教育。"可见，高等教育、中等教育和职业教育并列，这种列举是为了表述上的方便，而不是各种教育之间的相互独立。《职业教育法》规定："职业学校教育分为初等、中等、高等职业学校教育。"1994年7月，国务院颁布实施的关于《中国教育改革和发展纲要》的实施意见指出："有计划地实行小学后、初中后、高中后三级分流，大力发展职业教育，逐步形成初等、中等、高等职业教育和普通教育共同发展、相互衔接、比例合理的教育系列。"从这一规定可以明确看出职业教育与普通教育是不同的教育体系。第一，职业教育是在基础教育之上的教育，基础教育的水平和年限，随着经济、社会的发展和教育水平的提高而增长；第二，职业教育是相对于普通教育的分类，是按社会职业、经济社会发展的岗位分类培养学生；第三，在社会需求和人的发展总体规划中，职业教育更具有终身性和广泛性。因此，职业教育在整体教育中具有十分重要的地位。

3. 作为与经济社会联系最为紧密的教育，职业教育在经济社会发展中具有优先地位

相较于普通教育，职业教育与经济社会的联系更为紧密。这是由于：

（1）职业教育直接为经济社会培养生产、服务、技术和管理第一线的应用型人才。在澳大利亚，职业教育和培训完成学业的标志是获得职业资格证书。我国《面向二十一世纪深化职业教育教学改革的原则意见》明确规定："职业教育要培养同二十一世纪我国社会主义现代化建设要求相适应的，具备综合职业能力和全面素质的直接在生产、服务、技术和管理第一线工作的应用型人才。"

（2）经济社会对职业教育的大量需求。《中共中央关于教育体制改革的决定》指出，"社会主义现代化建设不但需要高级科学技术专家，而且迫切需要千百万受过良好职业教育的中、初级技术人员、管理人员、技工和其他受过良好职业培训的城乡劳动者"。

（3）职业教育具有转化现实生产力的功能，是先进的科技、设备和人力资源转化为现实生产力的直接桥梁。国务院《关于大力发展职业教育的决定》明确指出："职业教育的规模和水平影响着产品的质量、经济效益和发展速度。职业教育是工业化和生产社会化、现代化的重要支柱，所以，职业教育在经济社会发展中应该优先发展，适当超前。"

职业教育的优先地位，是指职业教育在经济社会发展中的位置。职业教育的地位，教育的基础性、导向性、重要性及效益的滞后性决定了教育事业应该优先发展，适度地超前。超前的幅度，随不同类型的教育而异。政府统筹规划经济建设和社会发展时，应把职业教育摆到比较重要的位置上，既要从经费、人力、物力上落实，也要从政策上落实，做到先培训、后就业，先培训、后上岗；发展新行业，建设新产业时，职业教育先行。

4. 作为一种决定人的职业并与人相伴终身的教育，职业教育在个人的发展中处于重要地位

马克思指出："大工业的本身决定了劳动力的变换、职能的变动和工人的全面流动。"随着生产力的发展和社会的进步，人的职业、岗位、技能会经

常变动、更新，这既是客观环境变化的必然，也是人的个性发展的需要。这就需要不断地从事这样或那样的职业，并接受职业技术教育或培训。1999年，在联合国教科文组织召开的第二届国际职业教育大会上，教科文组织助理总干事科林·鲍尔发言指出："技术和职业教育与培训，是人的整体教育的一个组成部分。技术和职业教育应能使社会所有群体的人都能入学，所有年龄的人都能入学，应该为全民提供终身学习的机会。它是一种终身性的教育。"因此，职业教育在个人的发展中处于重要地位。

二、现代职业教育的功能

（一）职业教育的经济功能

职业教育是现代经济和社会发展的必要条件，是生产工业化、信息化、产业化和现代化的重要支柱，在经济社会发展中起着重要的战略性、基础性和先导性作用。

1. 职业教育为经济发展创造了必要的基础条件

《国务院关于大力发展职业教育的决定》指出："职业教育的规模和水平影响着产品质量、经济效益和发展速度。"职业教育为经济与科技相结合提供了桥梁和纽带。

2. 职业教育具有直接将人由潜在劳动力转变为现实劳动力的作用

职业教育是教育与经济的结合点，是增加物质生产过程中智力因素的重要手段，是培养受教育者直接从事某种职业的一种专门化教育，在开发和提高人的劳动能力方面以直接、快捷、效果明显而著称。

职业教育直接将人由潜在劳动力转变为现实劳动力，是通过对劳动者进行职业能力和职业素质的教育来实现的。一方面，通过职业教育使学生掌握必要的文化基础知识、专业理论知识、实践技能及职业道德等职业能力和职业素质，将学生以其特有的方式从"学校人"向"社会人""岗位人"转化，为其就业做好充分的准备；另一方面，随着科学技术的发展和知识经济的兴起，新知识、新技术大量涌现并不断产生新的职业，即使是某些已有的职业，也在不断地注入新技术。职业教育对已经走上工作、生产岗位或需要转换岗位的人员，以及正在谋求就业的人员进行履行岗位职责所必需的文化知识、专业技术和实际能力的教育与培训，使受教育者以职业技术培训的方式从"社会人"向"新岗位人"转化，使其具有综合运用专业知识解决具体问题的能力，具有解决现场突发性问题的应变能力和一定的操作能力，以及将职业道德等技能转变为现实劳动力的能力。

3. 职业教育是提高劳动力配置效益的重要方法

职业教育，尤其是适当的职业指导，能将不同能力倾向、兴趣爱好的人导向相应的职业岗位，使个性特征与社会需要相结合，充分发挥人的潜能，从而提高劳动力的配置效益，促进经济的发展。职业教育通过专业结构、层次结构的调整和继续教育，促进劳动力的合理流动，促进社会经济的发展。在经济发展缓慢期，对劳动力需求缩减时，通过职业技术对劳动力的培训可以暂时将劳动力储存起来，减轻劳动力过剩对经济发展产生的压力，调节劳动力与经济发展之间的供求矛盾，为经济健康发展服务。

4. 职业教育是提高劳动生产率的重要措施

职业教育通过培养劳动力的专业素质，发展劳动力的智能，塑造其思想品德、人格，传授生产技术来提高劳动者的劳动生产率，进而促进生产由简单劳动密集型向复杂劳动密集型，即技术密集型转变，实现职业教育对经济的促进作用。职业教育依据人的身心发展规律，传授系统的技术知识，训练科学的生产技能，循序渐进地开发个体在职业方面的潜力，使个体获得职业所必需的知识、技能以及自我学习的能力，促进个体在职业岗位上提高劳动生产率。职业教育通过提高劳动力的技术水平，发展其智慧能力，使劳动者提高运用新技术、新工艺、新设备的能力，并能使劳动力有更多的技术革新和生产创新。职业教育通过培养劳动力的安全意识、设备保养和维修能力来减少生产事故，降低生产工具和设备的损坏率。职业教育通过塑造劳动者的政治观念、职业道德、专业思想，影响劳动者的劳动态度，从而间接提高劳动生产率。职业教育通过塑造劳动者的现代人格，实现劳动力的现代化，使劳动力能认同现代企业文化，能与现代管理要求相一致，提高管理的效能，从而提高劳动生产率。

5. 职业教育是提高经济管理水平的重要因素

经济组织中能否进行现代化的管理，管理的有效程度是与劳动力的素质有关的。职业教育通过塑造劳动者的现代人格，实现劳动力的现代化，从而使劳动力能认同组织文化，能与现代管理要求相一致，并积极配合管理的施行，提高现代管理的效能。经济管理者的来源之一是生产服务第一线的人员，这是职业教育的主要对象。职业教育还可通过对政治、文化、职业道德等因素的影响，进而对经济发展产生间接作用。

职业教育要想有效地促进经济发展，自身发展必须适度，其规模要与经济发展要求相一致，要与经济发展的承担能力相符合。这就要求加强职业教育规划与预测工作，提高职业教育决策的科学性。同时，要引入市场调节机制，通过劳动力市场的供求关系来实现对职业教育规模的调节。

6. 职业教育是科学生产和再生产

职业教育是科学知识转化为直接生产技术的重要途径，具有将科学技术直接转化为推动经济发展动力的作用。

职业教育具有传递、积累、发展和再生产科学技术的社会经济功能。职业教育具有使科学转化为生产技术的中介环节的作用。职业教育也是科学知识再生产和科学转化为生产技术最为有效的形式。随着时代发展和科技进步，这一作用将更加凸显。

科技发展使生产劳动中的技术含量增加，扩大了人们接受职业教育的需求。职业教育具有把科学技术转化为直接生产力的作用。它通过对科学技术知识的传授，使受教育者掌握现代科学技术成果，以科学技术知识利用和推广的方式，将其转化为直接的生产力，从而保证科学技术再生产的顺利进行。职业教育的特征之一就是它的技术性。职业教育的过程就是对科学技术再生产的过程，职业学校的学生或从业人员，通过接受职业教育及其训练和学习，使其对传统的科学与理论、技术与方法有所了解，对新的科学与理论、技术与方法进行普及、应用和推广，把科学技术知识内化为教育对象自身的科技素养和能力，并通过各种实践对新的科学与理论、技术与方法进行探索研究，进行新的总结和概括、发明和创造，以促进科学技术的进步。

7. 职业教育具有转化现实生产力的功能

职业教育是先进的科技、设备和人力资源转化为现实生产力的直接桥梁，可以促进社会经济增长方式的转变和社会的可持续发展。

《中共中央关于教育体制改革的决定》指出："社会主义现代化建设不但需要高级科学技术专家，而且迫切需要千百万受过良好职业教育的中、初级技术人员、管理人员、技工和其他受过良好职业培训的城乡劳动者。没有这样一支劳动技术大军，先进的科学技术和先进的设备就不能成为现实的社会生产力。"孙震瀚、刘春生主编的《走向21世纪中国职业教育》指出："在未来经济建设中，职业教育将是把人力资源转化为智力优势，把智力优势转化为现实生产力的重要桥梁。"

职业教育是促进经济、社会发展直接的、基础性的要素。根据马克思主义的观点，经济社会发展的根本是生产力的提高，而掌握科学技术、运用劳动手段、作用于劳动对象的生产者是生产力的核心要素，而实践型人才和直接生产者的培养基础在职业教育。所以，《中国教育改革和发展纲要》指出："职业教育是工业化和生产社会化、现代化的重要支柱。"当前，世界经济社会发展的新变化，以及中国的资源、能源、环境、人口等方面的制约，都要求我们把经济增长方式转移到依靠科技进步和提高劳动者素质上来。这就要靠职业教育把我国的人口压力转化为人力资源，促进科学技术向生产力的有效转化。

8. 职业教育是走新型工业化道路的纽带和桥梁，是中国制造向中国创造迈进的有力支撑

新型工业化道路主要是指科技含量高、经济效益好、资源消耗低、环境污染少、人力资源得到充分发挥的工业化道路。它的发展离不开足够数量的技术技能人才、高素质的劳动者。只有大力发展职业教育，才能普及和提高全社会劳动生产技术的整体水平，提高全社会劳动力的整体技能素质。

若想实现"中国制造"走向"优质制造""精品制造"，实现价值链与产业链的升级，核心需求是人才，是数以亿计的高素质劳动者和技能型中高端人才，而实现这一需求的关键在于职业教育。职业教育必须全面对接现代产

业体系建设，即专业设置与产业需求对接、课程内容与职业标准对接、教学过程与生产过程对接、毕业证书与职业资格证书对接、职业教育与终身学习对接。根据国家产业优化升级的部署，职业教育需要调整专业结构，加强课程体系建设，与时俱进、不断拓展，培养大批中高端技能型人才，为实体经济与现代产业、新兴产业的发展提供重要支撑。

9. 职业教育对区域经济社会发展的促进作用

区域经济社会的发展取决于该区域拥有的物质资源、自然资源和人力资源，但根本上取决于该区域人力资源的质量，即劳动者的综合素质。高素质的劳动力资源和合理的人力资源结构是经济和社会发展的决定性因素。职业教育作为人力资源开发的重要渠道是培养现实的、直接的生产力，解决"就业难"问题，提高经济增长率，改变经济增长方式的有效途径；是劳动人口转化为现实生产力的最佳途径。另外，职业教育对促进区域经济繁荣和改善贫困人口福利方面起着重要的作用。因此，职业教育发展的规模、质量和结构将直接影响区域经济和社会发展的总体水平。具体来说，职业教育在促进区域经济社会发展方面，主要有以下四点功能：一是促进区域较快地改造传统农业，提高农业劳动生产率，促进农村劳动力的转移，消除二元经济特征；二是促进区域产业结构的调整升级，职业教育对于培养短缺的技术技能型人才，促进产业结构的调整和升级具有显著的作用；三是提高区域吸引外资的能力，职业教育在提高人们知识和技能的同时，还能够调动人们的积极性和主动性，培养和激发人们的道德精神，使其从事健康的、有益的活动，改善外商投资所需的社会、经济、制度、文化等环境，为外商投资创造一个自由、宽松和合理的空间；四是降低区域对自然资源的消耗，实现可持续发展。大力发展职业教育，提高劳动者素质和技能水平，可以直接促进科学技术的吸收、转化和创新；通过人力资源能力的提高对物质、能量和信息的结构增效、替代增效、转化增效和产出增效，将有效地克服传统生产力要素投入的边际效益递减规律，进而提高可持续发展的能力。

（二）职业教育的社会功能

1. 职业教育是人力资本形成的重要途径

（1）职业教育能将人口资源转化为人力资源

职业教育必将对人口资本的转化和人力资源的提升发挥巨大的作用。只有将人力资源作为第一资源，大力发展教育，开发人力资源，才能将人口资源优势转变为人力资源优势，把潜在的优势转化成现实的优势，才能实现全面建设小康社会的目标。

（2）职业教育是提高人力资源质量的最佳途径

大力发展职业教育和职业培训能够迅速提高劳动者对技能的掌握，进而提高人力资源的质量。一是职业教育通过培养人的职业道德、职业行业规范、敬业精神等来提高人力资源的质量。二是职业教育可提高人力资源的职业素质。职业教育是职业素质教育，对人的身心健康有极大的影响，作为就业准备教育，其重点是培养人的专业技能和各种职业能力，因而在提高人的职业素质方面具有其他教育形式所不具备的独特优势。三是职业教育规模的扩大，可以提高整个劳动群体的素质。职业教育和职业培训具有针对性强、教育周期短和收效快的特点。具体体现是教育效益比较直接，接受教育和培训的个人都能很快地把自己学到的技术和技能运用到生产实际或经济建设的实际中去，并发挥所学知识与技能的作用。

（3）职业教育是促进人力资源有效使用和合理配置的有效手段

职业教育是在经济发展计划中实现劳动力资源平衡的一个"杠杆"。国家通过对各类职业教育发展的速度、规模进行有计划的调控，提高群众的就业能力，提供就业指导、职业介绍，影响群众就业方向和储备人才资源，实现劳动力资源平衡。职业教育具有社会福利功能，即通过职业教育提高处于不利地位的社会群体的就业能力，扩大他们的就业机会，有利于相关社会问题的解决。可见，职业教育肩负着开发、调节、储备社会劳动力资源，促进经济发展、社会安定的重大使命。

2. 职业教育具有为促进就业和再就业提供服务和保证的功能，是解决就业问题的重要手段

就业是民生之本，也是长期困扰我国社会经济发展的突出问题，其直接关系到广大民众的根本利益。职业教育是解决我国就业问题的重要手段之一，虽然从辩证的角度来看，就业和再就业是制约职业教育发展的"瓶颈"，但反过来，职业教育具有为就业和再就业提供服务和保证的作用：首先，要尽力发挥职业教育以就业为主的作用，突出职业教育的特色和优势，形成集学历型和非学历型、职前与职后培训于一身的职业教育机制，使受教育者有机会并有能力适应现有工作岗位及随时变化的工作岗位需要；其次，职业教育具有实施就业课程开发、职业资格的预测和指导咨询的作用，即职业教育必须围绕就业状况及再就业发展变化趋势进行课程和培训计划的开发与制订，并进行科学预测，为受教育者提供有参考价值的职业指导与咨询，实施教学与培训行为，促进各阶层人才更好地就业、再就业和自主创业。

3. 职业教育是推进城市化进程的重要动力，是迅速实现农村现代化进程的助推器

城市化是人类社会发展的一条客观规律，城市化的根本特征是农村人口向城镇转移，是农村劳动力从第一产业的农业转移到二、三产业。进城寻求职业的农民有一部分只接受到初中教育，适应不了先进技能劳动的需要，加强他们的职业技能培训是一项长期而艰巨的任务。为此，教育部提出了农村转移人口教育培训工程：在农村人口较多的城镇，设立专门面向农村转移进城人员的、灵活多样的、具有较强针对性的普及高中阶段教育和实用性的教育培训项目（包括中、高等职业教育与技能培训）。该培训工程有效地提高了这部分人的学习能力、就业能力、工作转换能力和创业能力，使农村转移进城市的初中文化程度以上的人员拥有与城镇人口一样的发展机会和受教育水平。目前，职业教育和培训在农村劳动力转移的城市化进程中发挥着越来越重要的作用。

在我国，农业、农村和农民问题是关系改革开放和现代化建设全局的重大问题，而农村现代化建设是中国现代化建设的关键。推进农村现代化建设

首先必须加快农业生产的现代化。要加快农业机械化和现代化速度，就必须让广大农民掌握从事机械化生产的技能。因此，必须大力发展农村职业教育。农村职业教育或农业职业教育如何为发展农业、改造农村、富裕农民提供有效的智力和技术支持，一直是政府倡导、社会关注、教育界参与的重要问题，也是我国职业教育和成人教育的重点和难点。

4.职业教育是创建终身教育体系和学习型社会的重要支柱

社会发展无止境，科学技术和生产力的创新同样无止境。终身教育、终身学习和学习型社会是20世纪后期及21世纪国际社会和教育领域影响力最大的现代教育思潮。职业教育和培训，既是与经济和市场直接联系的，培养应用型、技能型人才的就业教育，又是面向不同层次学生和全体社会人员的全民教育，是终身教育体系和学习型社会的重要支柱。因此，只有大力发展职业继续教育，才能为建构终身教育体系和形成学习型社会奠定基础，即在建构终身教育体系和形成学习型社会中，职业教育发挥着不可替代和不可或缺的重要作用。

5.职业教育能提高人民生活水平

职业教育能提高人们的物质生活水平与精神文化生活水平。用于职业教育的投资可以带来巨大的而且是长期的社会效益与经济效益，从而不断地增加物质财富，提高人们的物质生活水平。同时，由于职业教育体系渐趋完善，中职与高职教育实现衔接，使中职学生能够实现获取高层次学历的愿望，一定会吸引更多学生进入职业教育院校学习，从而促进文化教育的消费，起到推动经济发展的作用。

（三）职业教育的文化功能

职业教育不仅是在一定的政治、经济条件下进行的，同时，也处于一定的文化背景之中。一定的文化背景与职业教育之间必然产生一定的联系。这主要表现在职业教育发展过程中，文化以其特有的约束力，以一种潜在的方式影响着职业教育，职业教育则通过选择、传播、整理等方式促进着文化的发展。

1.职业教育具有保存、传递、更新、创造文化的功能

职业教育是随着人类社会生产和社会活动的发展而发展的，并与人类的

政治伦理文化、科学技术文化、审美艺术文化、习俗文化等有着特殊的密切联系。职业技术院校进行的职业道德、职业纪律、职业责任和敬业精神教育，都弘扬着具有鲜明时代特色的政治伦理文化；工业、农业等专业的职业技术传授，都继承和发展着科学技术文化；工艺美术、建筑等专业的教学活动，传递着审美艺术文化；服装、饮食、旅游服务等专业，继承和发展了具有民族特色的习俗文化。职业技术院校在教育、教学活动中，通过选择、整理，去粗取精，使不同类型的文化更具民族性、地方性、时代性、科学性，使下一代成为以掌握某类文化为职业的专业人才。人类文化可以通过职业教育媒介向社会传播、普及，进行广泛的社会交流，进而推进建立与现代经济结构、政治制度相适应的文化形态和文化结构。

2. 职业教育具有吸引和借鉴世界先进文化的功能

《中国教育改革和发展纲要》提出，要大胆吸收和借鉴人类社会的一切文明成果。这里，不仅十分明确地肯定了教育具有吸收、融合世界先进文化的功能，而且要求充分发挥教育在这方面的功能，有力地排除那种保守的、排斥异种文化的观念和做法，以创造和发扬本民族灿烂辉煌的新文化为宗旨。职业教育更是如此。近年来，随着我国改革开放的进展，职业教育开展了多方面的国际交流和协作活动，通过考察、引进，丰富了文化传递的内容，有力地推动了我国社会主义文化的发展。就职业教育本身来说，近年来，大量引进德国、日本、法国、英国及东南亚各国等发展职业教育的经验和做法，并结合我国现状进行了创造性的研究与实践。

3. 职业教育对企业文化的促进作用

现代职业教育与企业有着天然的联系，这种联系表现在文化上：一是聚合企业文化。反映一定历史时期企业文化的精髓，用现实生产力和生产关系的内核决定教育的方向和内容；复制企业的优秀文化，然后进行优化、强化，进而渗透在教育中。二是选择企业文化。企业文化有地域之分、绩效之分，甚至优劣之分，定向服务的职业教育必须根据人才培养的规律和自身面临的社会政治、经济、文化背景和易于与校园文化相融合的角度来选择最合适的企业文化，这才是有效的。三是传递、传播企业文化。企业文化都有一个形成和发展的过程,在时间上职业教育通过传递使之延续,在空间上使之流动,可以让足够多的人接受企业文化,发扬和发展企业文化。四是创新企业文化。职业教育把现有的企业文化不断转化为学习者的知识、能力、行为规范后,又创造性地反作用于客观的企业文化,赋予企业文化以新的内容和特质,同时,在这一过程中,不同产业、不同行业、不同企业,甚至不同国度的文化通过职业教育相互交融、彼此促进。

(四)职业教育促进人的全面发展

1.职业教育促进个体的全面发展

职业教育是实现人的全面发展的一种具体形式,并为实现人的全面发展提供了具体方式和手段;职业教育也是现实生活中实现人的全面发展的基本途径之一,对于人的成长价值有着三个层面的发展作用。

(1)最基本的层次:关注人的生存

职业教育对人的价值首先表现为满足人们生存的需要。从人的需要层次理论来看,生存是最基本的需要。从职业教育自身的发展水平来说,这也是最基本的层次。

(2)较高一级的层次:持续提升人的职业品质

这是建立在人的生存(生活)需求基本得到满足的基础上的。职业教育在满足人们的生存需要之后,它还具备更高层次的价值——培养具有良好的思想道德、知识技能和人文素养的技术技能人才。职业教育自身的发展也走向了这一步。

(3)最高层次的发展水平:实现人的成长

职业教育作为一种教育,它的核心功能仍然在于促进人的发展,让每个人都成为有用之才,回应人们对美好生活的期盼。这也是职业教育所追求的终极目标,自然也是最高层次的发展水平。

职业教育最大限度地满足社会的发展需要,其实质就是最大限度地满足个体全面发展的需要。

2.职业教育促进人的个性差异发展

职业教育的根本意义在于强调人与人之间的个性差异和性格特征,以人为本位，以个体为本位，对不同类型学生进行关注和探求，满足人的个性差异发展和需求，为社会不同的人提供广阔的选择和发展空间，实现自我价值。

（1）职业可以满足人们展示个性和发展个性的需要

人的个性差异有先天生理与心理上的原因，更主要的是由后天教育、环境，特别是职业所形成的。人们可以通过对职业的选择，发挥自己的特长，满足自己的兴趣爱好，实现自己的理想。人的一生大部分时间都是在职业生涯中度过的。职业教育是以每个个体的具体的职业发展为目标，通过不同的专业或工种、不同的教育内容与形式来挖掘人的个体潜能，激发和张扬个体的特殊潜能。

（2）职业教育的专业或工种设置

职业教育以社会的职业分工为基础，较为具体地反映了社会中不同职业岗位对人才素质的不同要求。职业教育按专业或工种实施教育，为不同个性类型的个体提供了发展的选择性，有利于扬人所长、避人之短。根据《职业指导理论》中所言，人的各种能力模式和人格模式总能与某些职业存在着关联，一旦个体找到并进入与自身个性相宜的职业发展轨道，其天赋潜能必然得到最大限度的发挥。

（3）职业教育多层次、多规格的办学形式

职业教育可以通过定向教育与培训，开发个人潜能，发展学生的特殊兴趣与才能，促进和发展学生与所选职业有关的才能，充分发挥人的个性特长，使之顺势成才。职业教育多层次、多规格的办学形式可满足个体各种水平、各种目的的发展需要。

（4）职业教育有目的、有计划的系统训练

由于人的可塑性很大，兴趣、能力、性格是可以培养的，职业教育能够通过有目的、有计划的系统训练，弥补学生在某种职业上的才能的不足，有助于人的多方面发展和职业的流动与转换。这是职业教育在人的个性发展方面的特殊功能。

另外，职业教育能使每个受教育者都有充分的选择和发展的平台，充分体现个性化与人性化。

3. 职业教育促使自我价值的实现

职业教育是通向职业的必由之路，它以帮助个体就业、乐业、创业、立业为宗旨，自然对个体的价值实现有着重要的作用。具体表现在以下三方面：

（1）职业教育赋予个体职业能力，使其成为现实的职业者

职业教育担负着把不具备任何职业知识和技能的劳动者转化为能够满足社会某种职业需要的现实职业者的任务，尤其是那些尚未找到自身社会角色的新增劳动者，职业教育是责无旁贷的"引路人"。职业教育通过对在职人员提供更新、更高水平的知识技术的教育和培训，增强应变能力，使其能够承担在知识、技能和态度等方面完成要求更高的任务。

（2）职业教育的德育

除了具有与普通教育所共有的目标、内容、途径之外，职业教育还承担起了帮助学生了解心理知识、培养健康心理、增进心理能力的义务；帮助学生培养健康的职业心态和职业道德；培养学生学会与人和谐相处、与社会和谐相处、与自然和谐相处的能力。职业教育以就业为导向，以岗位技能为目标，可以有针对性地引导学生规划职业生涯，树立正确的职业观念和职业意识。

（3）职业教育促进个体价值的实现

首先，职业教育是通向就业的必由之路，它以帮助个体就业、立业、创业为宗旨。通过职业教育可以提高个体的职业能力、提升其职业地位，引导、培养其形成正确的职业观，实现更高层次的自我价值。其次，职业活动是人生活中最重要的实践活动，职业教育在给予学生职业知识技能的同时，也给予了学生职业生活的体验，进而增进对职业意义的理解。职业教育倡导这样一种境界：一个人从事某种职业，不只是为了获得物质利益，也是对社会的贡献；不只是获得兴趣的满足，也是个人理想的实现；每个人的职业可以有所不同，而作为理性的生命个体，价值、尊严、精神是同等的。最后，职业教育体现在使人获得归属感与满足感。职业使人获得对社会、对集体、对行业、对单位的归属感，满足人对归属和爱的需要。择业的成功和职业上的成就，能够满足人们实现个人社会价值的需要，以及受到社会尊重的愿望。

4. 职业教育促进个体就业的功能

职业教育能使人掌握某一特定的职业技能，或获得某类职业中从业所需的实用技能和技巧、专门知识和技术，获得就业准入资格，以及具备从事某种职业的资格。职业教育这种满足个体基于生存目的的需要，就是职业教育的就业功能。

首先，职业教育是以就业为导向，继而与企业合作让学生在职场中学习技能、知识、职业价值观等，最终指向促进学生就业。职业教育采取"订单式"培养，企业把人才培养纳入自身的发展计划之中，职业院校依托企业有的放矢地进行培养，形成合理的"产学链"，促进了职业教育的优化发展，使职业院校培养的学生实现充分就业变为可能。其次，职业教育要培养学生的从业能力。在现代社会，个体要成为一个职业人，要融入社会，就必须承认和适应这种职业的规定性。职业教育能使人掌握某一特定的职业或行业，或某类职业中从业所需的实用技能和技巧、专门知识和技术，获得就业准入资格，从而与这个职业共存。

5. 职业教育促进人的职业生涯发展

职业生涯是指一个人一生连续从事和担负的职业、职务、职位的过程，是人一生中最重要的历程，是追求自我、实现自我的重要人生阶段。它对人生价值起着决定性作用。职业生涯专指个体职业发展的历程，美国的职业指导专家萨帕把人的职业发展过程划分为五个阶段：一是以幻想、兴趣为中心，对自己所理解的职业进行选择和评价的成长阶段（出生至14岁）；二是逐步对自身的兴趣、能力，以及对职业的社会价值、就业机会进行考虑，开始进入劳动力市场或开始从事某种职业的探索阶段（15~24岁）；三是对选定的职业进行尝试，调换工作，到逐步稳定的确立阶段（25~44岁）；四是劳动者在工作中已经取得了一定的成绩，提升自己的社会地位的维持阶段（45~64岁）；五是职业生涯接近尾声或退出工作领域的衰退阶段（60岁以后）。我国专家也提出与之相似的划分方法，即萌发期、继承期、创造期、成熟期和老年期。职业生涯是一个动态的过程，不论职位高低，不论成功与否，每个工作着的人都有自己的职业生涯。职业教育通过开设职业生涯规划课程可以完成受教育者对自己人生的规划。

6. 职业教育为就业者提供职业保障或再就业帮助

个体在接受了一定的职业教育或获得了职业资格并顺利就业后，还会面临新的职业挑战。这种挑战主要是：第一，新技术、新工艺的不断出现，需要从业者具备从简单劳动向复杂劳动跃迁的素养，即由仅具备单一的从业能力向复合能力转化。而在这种转化的过程中，必定会发生个体对职业岗位新要求的不适应。第二，因现代社会的进步和经济的发展，职业的流动和调换已成为一种趋势和必然。这就要求个体必须具有多种职业技能。第三，从个体自身出发，生存问题解决后就会有发展的要求，个体希望谋求职业状况或处境的改善，想要通过某种手段和途径实现社会地位的变动，尤其是那些处境不利或不好的个体要求更强烈，那么，最直接的方法就是通过更换职业来改变身份。职业教育能使个体较快地掌握新技术、新工艺和新的职业技能，这样就可以满足个体适应职业内涵变化或工种调换的需要，也可以满足个体对于职业的流动和调换的需要。通过职业教育与培训，劳动者的劳动能力能够不断得到提升和增强，这样，在面对职业变化和转换时，能更为主动，更具有适应性，从而使个体的职业生涯及发展得到保障。

第六节　现代职业教育的培养目标

职业教育的培养目标，就是通过职业教育把受教育者培养成为什么样的人。培养目标规定了对受教育者培养的方向、规格与内涵。它是职业教育实践活动的出发点，也是检验职业教育实践活动是否富有成效的标准。

一、确定职业教育培养目标的依据

职业教育培养目标在形式上是某一类型院校的办学性质与教学任务的集中体现。因此，在确定职业教育培养目标的过程中，必须认真分析、研究把握，从而确定职业教育培养目标的依据。

（一）党和国家的法律和教育政策

法律和政策是影响职业教育培养目标的根本因素。职业教育的政策和法规主要是为了实现职业教育目的而制定的，其内容包括指导思想、人才的培养规格及实现培养目标的基本途径等。

（二）社会经济形态及产业结构发展的需要

社会经济形态及产业结构是确定职业教育培养目标的客观依据。职业教育虽受制于一定的经济发展水平，但它也在促进着社会经济的发展：首先，社会经济形态的拓展要求职业教育注重培养学生的创业能力和竞争意识；其次，社会产业结构的调整要求各级各类职业教育的人才培养目标与人才需求相适应；最后，经济全球化的发展趋势需要各级各类职业院校培养大量"本土化""外向型"的中、高级技术应用型人才。

（三）学制、学历及国家职业分类与职业技术等级标准

培养目标的制定，不但要对应相关学制、学历及国家职业分类与职业技术等级标准，而且应有一定的前瞻性。这样才能使职业教育起到引领新知识、新技术、新工艺、新设备的作用。学制与学历要求是培养目标的具体表现。国家职业分类和职业技术等级标准是确定职业教育培养目标内涵的最重要的依据。

（四）受教育者个体发展的需要

受教育者个体发展的需要，是职业教育确定其人才培养目标的内在依据。职业教育既是面向社会整体的，也是面向每一个受教育者个体的，其培养目标的制定必须考虑如何满足受教育者个体发展的需要。这些需要包括受教育者个体终身学习的需要、受教育者个体就业与创业的需要、受教育者个体可持续发展的需要。

二、职业教育培养目标的定位

职业教育培养目标的定位，就是对职业教育培养的人才规格进行界定和

规范。现代职业教育正在走向社会，面向市场，它的定位也从原来的封闭式向开放式发展，整个培养目标定位系统也逐渐从静态转向动态。

各级各类职业教育在定位自身培养目标的时候，除了参照区域社会经济发展等要求外，还需要对社会人才结构的模型和理论加以认真的分析，并从原来的感性思考向科学化的理性决定逐步发展。职业教育培养目标的定位主要建立在社会人才结构及职业分析等相关理论基础之上。职业教育机构根据人才结构模型，结合自身的教育资源优势，考虑自己的人才培养目标的定位，并对受教育者的终身学习及可持续发展设计可能的通道。职业分析可以克服职业教育的模糊性和随意性，为培养目标及整个教学设计提供准确的依据。

三、职业教育培养目标的基本内涵

职业教育培养目标的基本内涵就是培养目标构成的具体内容，即职业教育培养目标达成后受教育者所应达到的规格和质量。其基本内涵主要涵盖知、技、意三方面：知，即知识，指职业教育过程中受教育者的知识素质要求，包括受教育者文化基础知识、现代科技知识、专业基础知识及专业知识等；技，即技能，指对受教育者专业技术能力素质方面的要求，包括受教育者所学专业的技术能力、工作能力、社会能力以及创新能力等，这是人才培养规格的核心；意，指受教育者的态度和情感，即对培养人才心理素质方面的要求。这三方面构成了培养目标的整体，各层次、各类型的职业教育培养目标，正是通过这三方面的不同要求体现出来的。职业教育培养目标的基本内涵主要体现在以下层面。

（一）职业知识素质

职业知识素质主要包括个体的职业基础、职业资格、职业适应和职业发展等。职业知识素质是职业教育培养目标构成的核心层次，其核心部分为职业资格，因为这是由国家强制力作为后盾的一种职业标准，体现的是国家的意志。

职业资格由"应知""应会"两部分组成："应知"是指从事某种职业必须掌握的专业知识；"应会"则是在"应知"的基础上必须掌握的操作技能。

通过教学，学生通过了相应等级的资格考试，即可获得相应的资格等级证书。但是，这种职业资格标准往往有一定的局限：第一，标准的制定和更新有时间周期，这就容易滞后于新技术、新工艺的出现与发展；第二，作为标准，既原则又抽象，高度概括却不能涵盖某一职业必备素质的各个方面；第三，标准的执行受制于考核的指导思想、程序方法及具体内容，其信度、效度与标准执行应有的信度、效度存在一定的差距。

因此，如果职业教育仅仅围绕职业资格来进行，显然就演变成为一种新的应试教育。所以，职业资格教育应有自己的平台和发展空间：平台是职业基础，就是获取职业资格应当具备的专业基础理论；发展空间是职业适应和职业发展，就是职业资格对一定的职业活动的适应能力和岗位职业活动的自我提高能力与不同职业岗位之间的转换能力。

（二）职业能力素质

职业能力素质主要包括个体的认知能力、操作技能、技术分析和学习潜力。职业能力素质，既是个体职业发展的平台，又是职业素质的综合表现。其中，操作技能是这个层次的核心。操作技能，是指将认知所得的成熟的工艺技术转变为实际职业活动并获得预期工作结果的能力。操作技能分动作技能和心智技能两种：以肢体活动技术为主的技能主要是动作技能，如厨师、钳工、计算机录入员等所需的操作技能；以推理判断技术为主的技能是心智技能，如营销员、维修工、会计员等所需的操作技能。所以，操作技能实际上是与职业资格密切相关的特殊能力。认知能力是一般能力，是学习与发展的基础。认知能力强，不但操作技能较易习得，而且操作技能中蕴含的技术成分也会较多，职业活动就会呈现较高的技术分析水平，从而使个体继续学习的潜力增大，职业发展的空间也随之被拓宽。很多专业是需要受教育者具有较强的体能素质的，因此，受教育者个体必须结合相关专业所面向的职业岗位（群）对从业者体能方面的实际要求有选择地进行锻炼。

（三）职业心理素质

职业心理素质，是指个体顺利完成其所从事的特定职业所必须具备的心理品质。具体维度为以下五条：

1. 职业动机

职业动机主要是指个体从事职业的内在动力与兴趣。人们往往选择适合自己需要和感兴趣的职业，以实现职业岗位与自己职业需求的匹配。但由于受社会就业供求情况等因素的制约，职业需要有时也会与职业实践产生一定的冲突，进而影响人的职业心理。因此，职业教育应培养学生对专业的兴趣与热爱，并使之内化为从事该职业的动力。

2. 职业效能感

职业效能感主要是指个体对自己能否适应某种职业的自我评价，包括学习专业理论与实践进程中的感受、经验，以及对以后学习过程中可能遇到困难的估计和迎接挑战的信心。要使学生对所从事的职业抱有积极的态度和正确的价值观，并认识到自己将来所从事职业的社会意义，正确对待可能遇到的困难、挫折，就需要在平时的学习中培养其耐挫折的能力，做到能较好地克服心理障碍及各种可能的干扰，锐意进取，勇于开拓。

3. 职业价值观

个体价值观在职业选择上的体现是个人希望从事某种职业的态度倾向，也是个人对某种职业的愿望。任何人在进行职业选择时，都会对自己将要从事的职业价值进行判断，对可能取得的成就和社会回报的满意程度进行估计。在职业心理素质教育与培养过程中，要注意引导学生对将要从事的职业有恰当的评价，正确看待职业的社会地位、职业的待遇、职业的苦与乐。

4. 职业道德感

职业道德感主要是指个体对职业道德标准的认识和体验，是社会公德在行业生活中的具体化，包括职业的荣誉感、幸福感、义务感和责任感等。职业道德义务感和责任感是一个人职业道德倾向性的核心。职业院校的每个专业都是与具体的职业、工种相对应的，其职业道德规范不尽相同，但其实质都是调节职业生活中人与人之间的关系、判断是非与善恶。因此，职业教育的人才培养过程中，应根据各行业、各岗位的实际特点，进行有关行业相应的职业道德规范教育，使学生在将来的职业生活中能自觉规范自己的行为，实现职业发展。

5. 职业理想与追求

职业理想与追求主要是指个体对将来所从事职业的前途与目标的追求与设计，即学生对前景的规划与展望。职业教育具有职业定向性，学生从入学那天起就初步确定了未来的职业。这样，职业理想就变得具体化和现实化了。职业理想是人们实现职业愿望的精神支柱和力量源泉，也是人前进的动力。人们往往通过职业活动去追求社会理想的实现，并在职业活动中体现自己的道德理想，借助职业活动取得的报酬实现物质、精神生活水平的提高，去实现自己的生活理想。因此，应要求学生较早地树立职业理想，培养责任心、进取心、自尊心、自信心，同时，也应拓宽专业的适应面，使学生成为复合型人才，增强他们对人才市场和劳动力市场需求变化的心理承受能力和应变能力。

第二章 我国职业教育政策的历史沿革

第一节 近代以来职业教育的开创与探索

"教育是促进经济社会发展、民族富强和人的自由全面发展的永恒话题。它是推动社会进步的伟大的无形的手。"[1] 现代职业教育是适应工业大生产而应运而生的教育类型，发轫于工业革命时期的欧洲。中国现代意义上的职业教育伴是随着被动近代化而逐渐发展起来，至今已经有150年左右的历史。鸦片战争之后，西方列强用坚船利炮强行打开了中国闭关锁国的大门，推开了西学东渐的序幕。在中国近代社会开始"数千年来未有之变局"[2]的转型期，经世致用思想成为近代很多仁人志士应对时局、学习西方、振兴中华的理论武器。"一股'采西学'、以'自强'的社会思潮沛然而兴，以'自强''求富'为目的的洋务运动随之揭开序幕。为管理机器生产，为对外交涉的需要，学习西方科学技术与培养各种专门人才成为洋务运动深化的必然结果，洋务派对西方文化的认识也从'技'上升到'学'的层次。"[3] 以"尚实"为宗旨、以"变器不变道"为原则、以"中学为体，西学为用"思想为指导，中国开启了近代以来现代化进程的慢启动，这种情形下，以学习西方语言和军事、科学技

---

[1] 徐福林.黄炎培的职业教育实践对近代教育的影响[J].兰台世界，2014（1，下旬）：56.
[2] 李鸿章.筹议海防折，吴汝纶编：《李文忠公全集·奏稿》卷24.
[3] 吴国荣.清末民初职业教育基本特征析论[J].福建论坛·人文社会科学版，2014（4）：95.

术为主要内容的中国第一批职业学校（新式学堂）应运而生。其中，1866年建立在福州马尾的福建船政学堂是最早的职业学校之一。甲午战争惨败宣告了洋务运动的破产，中国的民族资本主义工商业在19世纪末20世纪初有所发展。以康有为、梁启超、严复等为代表的资产阶级维新派认为，一个国家的强弱与其教育的发达与否密切相关，提出了"工战不如学战"的主张，倡导"教育救国"。严复指出，"根本救济，端在教育。"① 在民族资本和教育救国思想双重影响下，一些独立、专一的实业学堂开始兴办。1896年，在江西高安开设的蚕桑学堂成为中国职业教育单独设校的新起点。以张謇代表的实业家，秉承"教育兴国"的理念，首创艺徒学校，先后创办几十所不同门类的职业技术学校，以推广"实业兴邦、本其学术、学用适地、大众教育"的理念和实践，成为20世纪初中国职业教育的开拓者，使职业教育发挥了改善民智、开启民风的重要作用。民国初期，蔡元培在教育部任上，因势利导，提出了实利主义教育的主张，"通过教育获得生活的知识和技能，从而取得谋生的资格"，② 陆续颁布了一些规定，强调职业教育要与民族资本发展相调适，专业设置要更加社会化，因地制宜去开设课程，服务于当地较有优势的产业发展。如江苏的蚕桑类、纺织类学校，凸显学校专业设置与当地经济发展的紧密关联性。经过近50多年的探索和发展，在服务好国家振兴、经济发展、民族大计的历次考验中，中国近代职业教育才初具规模，为以后职业教育发展奠定了基础。

1914年第一次世界大战的爆发和辛亥革命后中国政治发展的断裂，出现了内外控制放松的境况，给民间资本提供了难得的发展时机。"1914—1924年，中国出现了一次小小的工业化浪潮，工业年均增长率达到13.8%（1912—1920年）。20年代后期到30年代前期又出现一次经济增长浪潮，年均增长率为8%—9%（1927—1937年）。"③ 这为职业教育发展壮大提供了环境和土壤。黄炎培先生是这个时期职教发展的代表人物，对职教办学思想

---

① 严复：与熊纯如书，载《严复集》，中华书局，1986：674.
② 周元.民国职业教育短暂的黄金岁月[J].黄金时代，2008（8）：26.
③ 谢韶光.试析中国现代化运动的三次模式大转换[J].当代教育论坛（学科教育研究），2008（9）：94.

和政策调整做出重要贡献。他的职教思想脱胎于蔡元培实用主义思想。在1914年，他实地考察了安徽、江西、浙江、山东、北京和天津等地的经济社会发展后，敏锐发现当时教育与社会生活的严重脱离，学生难以习得一技之长去融入社会。在随后考察美国、日本、菲律宾等国中，他广泛接触实业界、教育界人士，深入系统地学习借鉴外国经验。当时美国已经完成了第二次科技革命，其飞速发展得益于职业教育，进入了现代工业社会阶段。鉴于对国内外教育的深入考察和细心体会，他深刻认识到，"职业教育是救国的上策。"①"提倡爱国之根本在职业教育……"②1917年，他创办了中华职业学校，联合教育界、实业界精英蔡元培、梁启超、伍廷芳、张謇等人成立了"中华职业教育社"，通过与"中华教育改进社""中华平民教育促进会"等民间教育团体分工合作，大力宣介职业教育，来促进社会的进步和发展。根据在美国考察经历，黄炎培以《学制系统方案》审查委员会主任和起草人身份，身体力行，将职业教育纳入普通教育之中，主导通过1922年11月实行的壬戌学制，使职业教育成为国家教育大厦的一个战略支点，正式纳入国家教育制度体系中。该学制主要是参照美国的教育体制来加以设计的，"部分吸纳欧洲做法，规定在小学设职业预科，在普通初中和普通高中设职业科，同时允许在高中阶段独立地分设职业学校。至1925年，全国职业学校从1921年的842所增加到1548所，达到了新中国建立以前的最高峰。"③职校数目的剧增并没有给职业教育带来多么长久的繁荣期。黄炎培针对全国职业学校1929年下滑到194所的严峻现实，全面认识到职业教育与政治、与其他教育类型、与经济社会发展密切关联后，率先提出"大职业教育"主张，号召整个社会参与其中，把职业教育界、职业界、社会运动等有机整合起来，协同发挥作用，不能仅局限于职业学校，教育界或者农工商几个产业。随之，黄炎培告别了"职业教育'谋个性之发展'狭隘目的，转向为'使无业者有业，使有业者乐业'的大视野。"④在以他为代表的职业

---

① 黄炎培.职业教育[A].黄炎培职业教育思想文萃[C].红旗出版社，2006：20.
② 黄大能.忆念吾父黄炎培[N].人民日报，1981，3（6）：8.
③ 周元.民国职业教育短暂的黄金岁月[J].黄金时代，2008（8）：28.
④ 徐福林.黄炎培的职业教育实践对近代教育的影响[J].兰台世界，2014（1，下旬）：56.

教育先驱的呼吁下,"在20世纪30年代,当时的教育、农林等部门相继制订了以《职业学校法》为代表的一系列有关职业教育的法规体系。职业学校从整个教育体系中重新分列出来,形成逐级分流的格局。"① 为后来民办、私立学校主要承担为社会培养各行业急需的职业技术人才提供了法制上的保障,成为政府举办普通教育的补充。后来,抗日战争时期,国民政府及时调整政策,加强后方建设所需中级技术人才的培养。在1939年颁布《各省实验分区辅导职业学校办法大纲》,督促"教育厅会同本省及外省公私立大学、专科学校及有关生产建设、军事工业机关,就其所在地区及所设科目的便利条件,辅导各种职业学校,编订教材、选择教本以及改进教学方法等"② 在当时的解放区也有职教力量在坚持服务于抗战需要。抗战期间,新西兰国际友人路易·艾黎(后入中国籍),远涉重洋来到中国,通过领导开展"工和"运动,既为前线生产了大量鞋、食品、棉纱、毛毯、毛巾等生活品和军需品,又通过兴办培黎学校,秉承"创造、分析、理论联系实际"的理念,举办相当数量的以短期为主,灵活多样、力求实用的职业教育,在工农子弟中为抗战培养了大量技术人才。

回首现代职业教育在我国20世纪前半叶历尽艰辛的发展,不难发现政治因素对职教事业的影响深重,稳定繁荣的政治环境对职教发展起到至关重要的作用。一大批仁人志士在社会转型中竭尽全力通过兴办职教为国家繁荣、民族振兴做出探索。尽管有所遗憾,但现代职业教育在人们思想观念中已经逐渐产生影响,为以后职业教育实践的探索积累了宝贵的经验。

---

① 周元. 民国职业教育短暂的黄金岁月 [J]. 黄金时代, 2008 (8): 28.
② 王炳照. 中国职业技术教育问题的历史反思 [J]. 教育学报, 2005 (4): 6.

第二节 改革开放前职业教育政策发展

一、全面建设社会主义时期职业教育政策

1956年9月在北京召开的中国共产党第八次全国代表大会标志着我国已经开始了全面建设社会主义的新阶段。中共八大引领全国人民将工作重心集中到发展社会生产力,实现国家工业化,逐步满足人民日益增长的物质和文化上来。新中国成立之初的七八年时间里,伴随着经济秩序的重建和社会秩序的全面恢复,我国教育事业也得以蓬勃发展。

表2-1 1957年和1949年两年各类全日制学校在校生人数对比 （单位：万人,中专含中师）

	小学	初中	中专	中技	高中	高校
1949	2439.1	83.2	22.9	0.27	20.7	11.7
1957	6428.3	537.7	77.8	6.66	90.4	44.1
倍数	2.6	6.5	3.4	24.7	4.4	3.8

正如上表所示,新中国成立初期的几年里,我国高校、中专和技校已经取得长足发展,但由于实行归口性的部门办学体制,受到各种实际办学条件的限制,很难满足各种层次学生尤其是农村学校毕业生的升学需要。要想使当时不能升学的学生真正掌握一技之长便于他们就业,还需要去开辟新的途径加以妥善消化。新形势下,职业教育的重要性更加凸显出来。1957年的教育事业计划提出"适当收缩,保证重点"的方针,要求职业学校在规模发展的同时要更加重视办学质量,提升职业教育对国民经济的贡献。当时的职业教育发展重点主要表现在兴办农业中学、中等专业技术教育改革、城市职业学校兴办和半工半读教育、两种教育制度探索两个方面。

一是,中等农业技术学校的兴起。以农村为基地的农民教育在20世纪

20—30年代我国乡村教育活动中曾经蓬勃发展过，主要以晏阳初、梁漱溟等为代表，仅在江苏无锡、河北定县、山东邹平等特定地区进行的实验性活动，活动多是进行生活教育、基础文化教育和道德修养的熏陶，农业技术教育相对薄弱，受制于当时的经济社会条件，没有在全国铺开。1952年3月底，政务院发出通知，要求学校教育与各种训练班要结合起来，这样，新时期农村职教就从各种训练班开始起步发展起来。在随后进行的全国高校院系调整过程中，国家采取苏联做法，对全国农业院校进行大调整，同时也对中等农业教育进行改造和重建。"对农业专科教育进行了大幅度的调整，将接管后的省立高等农业职业学校改为中等农业技术学校；并且对为数较多的私立（包括一部分公立）的初级农业职业学校、设立在初级中学中的农科班进行接收和改造，成立了一批中等农业学校。"[1]在管理方面，中等农业学校归属农业部统一领导，地方政府农业部门具体负责业务管理。归口管理后，农业部门对农校的体制进行规范，办学体制整体上呈现政府行政命令统一布局、小而散的特点。培养目标方面，为农业部门和乡镇农技站及时培养技术人员。专业设置方面，依据经济发展水平变化，从原来的两三个专业逐步增加到养殖、种植等，实现与高等农业院校专业设置的对接吻合。为社会主义新农村建设培养了大量实用型技术人才。由于中国建立了城乡分割的二元户籍制度，在解决当时农村多半中小学生不能升学的棘手问题中，国家又强调要在中小学教学中加重农业生产教育内容，确保学生学习不脱离农村生产生活实际，获得将来从事农业劳动的技能和技巧。1957年11月份以后，国际形势突变，中苏关系恶化，使得我国的很多政策处于急剧变化之中。1958年4月，党中央召开教育工作会议，讨论教育方针，批判了教条主义、右倾保守思想和脱离生产、脱离实际倾向，直接提出了教育的问题和改革的任务，教育形势随后发生骤然改变。[2]新建高校和中等工科技术学校，地方可以自行决定或者由协作区协商决定。通过

---

[1] 柯茜茜.我国农业中学和农村教育改革的历史研究（1949-1965）[D]浙江师范大学硕士论文，2011：9.
[2] 方展画，刘辉，傅雪凌.知识与技能-中国职业教育60年[M].浙江大学出版社，2009：55.

该文件发现，中央开始高度重视地方政府在教育发展中的主导作用。9月份国务院的指示颁布后，一个以教育与生产劳动相结合为中心的教育大革命和"多快好省地发展教育事业"的群众运动，在全国范围内蓬勃发展起来。教育界以建立"农业中学"为中心的农村教育改革运动和"大跃进"、人民公社化运动交织在一起，出现了在农村开办农业中学的"井喷"，出现乡乡都有农校遍地开花的"虚胖"局面。随着问题的出现，在对国民经济进行全面的"调整、巩固、充实、提高"方针下，1963年，全国80%的农业中学停办整顿。经过调整，1965年，"全国农业中学发展到54332所，在校生达到316.7万人。各农业中学除开设农学、林果、养殖、畜牧、农副产品加工等专业，积极开展农、林、牧、副、渔多种经营，"[①]并纷纷设置卫生班，为农村培养卫生技术人员，对提高农村农民的卫生保健做出了重要贡献。

　　回首昔日的农业中学教育政策，有很多值得我们深思的地方。首先，从积极方面看，当时的农业中学办学模式适合农村特点，满足了农村农业对实用型人才的需求。从1958年开始，农业中学吸纳基层群众代表参加管理，成立办学委员会，在事关学校发展的关键问题方面开展集体讨论，充分体现了自力更生、民主平等、集体协商、群策群力的高度自治精神。同时，农业中学推行教育与生产相结合的理念，为农村基层输送了很多有文化的农业劳动者和急缺的初级技术管理人员。他们了解农村，对农村有感情，能够扎根农村，对新中国农业生产技术改良和提升起到了积极推动作用。随着"两种劳动制度和两种教育制度"的提出，农村中学也与时俱进，推行耕读结合，开展半耕半读，解决了很多人无处继续求学的困难，对提高农村整体文化水平，开办适合农村实际需要的职业教育，提高农业生产水平发挥了重要作用。其次，在农业中学发展中受大气候影响也出现了"急性病"症状。突出表现在：教育管理权力下放后，各地集资争着办学校，不管条件是否具备，推崇盲目发展，搞运动式办学，忽视了办好学校的一些基本条件和规律，导致总量急剧增加，师资、设备、校舍等严重紧张，一窝蜂式的快速发展，不仅出现了教育工作的失控、严重影响了办学质量，也徒增了国家的很多困难。做

---

① 徐健.建国初期农业中学发展的回顾[J].教育与职业，1999（10）：56.

决策的不理性、不慎重，导致农村劳动力资源严重减少，波及农业生产效益，办学基础建设的条件欠缺，导致质量严重下降，最终出现了劳民伤财、昙花一现的表面辉煌，给国家和社会带来了诸多的隐患和危害，成为我们今后制定教育政策的一个深刻教训。

二是，中等专业技术教育改革与调整和城市职业学校的兴起。1958年2月全国人大一届五次会议通过，将高等教育部和教育部进行合并，教育部设立中等专业教育司，负责综合管理全国的全日制中等专业学校。劳动部负责全国的技工学校管理工作。教育管理权力下放后，打破了国家统办专业技术教育的单一局面，出现多渠道多形式办学的新路子。新的办学体制的主要特征是高度组织化和有效的行政介入、办学主体多样化，是一个政府主导、企业和群众团队充分参与的多层次办学管理体系。"不仅有助于解决国家教育经费、校舍、设备和师资等短缺问题，同时又力促使教育和生产劳动相结合的方针得到贯彻落实。"① 与农业中学的发展起伏类似，随着教育管理权力的下放，办学渠道多样化后，中等专业技术教育很快就出现了局面失控现象，各地不顾条件限制，盲目扩充数量、忽视了质量建设。

1963年前后，历经调整整顿，我国的经济开始复苏，城市经济和产业提升对技能型劳动者需要有很大增长，加上初中教育的快速发展，中专技校在困难时期的大幅缩减后复苏乏力，就需要通过发展城市职业教育来化解以上矛盾和问题。7月，中宣部提出要按照过去的传统办学经验，在继续发展中专和技工学校的基础上，加快发展多种形式的职业和技术教育。为了大力发展职业教育，加强职业教育工作的领导管理和统筹安排，1964年10月，国务院文教办下文指出，中专、技校和职校面临的主要任务是积极试办和改变半工半读，所以把三类学校的管理职责划归教育部中等专业教育司，这个重要举措表明我国开始全方位统筹管理职业教育，其中，中专和技校由行业部门及企业办学的格局没有改变，教育行政部门只是业务方面的领导而已。这个划分一定程度上还是淡化了职业教育的色彩，也导致后来教育部主动放弃对技工教育的管理工作。随着我国国民经济的全面好转，各类中等职业技术学校也得到了显著地发展。1966年，中央继续强调要处理好普通教

① 俞启定，何震.中国职业教育发展史[M].北京：高等教育出版社，2012：148.

育与职业教育、技术教育的关系,继续发展中等专业学校、技工学校和职业学校。

表2-2 1957—1965年中专、技工学校、职业学校发展情况表

	中等专业学校		技工学校		职业学校(农村、城市)	
	学校数(个)	学生数(万人)	学校数(个)	学生数(万人)	学校数(个)	学生数(万人)
1957	728	48.2	144	6.6	—	
1958	2085	108.3	417	16.9	20000	199.99
1959	2341	95.4	744	28	22 302	218.99
1960	4261	137.7	2179	51.6	22597	230.2
1961	1771	19.51	1507	40	7260	61.17
1962	956	35.3	155	5.95	3715	26.7
1963	865	32.1	220	7.8	4303	30.78
1964	1125	39.7	334	12.34	15108	112.34
1965	1265(含中师394)	54.7(含中师15.5)	400	18.3	61626	443.34

从上图可以得知,[①] 从1958年到1965年是我国职业教育的一个良好发展时期。总体上看,当时的中专、技校和职业中学已经占到当时中等教育在校生总数的34.8%,教育结构更加符合经济社会发展的需求,教育行政管理方面经过几番权限的上收与下放,逐步找到政府与学校的关系协调幅度,经过十几年的努力探索,使得中国特色的职业和技术教育体系已初见雏形。

三是,中等专业教育制度发生两次较大的波动和变迁。一个是半工半读教育,一个是两种教育制度。半工半读教育起源于1957年5—6月间的《中国青年报》《人民日报》两篇提倡学生勤工俭学的社论。实际上,"实行半工半读、半农半读教育制度,教育与生产劳动紧密结合,理论与实际紧密结合,

---

① 俞启定,何震.中国职业教育发展史[M].高等教育出版社,2012:153.

为逐步消灭脑力劳动与体力劳动的差别创造了条件。"①

二、20世纪60-70年代职业教育艰难前行

然而生产一线迫切需要大量的技术力量却得不到满足,1971年7月全国教育会议充分吸纳各地代表强烈要求办好中专的意见,强调指出,过去中专培养的学生,多数在各条战线上不同程度地发挥了作用。随着社会主义建设的发展,各条战线需要大量的人才,单靠大学培养是远远不能满足,在普及科技文化教育的工作中,中专和技校依然是一支不可忽视的重要力量,必须办好。1972年以后,职业教育又步入了恢复性增长时期,职业教育在曲折、起伏和艰难中逐步得到发展。

尽管出现了很多的曲折,但职业教育作为对普通教育的补充和有效分流,在经济社会发展中的关键时节依然发挥着重要作用,对国家整个人才队伍建设发挥着重要的支撑作用,关系到个人职业生涯发展和整个社会阶层的流动与和谐,有力地支撑中国整个产业体系的建设和发展。随着中国工业化发展进程的推进,其必然会在现代教育体系中占据不可或缺的一席之地。一旦中国的治国理政方略转向正确的方向,以发展经济和持续改善民主为中心,职业教育必然会焕发新的生机和活力。

第三节 改革开放以来职业教育政策的发展

改革开放以来,我国政府紧紧围绕"要不要发展职业教育?需要一个什么样的职业教育?怎样发展职业教育?"这三个问题来对职业教育事业进行思考,回首三十多年的职教政策变迁历程,可以清晰地看到我们对以上三个问题进行了不断的探索。根植于中国伟大转折历史进程中的职业教育,"其改革与发展的方向、深度、广度、力度以及难度,无不受到各个时期政治改革、

---

① 戴安林.岳阳县四中1964年试行半耕半读教育制度回顾与思考[J].文史博览(理论),2014(4):8.

经济转轨、社会转型、制度变迁、技术进步以及中国参与国际竞争等因素的深刻影响。"[1]三十多年来，职业教育遵循本身发展规律，紧紧围绕现代化建设的大局，服务于经济社会发展，克服了各种问题和挑战，不断迎来发展机遇期，经历了恢复和发展期（1978—1984）、快速发展期（1985—1996）、滑坡下滑期（1997—2001）、重振发展和战略定位期（2002-至今）等阶段，在促进经济、扩大就业、改善民生等方面走出了中国特色的发展之路。

一、职业教育恢复和发展阶段政策

十一届三中全会以后，党和国家的工作重心转移到经济建设上来，在经济建设急需大量人才的特定历史时期，周期短、见效快、用得上、见实效的实用人才培养是教育改革尤其是职业教育改革的重点。为了适应新形势的需要，为社会培养亟须的专业技术人才成为职业教育发展的首要任务。职业教育的恢复和发展阶段主要是从1978年到1984年，期间国家职教政策变迁主要围绕以下几个方面依次展开。

（一）改革中等教育结构，努力发展职业高中

截止到1976年，"中等职业学校主要由中专和技校构成，各类中等职业学校（含中师）共计3710所，在校生91万多人，占高中阶段学生总数的比重由1965年的52.6%降至6.1%，高中阶段普职比为15.4：1。"[2]针对这种比例的严重失衡，邓小平在1978年4月22日的全国教育工作会议上明确指出，"国家计委、教育部和各部门，要共同努力，使教育事业的计划成为国民经济计划的一个重要组成部分。这个计划，应该考虑各级各类学校发展的比例，特别是扩大农业中学，各种中等专业学校、技工学校的比例。我们制定教育规划应该与国家的劳动计划结合起来，切实考虑劳动就业发展的需要。"[3]这些重要论述，指明了整个国家教育改革的大方向，从此以后，党和国家制定开始把改革教育结构、大力发展职业教育作为重要内容加以推进。从历史发展的视角来看，这次会议实质上是中等教育机构改革的政治动员会议，在当

---

[1] 30年中国特色职业教育的发展职业技术教育[J].2008（10）：26.
[2] 和震.我国职业教育政策三十年回顾[J].教育发展研究，2009（2）：32.
[3] 30年中国特色职业教育的发展职业技术教育[J].2008（10）：26.

时的形势下，之所以需要做出政策调整，主要是多重因素影响，成为必须尽快调整中等教育结构的驱动力。① 一是技能型人才，技术人员比例从1965年的4.1%下降为当时的2.9%。工人缺乏必要的岗前技术教育和培训，严重影响企业劳动生产率的提高，人力资源质量为企业发展带来很大隐患。二是到1979年，在高中阶段毕业生中，"有普通高中毕业生726.5万人，而职业教育仅有中专毕业生18.1万人、技工学校毕业生12万，约占当年高中阶段毕业生总数的4%。"② 当年高招规模较小，累积多年的考生都扎堆挤在一起，而高中升学率仅仅能够达到3.8%，必须大力发展职业教育，使那些毕业生有一技之长，被社会接纳，成为国家建设的有用人才，减少社会的不稳定因素。三是产业结构调整和第三产业发展亟需大量的技术人才，职业教育必须尽快培养人才补充到经济建设队伍中去。四是新中国后的人口膨胀高峰期和知识青年回城潮等力量累积，形成严峻就业形势，必须改革中等教育机构，为他们提供合理出路。在中央领导的大力倡导和各方因素的推动，1980年出台《关于中等教育结构改革的报告》，对中职教育开始实行明显的倾斜政策，比如把部分普通高中改为职业（技术）学校、职业高中等。该报告的一个亮点是，在推动中专、技校数量增长的同时，出现了由普通中学改办而成的职业高中这一新的中等职业教育机构。职高以其清晰的办学特色，如不包分配、联合办学、服务地方、灵活多样等，在社会上广受欢迎，促使很多相对薄弱的高中转成职高，发展速度很快超过中专和技校。此外，报告还提出来"放宽办学主体渠道，允许社会力量办学，各种职业（技术）学校集体和个人也可以去办。"这是对职业教育发展较为明显的突破。之后，各地纷纷结合本地实际情况，采取措施，职业教育得到快速发展。据统计，仅1980年，全国职业中学有3314所，在校生45.4万人。其中农村职业中学2924所，占学校总数的74%；学生人数达32万人，占职业中学学生总数的70%。③ 到1985年，"高中阶段中等专业学校、技工学校和农业职业高中的在校生分别

---

① 方展画，刘辉，傅雪凌. 知识与技能-中国职业教育60年[M].浙江大学出版社，2009：80.
② 改革开放30年中国教育改革与发展课题组. 教育大国的崛起（1978-2008）[M].教育科学出版社，2008：225.
③ 李蔺田. 中国职业技术教育史[M].高等教育出版社，1994：358.

比1980年增长了26.4%、9.1%和4.8倍，总人数达到415.6万人。高中阶段接受职业教育的学生人数占到高中阶段学生总数的35.9%，比1980年提高了17.2个百分点。"[1] 这些数据表明，随着我国经济社会建设步入正轨、快速发展，中等职业技术教育也逐渐形成自身特色，成为中国职业技术教育体系的主要组成部分。

（二）推出多项发展举措，推动中等职业教育快速发展

1980年10月，国务院配套出台一系列措施，从政策支持到财政支持等多方面推动中等职业教育的发展。主要措施包括：一是，加强宏观管理，提高财政拨款经费额度。1983年，教育部和财政部联合向各省、市、自治区教育、财政厅（局）发出《关于追加发展城乡职业技术教育开班补助费的通知》，通知指出："发展职业技术教育，是适应社会主义现代化建设需要的一项战略措施。为了支持城乡职业技术教育的顺利开展，1983年由中央财政对教育部门办的职业技术教育追加一次性开办补助费，且追加的补助经费，不进行平均分配，要求各地在安排使用追加的补助经费的同时，要根据地方财力，也应该尽可能地拨出相应的经费，积极支持城乡职业技术教育事业的发展。各职业技术学校要管好、用好追加的补助经费，把钱用在发展职业技术教育最急需的方面。要讲求经济效益，少花钱多办事，事情办好。"[2] 从1983—1985年，中央财政每年拨出500万元的职业教育补助费，各省、市、县财政也都依照以上文件精神，都相应地追加了职教补助费。这些款项使得职业教育得以扩大招生规模，改善办学条件，特别是职业学校的教学仪器得以大量补充，为提高教学质量提供了物质基础，筹建了职业技术教育中心，并有计划地开展了专业课师资的培训工作。二是，注重办学经验的交流和推广。1982年开始，教育部多次牵头组织各省教育厅职教处处长在辽宁、青岛、厦门、西安等省市召开职业技术教育小型座谈会，对先进典型的办学成绩和经验进行深度分析和交流。其中，辽宁阜新市集中人力、物力筹建职业教育中心并成功运作就是一个典型，它"既面向普通高中开设职业技术教育课，又面向社会

---

[1] 和震. 我国职业教育政策三十年回顾[J]. 教育发展研究，2009（2）：32.
[2] 方展画，刘辉，傅雪凌. 知识与技能 - 中国职业教育60年[M]. 浙江大学出版社，2009：82.

待业青年；既是职业技术培训中心，又是社会生活服务中心。对全市职业教育起到了带动和支持作用，显示了优越性。"①各类座谈会还对农业中学、职业中学师资队伍建设、农村职业教育、职业教育的领导管理、职教经费和城市职业中学毕业生安置等问题进行探讨，促进了国家职教事业整体办学水平的提升。三是，加强内涵建设，通过培养专业师资、职教管理干部、编写教材等方式夯实基础能力。1983年教育部专门发出通知，借助很多高校平台，通过定向招生、定向培养等途径，建立了顺畅的职业教育师资培养机制，使得专业师资有一个较为稳定的来源，促进了职业技术教育的顺利开展。1983年6月—7月，对全国各省、市、自治区职业教育47名管理干部进行培训，邀请日本、澳大利亚等国职教专家介绍外国职业教育经验，请国内专家作报告，围绕办学指导思想等一些重大问题交换了意见，把国内外职教发展的新动态和新思想很快传递到各地，为我国职业技术教育发展培养了一批得力的管理干部。四是，社会力量参与职教事业发展。1982年党的十二大报告指出，"四个现代化的关键是科学技术的现代化。目前我国许多企业生产技术和经营管理落后，大批职工缺乏必要的科学文化知识和操作技能，熟练工人和科学技术人员严重不足。""必须大力普及初等教育，加强中等职业教育和高等教育，发展包括干部教育、职工教育、农民教育、扫除文盲在内的城乡各级各类教育事业，培养各种专业人才，提高全民族的科学文化水平。"②在这种形势下，除了政府大力推动职业学校建设外，民主党派的地方组织和其他社会团体纷纷提出建议并直接参与职业补习和员工培训，深受广大青壮年职工的欢迎，为整体提升企业员工素质做出了重要贡献。

（三）推进中等职业教育制度改革，不断提高办学质量

1979年11月5日，教育部发出《关于全日制中等专业学校领导管理体制的暂行规定》，"对中专学校实行分工分级，按系统归口的管理制度。按照领导关系，分为部属学校和地方学校，分别由有关部委直接领导和省市有关业务部门主管。教育部则根据党的教育方针和党中央、国务院指示，对中

---

① 纪芝信.阜新市兴办职业教育中心[J].人民教育，1982（10）：37.
② 胡耀邦.全面开创社会主义现代化建设的新局面——在中国共产党第十二次全国代表大会上的报告（1982年9月1日）http：//big5.xinhuane

专负责业务指导和制定具体工作方针和规章制度。"① 依照这项规定,各地开始积极开展中等专业学校的改革,目的是恢复并提高中等专业学校的办学质量。② 党的十一届三中全会后,负责承担职业教育的机构主要是中等专业学校(中专)和技工学校(技校)。在技校管理方面,主要是做了两方面的改革:一是在 1977 年 2 月,把技工学校综合管理工作由教育部划归国家劳动总局主管,教育部予以协助。这样就更为科学地转变了技工学校的领导体制,迈出了中等教育改革的第一步,使得技术工人培养和使用一体化,兼顾到行业、企业办技校的特点,在人才培养中利用好既有的技术、设备,实现工人学习和工作的紧密结合,客观上为提升技校办学质量和水平创设了条件。二是国家劳动人事部和国家教委联合制定颁发了提高技工学校质量和管理水平的《技工学校工作条例》,对技工学校的办学规律和办学特点进行详尽论述,对技校的生产、实习和教学工作做出了全面、具体的规定,为技校改革提供了正确的指导。1986 年 4 月劳动人事部发出《关于改革技工学校毕业生分配制度等问题的意见》,明确要求:"凡是 1982 年底以前招收的学生,毕业时可仍按原来规定的分配方法办理;凡 1983 年以后招收的学生,毕业时根据需要和'三结合'的就业方针,统筹安排,择优分配,不合格的不录用。"③ 这是技工学校办学历史上针对学生就业问题做出的较早论述,同时也一定程度上反映出技工学校办学过程中对培养高质量一线技术操作工人这一目标的关注。④ 在中等专业学校管理方面,采取诸多措施来确保办学质量:一是不断加强思想政治工作。以邓小平提出的"教育要面向现代化、面向世界、面向未来"为指导思想,通过学科教学进行思想政治教育,为建设事业培养合格的全面发展的中级专门人才。二是克服原有弊端,改革招生制度。招生逐渐过渡到以应届初中毕业生为单一招生对象,便于统一管理,提高办学质量;招生政策更有灵活性,如为录取学校留有一定选择余地,依据实际需要弹性

---

① 刘贞.改革开放以来我国中等职业教育发展研究[D].河北大学硕士论文,2011:5-6.
② 方展画,刘辉,傅雪凌.知识与技能-中国职业教育 60 年[M].浙江大学出版社,2009:86.
③ 职业教育的恢复和发展 2012-9-28 http://wenku.baidu.c
④ 方展画,刘辉,傅雪凌.知识与技能-中国职业教育 60 年[M].浙江大学出版社,2009:88.

扩大招生规模，采用单招、定向、委培等方式开展多样化招生，照顾到老少边穷等地区差异性，更加突出专业和地区生产特色，在性别上更加注意招收女生。这些政策充分体现了思想观念不断解放，不拘一格选拔并培养教育人才的特点。

（四）大力发展农村职业教育，解决新时期"三农"问题

20世纪70年代末80年代初，我国逐步在农村推行开联产承包制的改革，解放了生产力，农村经济发展有了很大起色，同时也呼唤与之适应的教育改革。新形势下，"农村教育综合改革实验全面展开，实行'三教统筹''农科教结合'，推行'燎原计划'，使农村教育逐步深入地开展起来。"[1]灵活多样的发展形式促进了教育同经济相互依靠、相互促进。1981年5月6日中共中央、国务院联合发出《关于加强和改革农村学校教育若干问题的通知》[2]，这是改革开放以来首次以农村教育为主题的文件。在当年11月份召开的第二次全国农民教育工作会议上，确定了新时期农民教育的奋斗目标是把农民提高到中等农业技术水平，具体任务之一是广泛开展技术教育。各地在中央的统一部署下，纷纷采取有效措施去进行探索尝试。主要做法是鼓励县办农民技术学校。1982年6月9日，教育部颁发《县办农民技术学校暂行办法》，[3]该《办法》指出，农民技术学校属于农业（涵盖林、牧、副、渔、工等）中等专业教育性质的学校，其主要任务是为农村公社、村、生产队培养具有相当于中等农业科学技术水平的人才。招生范围主要是具有初中毕业以上具有实际文化程度的社队管理干部、技术员、有一定生产经验的农村青年和从事农民教育的教师。学习期满合格毕业后，从哪来回哪去，国家不包分配工作。学生在校学习期间，主要学习较为系统的农业科学基础知识和基本技能，切实提高解决实际问题的能力。"农业技术学校针对性很强，切合实际，真正去把基层一线的农业领导干部和管理人员给重视起来，去带动更多的农民接

---

[1] 30年中国特色职业教育的发展[J].职业技术教育，2008（10）：27.
[2] 中共中央、国务院：关于加强和改革农村学校教育若干问题的通知[N].中国教育报，1982，5（19）：1.
[3] 中国教育年鉴编辑部.中国教育年鉴（1978-1982）[M].中国大百科全书出版社，1982：98.

受系统的技术培训，掌握实际本领，成为能人，服务于农工商业、加工工业、专业化生产等领域，使农村职业教育形式真正成为一种教育和生产的联合体。"[①] 在鼓励大力发展县办农民技术学校的过程中，农牧渔业部和教育部联合组织编写农民技术教育教材，制定教学计划、大纲。因地制宜、面向农村实际，开设农学、果林、畜牧、兽医等专业；紧密切合农村劳动、生活特点，坚持理论与实践相结合，教材文字简洁，层次清晰，图文并茂，通俗易懂；注重传统农业与现代农业相结合，普及与提高相结合，充分体现出有中国特色的农业现代化要求，培养的学生有力地充实到农村基层建设一线，推动了农业提质增效、农民生活富裕和农村的日新月异。

（五）发展高等职业教育，满足现代化建设对人才的需求

长期以来，中等职业教育是我国职业教育的主体与核心。在专门人才的培养链条中，中等职业教育主要承担一部分初、高级专门人才的任务。而随着社会主义现代化建设速度的加快，产业结构的调整也开始加速，新时期社会上对高素质技能型专门人才的客观需要也不断增加，大力发展高等职业教育就成为新形势的必然要求。改革开放以前，高等职业教育发展一直就很缓慢。1980年，国家对全国中专进行了初步评价，确定了100多所重点中专，还把原来曾经办过大专和本科的中专升格为大专，与此同时，对高等教育结构、层次比例进行调整，积极推行在大城市、经济发展快的中等城市及大型企业开办高专科学校和职业大学。截止到1985年，单独设置的高等职业院校招生数达到3.01万人，在校生6.31万。这标志着我国职业教育又一次发生了历史性的跨越，高等职业教育得到强劲推动和发展。新时期我国对高等职业教育的尝试和探索主要从以下几方面展开：一是1980年前后，国家强调在各省、市、自治区积极筹办职业技术师范学院，为职业技术学校的教师建设和科研工作提供保障。天津和吉林两地率先在1979年创办两所职业技术师范学院，这成为我国加快高等职业教育发展的标志性事件。独立设置的职业技术师范学院的陆续创建和在综合性大学及师范大学中设立的职教师资培训项目都在为职业教育发展起到保驾护航的重任，对职业技术学校师资

---

① 中国教育改革发展探索—李铁映论教育（上卷）[M].人民教育出版社，2014：14.

建设和科研工作提供很大支持和帮助。二是批准设立城市职业大学。随着经济发展形势的持续转好，社会上对一线实用型人才的需求也开始陡增，尤其是在经济先发展地区更是需求迫切。1980年，教育部及时批准成立了金陵职业大学、无锡职业大学、江汉大学、洛阳大学、杭州工专等13所职业大学，这些学校采取动态调整和改革专科和短线专业比重、这些学校采取"收费走读、强调提高动手能力、毕业不包分配及择优推荐等举措，给人以面目一新的感觉，引起了社会各界的关注。"后来，教育部又在1983年、1984年连续批准新建了55所地方性职业大学，有效满足当地经济社会发展对科技、工艺和管理等各种应用型人才的需要。三是规范整顿职工大学。职工大学由企业创办，但是由于企业的实力、条件、需求以及对高等职业教育认识和理解程度不同，各学校办学条件差异大、质量参差不齐。1981年12月教育部专门下发文件对职工大学和业余大学进行审核，使其更加规范有序，渐渐成为高职教育的重要组成部分。四是试办五年制高等职业教育。1983年4月，国务院转发《关于加速发展高等教育的报告》，以发展中等职业技术教育为重点，同时"积极发展高等职业技术院校。高中毕业生一部分升入普通大学，一部分接受高等职业技术教育。这是我国官方文件首次规范地表述高等职业技术教育这一概念。"[①] 报告同时强调，我国经济建设迫切需要的人才很多，不仅需要有文化、懂技术、业务熟的普通劳动者，还需要富有创新精神和卓越能力的厂长、工程师、园艺师等高级管理人员和专业技术人员。尽管当时的高等教育也正处于恢复发展阶段，但培养应用型人才的专科教育相对来说也是处于薄弱环节。1981年专科生仅占到本科生总数的17.1%，人才结构比例极其不平衡。因此，需要积极发展专科层次的职业技术教育。后来，教育部职教司深入研究职业教育体系的建立健全问题，把中专和专科紧密连接，避免很多新升成专科的学校继续向本科层次靠拢的惯性，开始重新审视新中国成立初期苏南工业专科学校实行的初中后五年高等专科学制，"提出了试办'初中后五年制的技术专科学校'的实施方案，决定在航空工业、机

---

① 陈亚玲.改革开放以来中国高等职业技术教育的政策文本分析[J].洛阳师范学院学报，2006（8）：12.

电工业、地震预测行业开展小规模的试点。"[①] 当时主要是在西安航空工业学校、上海电机制造学校和国家地震局所属的地震学校三所中专开始试办五年制高职。1991年批准建立的邢台高等职业技术学校则从初中毕业生中直招五年制中高职衔接生。这一新的培养模式既打破了接收高等教育必须通过高考招生（包括成人高考、自学高考等）的传统界限，为教育体制改革开辟了新路；又凸显职教特点，使得中职和高职有机衔接，便于通盘设计专业教学，学生受到更为全面、系统的专业知识技能教育；还可以依照他们入学早、可塑性强，可以采取富有针对性的分阶段、分层次教学，利于学生们的职业规划和发展。这一方案时至今日仍然是很多地方高职院校的办学方式之一，突出了职业教育的特性，节省了就读时间，培养了大量应用型人才。但经过多年实践发现，五年制高职生在培养中也存在一定的瑕疵，主要表现在：年纪比较小，自制力比较差，文化基础底子薄弱，没有经过带有选拔性质的高考或者进入高职阶段的资格考试，自认为安枕无忧可以直通专科顺利毕业，产生依赖性和惰性，没有危机意识，导致自我失去学习的动力和上进心，中途出现了较为严重流失率问题，导致出现学生半途而废、人才培养质量不高，走向社会后知识和技能储备、职业素养欠佳等弊端，这就需要做出全面的通盘设计和考虑，扬长避短，做好中高职有效衔接，在日常过程管理中加大力度，严格要求，建立学业预警机制，保证质量不下滑，努力为社会培养合格人才。

除以上几种办学方式探索之外，国家还在1983年批复建立了一批干部管理学院，招录对象主要是高中毕业以上的、五年以上工龄、年龄在40周岁以下的在职管理干部，参照大专院校办学特点，学制二至三年，毕业后仍回原单位工作，这一新的办学方式旨在适应新时期干部教育经常化、正规化、制度化的新要求，如一些政法干部管理学院、煤炭管理干部学院和教育学院等，对在职管理干部整体提升素质起到很好的推动作用。

二、职业教育快速发展期的政策

这个时期主要是从1985年到1996年，该时期内职业教育政策调整主要

[①] 王茹.改革开放初期我国高等职业教育的起步与发展[J].教育理论与实践,2008(11):30.

体现在两个关键的阶段,分别是20世纪80年代中后期五年和90年代前期的五六年。这个阶段被人们认为是职业技术教育的调整与改革后的快速发展期,也是改革开放后我国职业技术教育体制的形成期,体现出政府推动、外部驱动特点,重点在于规模发展。其中比较有标志性的是:1985年5月的"一会"(党中央国务院召开的全国教育工作会议)和一"决定"(《中共中央关于教育体制改革的决定》),将发展职业技术教育作为教育体制改革的突破点;1991年国务院《关于大力发展职业技术教育的决定》,对职业技术教育下一步的发展目标、任务加以明确;1993年国家教委颁发的《中国教育改革和发展纲要》,规划了我国职业教育在世纪之交发展的大方向;1996年通过的《中华人民共和国职业教育法》使职业教育发展有了自己的专门法。一系列重要会议的召开和一些重要规划、法规的出台,标志职业教育在中国教育体系中的地位和作用有了进一步的明确,基本上确立了职业教育的基本体系框架,在进行社会主义市场经济建设的大背景下,职业教育开始进入法治化健康发展的轨道。

(一)围绕改革大局推动职业教育发展

1984年10月党的十二届三中全会通过了《中共中央关于经济体制改革的决定》,标着着我国已经把经济建设作为改革的主战场。随后,中央书记处成立领导小组,将科技、教育改革提上日程,要求小组尽快提出关于教育体制和科技体制改革的初步方案。文件起草小组在赶赴江苏、安徽等地调研时发现,苏州在1982年基本普及初中教育的基础上,在继续就读的75%学生中,在普通高中和职业高中就读的比例达到1:1,位列全国前沿。且苏州市建立了自己的职业培训体系,即:"未升学的初中生在经过学校一年半培训进厂做工人,职业高中学生经过学校两三年培训当技工,高等职业学校学生经过三年培训当技术员和高级技工。"[①] 苏州的成功案例,促使当地劳动力全面提升,强有力地助推了苏州市经济、社会的快速发展。在当时的背景下,苏州等地的宝贵经验确实为以后国家如何更好的发展职业教育提供了很好的参考和借鉴。这些宝贵的经验和做法为改革开放初期做好职业教育改革的顶

---

① 胡启立.《中共中央关于教育体制改革的决定》出台前后[J].炎黄春秋,2008(12):3.

层规划和设计打好坚实的基础。

1985年5月15日至20日,党中央、国务院召开全国教育工作会议,从历史发展脉络看,这是新时期工作重点转移到社会主义现代化建设之后,教育战线的一次空前盛会。中共中央以决定的文种方式发布的政策,在政策的层级上处于高位,这种关于职业教育发展的政策具有高度权威性的表述,为新时期职业教育发展确定了基调。邓小平在会上讲话指出:"我们国力的强弱,经济发展后劲大小,越来越取决于劳动者的素质,取决于知识分子的数量和质量。一个十亿人口的大国,教育搞上去了,人才资源的巨大优势是任何国家比不了的。"① 会上深刻认识到发展教育和改革教育体制的重要性和迫切性,对教育体制改革的步骤和措施进行了研究,提出了必须加快改变不适应社会主义现代化建设的教育思想、教学方法。5月27日,颁布《中共中央关于教育体制改革的决定》(以下简称《决定》)。这与以前先后颁发的《关于经济体制改革的决定》《关于科学技术体制改革的决定》的文件是相互呼应协同发挥作用的。《决定》指出,现行教育体制存在的主要问题是:"(1)教育事业管理权限上,政府部门对学校统得过死,缺乏应有活力,而政府应该管理事情,又没有很好地管起来。(2)教育结构上,经济建设大量急需的职业和技术教育没有得到应有的发展,高等教育内部的科系、层次比例失调。(3)教育思想、教育内容、教育方法上,不同程度地脱离经济和社会发展需要,落后于当代科学文化发展。"② 因此,要在全党和全社会进行教育思想理念的变革,树立行行光荣、行行出状元的观念,实行教育体制与劳动人事制度改革同步进行,严格遵守"先培训、后就业"的原则。该《决定》中首次明确提出了"职业技术体系"的概念,根据要求,我国开始实行中学阶段前后的分流制度。首次分流是在初中毕业前后,一部分进入普通高中,另一部分接受相当于高中阶段的职业技术教育。第二次分流在高中毕业前后,一部分升入普通大学,一部分接受职业教育。五年时间使职业学校与普通高中招生数相当,从根本上扭转目前中等教育结构不合理状况。中职教育在整个职

---

① 朱穆之. 朱穆之同志在全国图书馆工作会议闭幕会上的讲话[J]. 国家图书馆学刊, 1985(7):18.

② 中共中央关于教育体制改革的决定[J]. 江苏教育, 1985(10):7.

教事业中占重点,必须与经济和社会发展需要密切结合,因地制宜,充分发挥中等专业学校的骨干带头作用。"在城市要适应企业提高生产技术、提升管理水平和发展第三产业的需求,在农村要适应调整产业结构和农民劳动致富的需要。同时,积极发展高等职业技术院校,逐步建立起一个从初级到高级、行业配套、结构合理又能与普通教育相互沟通的职业技术教育体系。"①这是在改革开放以后,我国正式文件里面首次提及"高等职业技术院校",并将其定位为高中后实施、有别于普通教育并且是与行业配套的一种新的教育类型。《决定》还强调指出,"要充分调动企事业单位和业务部门的积极性,并且鼓励集体、个人和其他社会力量办学。"②为多形式办学奠定了政策基础,使市场力量介入职业教育办学成为可能。思想是行动的指南,该《决定》是十一届三中全会以来教育体制改革思想理论、方针政策的继承和发展,是指导教育体制改革的纲领性文献,是中国教育体制改革和教育发展史上的里程碑。尤其是明确了职业技术教育在我国现代化建设中的地位和作用,为我国 20 世纪 80 年代中后期至 90 现代末继续建立和完善职业教育体系提供了指导方针。随后,在 1986 年 5 月,正式成立职业技术教育委员会,作为国家教育行政部门的一个协商、咨询机构,负责去协调各个部委、各个有关部门和省、市、自治区、直辖市的职业技术教育工作,并对涉及部门之间的有关职业技术教育工作的重大问题进行磋商或者提出建议、意见和方案。这些从执行层面都有力的推动了职业教育的发展。政策的出台,有力地促进了职业教育事业的快速发展。据统计,在 1980 年全国中等专业学校仅有 3069 所,1990 年时达到 3982 所,10 年间增长了近三成,高中阶段各类职业技术学校和普通高中的招生数之比已经接近 1:1。截止到 1990 年底,各类中等职业技术学校已经发展到一万六千多所,在校生超过六百万人,同时全国建有就业培训中心二千一百余所,每年培训待业人员九十多万人。③ 在 1990 年至 1997 年期间,整个中等职业学校数量呈现出持续增加的趋势,1996 年中等职业学校招生数和在校生数占到高中阶段在校生的比例分别是 57.68% 和

---

① 中共中央关于教育体制改革的决定 [M].《中华人民共和国国务院公报》,1985(4):9.
② 中共中央关于教育体制改革的决定 [M].《中华人民共和国国务院公报》,1985(4):9.
③ 国务院关于大力发展职业技术教育的决定 [J]. 教育与职业,1991(12):2.

56.77%，达到了最高点。职业教育经费也在不断增加，从 1987 年的 0.603 亿元上升到 1992 年的 14.21 亿元，年均递增 18.7%，其在全国地方教育事业费支出中的比重由 3.05% 提高到 3.65%；基本建设投资从 1987 年的 1.27 亿元增加到 1992 年的 736 亿元。1986 年 7 月初，国家教委联合其他三部委召开全国职业技术教育工作会议。这是新中国成立后和改革开放后的第一次全国性的职教工作会议。会议确定了今后"七五"期间发展目标："逐步形成一个既便于进行地方统筹协调，也能调动各业务部门的积极性，学校又有较大自主权限的管理体制。国家教委在国务院领导下，从宏观上统筹管理全国职业技术教育事业，并协同计划、经济、财政、劳动人事各口分工管理有关职业技术教育的各项工作。技工学校、就业培训中心和学徒培训工作，在国家教委的统筹指导下，仍由劳动人事部门管理。"总体上看，在第一次全国教育工作会议之后，我国形成了从中央到地方各级党委和政府层层重视职业教育改革和发展的好形势，不断优化调整中等教育机构，职业技术教育获得快速发展。高等职业技术教育方面，截止到 1990 年，形成三类高等职业技术教育机构：一类是高等职业技术师范院校，共有 14 所；一类是短期职业大学，共开办 114 所，7.2 万人；一类是五年制技术专科学校。中等职业技术教育方面，构建了包括中专学校、技工学校、职业中学、职业技术教育中心和就业培训中心等多种类型的教育体系。

（二）不断深化职业教育改革

20 世纪 90 年代初，我国政府确定优先发展教育的战略，职业教育自然受到越来越多的关注和重视。1990 年 12 月 25 日至 30 日，党的十三届七中全会，"确定了我国实现第二步战略目标的行动纲领，标志着我国社会主义现代化建设将进入一个新的发展阶段。"[①] 在新的发展阶段大力发展职业技术教育事业，千方百计提升劳动者综合素质、为社会主义现代化建设夯实人才基础，这是一项关乎国家长治久安、民族振兴、人民幸福、泽及后代的可持续发展事业。由于我国绝大多数新增劳动力没有接受系统的职业技术培训和教育而直接进入劳动岗位，存在较为严重的文化技术短板，影响了产品质量

---

① 党内大事简报（1991 年 1 月）[J]. 党的建设，1991（3）：45.

和经济效益，日积月累就自然会制约我国现代化的进程。"职业技术教育不仅同生产、经济的发展有直接关系，也同人民生活富裕、幸福密切相关。一个国家、一个地区，生产设备和某些技术可以引进，但劳动者的素质是无法引进的。"① 在今后经济社会建设与发展中，需要实现职业教育与经济发展的良性互动。因此，可以说没有职业技术教育的现代化，就没有现代化，这是在很多发达国家已经证明且非常正确的规律。要贯彻好党的十三届七中全会制定"关于大力发展职业教育"的精神，高度重视和大力发展职业技能教育就势在必行。

1991年10月，国务院做出《关于大力发展职业技术教育的决定》（国发[1991]55号），指明国家职教政策发展大方向，使职业教育政策内涵更加充实有新意。该《决定》提出，随着我国经济与社会的不断发展，大多数新增劳动力需要接受最基本的职业技术训练，尤其是涉及专业性技术性较高的岗位，更需要接受到系统、严格的职业技术教育。"到本世纪末，初步建立起具有中国特色的，从初级到高级、行业配套，结构合理、形式多样，又能与其他教育相互沟通、协调发展的职业技术教育体系的基本框架。"② 在具体政策上，该《决定》要求"各级政府的统筹下，发展行业、企事业单位办学和各方面联合办学，鼓励民主党派、社会团体和个人办学；要充分发挥企业在培养技术工人方面的优势和力量。"③ 1996年全国中等职业教育招生数达到新时期的最高数量，职普招生数比例首次达到1:1。办学质量方面，由于"职业学校起步较晚、基础薄弱、师资力量不强、长期投入不足、校企合作机制不健全等原因，使职业教育的特色和办学水平受到很大影响。"④ 针对这一突出问题，《决定》要求以办好骨干校、示范校为突破口，带动整体办学质量的提升。从1991年开始，连续几年对中等职业学校进行全面评估，在全国范围内评选出国家级重点中等专业学校、重点职业高中和重点技校各249所、296所和196所。"以评促建"的政策导向，促进了主管部门对职业学校的各

---

① 全国职业技术教育工作会议在京召开李铁映代表党中央和国务院做报告[J]. 教育与职业，1991（2）：2.
② 王文湛. 如何理解和贯彻大力发展的方针[J]. 教育与职业，1991（3）：5-6.
③ 国务院关于大力发展职业技术教育的决定[J]. 教育与职业，1991（12）：3.
④ 30年中国特色职业教育的发展[J]. 职业技术教育，2008（10）：29.

方面投入，从根本上提升了职业教育的基础能力建设。师资队伍方面，做出"职教师资班学生享受师范生待遇，免收学费，并实行专业奖学金制度，以便鼓励中等职业技术学校优秀毕业生和高中毕业生投身职教事业，保障职教师资队伍的稳定。"① 在职教生继续升学问题上，国家明确规定职高生与普通高中考生一样具有同样的资格和权利，录取时享受同样待遇。这个政策搭建了职业教育与普通高等教育之间的畅通渠道。

1992年初，邓小平南方谈话的发表，为今后各项事业的发展指明了前进的方向。在随后10月份召开的党十四大上，党中央明确指出了我国经济体制改革的目标是建立社会主义市场经济体制，标志着我国经济体制改革和经济发展进入了一个全新的历史发展阶段。1993年，充满改革理念的《中国教育改革和发展纲要》出台，这是改革开放以来国家层面首次系统提出面向未来发展趋向的宏观教育发展规划。在《纲要》中，对职业教育的定位更加清晰明确，"职业教育要为经济建设提供优质的劳动者，职业学校要与社会加强联系。在现阶段，职业技术教育和成人教育主要依靠行业、企业、事业单位办学和社会各方面联合办学。"② 从政策文本来看，举办者主体已经发生改变，原来是政府办学为主、社会力量办学为辅，现在主要依靠社会力量来推动职业教育的发展。这次政策转变，标志着我国普通教育和职业教育的举办体制开始分离，普通学校仍是以国家举办为主，而职业教育则主要依靠社会举办。由于其与经济社会发展紧密对接的特殊性，使得职业学校首先要面对市场考验，围绕社会上人才市场需求变化去开设专业，在专业设置、招生和就业方面逐渐减少政府的干预，有更多的办学自主权。职业教育办学思路的转变，在社会上也起到潜移默化的引领作用。总体上看，随着我国经济体制改革的不断深入，教育改革也是全方位展开，职业技术教育逐步走向市场。为了适应社会主义市场经济体制的需要，中国职业教育也开始从体制上进行了改革。从1992年以后就渐渐成为发展的主要潮流。

---

① 30年中国特色职业教育的发展[J].职业技术教育，2008（10）：29.
② 覃壮才.市场化及其危机——20年来我国职业教育政策发展的基本取向分析[J].比较教育研究，2003（11）：10.

（三）实施《职业教育法》，为职教发展提供法律保障

国家教委对职业教育的立法工作最早始于 1989 年。进入 20 世纪 90 年代以后，职业教育立法工作进一步受到党中央的高度重视。1993 年的《中国教育改革和发展纲要》《国务院关于大力发展职业技术教育的决定》（1991年）《中华人民共和国教育法》和《中华人民共和国劳动法》等决定和法律都为加快《中华人民共和国职业教育法》的起草工作提供了参照和依据。在研究职业教育立法的过程中，社会各界也对该项工作的重要性和必要性进行了深入细致的探讨。同时，在有的地方围绕职业教育立法进行了较为前沿的尝试和探索。1994 年 12 月 26 日，《中国教育报》以介绍西安市颁布《职业技术教育条例》为例，对法律法规规范下的职业教育发展问题进行了集中讨论。经过几年的深入调研、多方征求各地方意见、各部门意见，《中华人民共和国职业教育法》在 1996 年 5 月 15 日八届全国人大常委第十九次会议上得到通过。当年 9 月 1 日开始实施，这是"职业教育政策发展中的重大事件，它是在全国已经初步建立具有中国特色的学历教育和职业培训并举的职业教育体系的背景下推出的。"[1] 它共有 4 章 40 条，包括总则、职业教育体系、职业教育的实施、保障条件和附则。从内容上看，它在调整范围、职业教育体系、兴办职业教育的责任、办学条件保障与扶持等多方面对职业教育发展中的若干问题进行了详细规定和说明。该法"确定了高等职业技术教育的法律地位，制定了高等职业技术学校的设置标准，构建了不同层次的职业技术教育之间以及普通高等教育与职业技术教育之间的立交桥，"[2] 对政府、社会、企业、学校及个人的权利和义务进行了明确规定，对"职业教育的根本任务、办学体制和管理体制，提出了发展职业教育的方法途径，制定了职业学校的设置标准和进入条件等。"[3] 虽然《职业教育法》基本属于"宣言性"立法，但毕竟总结了新时期 10 多年来职教发展经验，规定了政府在发展职业教育中的

---

[1] 朱开轩. 关于《中华人民共和国职业教育法（草案）的说明》[N]. 中国教育报，1995，3（15）：2.
[2] 胡诚，胡萍. 中国职业技术教育及其研究的历史回顾 [J]. 长春工业大学学报（高教研究版）》，2006，（9）：20.
[3] 改革开放 30 年中国教育改革与发展课题组. 教育大国的崛起（19780-2008）[M]. 教育科学出版社，2009：228.

职责，"一是把发展职业教育纳入国民经济和社会发展规划，大力推进职业教育的改革和发展，加大对职业教育工作的统筹力度；二是要办好骨干和示范作用的职业学校和职业培训班机构；三是对社会各方面依法举办的职业学校和职业培训机构给予综合协调、宏观管理。"[1] 此外，职业教育发展也受益于相关配套政策的陆续出台。"八五"时期（1990-1995），各级地方政府也相应加强了对职业教育的领导和管理，相关部委也推出了适合本行业发展需求的加强职业教育的措施和规定，有力地促进了职业教育的发展。这其中包括：《关于普通中等专业教育与发展的意见》《关于普通专业学校招生与毕业生就业制度改革的意见》《国家级重点职业高级中学标准》《关于加强全国职业中学校长岗位培训工作意见》《关于推动职业大学改革与建设的几点意见》《关于成人高等学校试办高等职业教育的意见》等文件，涵盖了职业教育发展的重要方面及关键领域。在这些政策保障下，"我国职业教育在规模和体系建设上都取得了前所未有的成就。"据统计，"八五"期间，我国中等职业技术学校持续发展，中等教育结构进一步取向合理，"到1995年高中阶段各类职业技术学校在校生人数占到高中阶段学生总数的57.42%，比1990年上升了9.8个百分点，办学效益有了明显提升。"[2] 该时期，我国也初步建立了职业学校教育与职业培训两大体系。就职业学校教育内部而言，"高职对口招收中职毕业生，实现了中高职之间的衔接和沟通"，职业培训体系内也是日益完善，技校、就业训练中心、企业职工培训基地数量和质量逐步提升，职业培训能力得到进一步的增强。在1996年6月19日，由国家教委、经贸委、劳动部联合召开全国职业教育工作会议，这是自改革开放以来召开的第三次全国职业教育工作会议，对进一步落实《中国教育改革和发展纲要》和《国务院关于大力发展职业技术教育的决定》，促进中国教育事业健康发展起到重要的推动作用。会议指出，作为我国教育事业的重要部分之一，大力发展职教从根本上是提高全民素质，开发人力资源，提高产品质量的重要举措。要不断深化职业教育改革，提高办学质量，建立与经济社会发展相适应的职

---

[1] 李岚清.李岚清教育访谈录[M].北京：人民教育出版社，2004：414.
[2] 国家统计局.新中国五十五年统计资料汇编（1949-2004）[M].中国统计出版社，2005，29.

业教育制度。

20世纪80年代，伴随着经济的快速发展和科技的迅猛进步，我国开始引入并使用更多的新设备、新技术和新工艺，对生产一线人员的整体素质提出更高要求，高等职业教育也就顺势而生。1996年，"全国有高等职业技术学院37所，职业大学73所，高等技术专科学校3所，举办五年制高等职业教育班的中专学校14所。"针对高职教育的健康发展，1998年教育部提出"三多一改"的政策，即"多渠道、多规格、多模式发展高等职业教育，对其进行教学改革，使其真正办出特色。"当年8月29日九届全国人大四次会议通过并颁布的《中华人民共和国高等教育法》明确界定："本法所称高等学校是指大学、独立设置的学院、高等专科学校，其中包括高等职业学校和成人高等学校。"从而把高等职业学校作为高等教育的一部分给确定下来。在这一法规的指引下，很多地方学校开始创办高等职业学校，许多县市职业学校通过合办、挂靠等形式举办了高等职业班，部分中专升格为高等职业学校，民办高校也纷纷探索高等职业学校发展之路，全国出现了一股"高等职业教育办学热"。截止到1998年底，"经教育部批准独立设置的专科层次高校（包括高专、高等职业和成人高校）共计1394所。"[①] 高职教育在跨世纪前后几年的快速发展，既带动了中职的发展，也提升了服务经济社会发展办学层次，为解决人才供需的结构性矛盾做出了贡献。回首1985年—1996年职业教育事业发展历程，发现整体呈现出稳步发展特点，主要源于三个方面的外部因素驱动。一是计划经济惯性使然。当时主要还是实行计划经济，逐渐发展起来的市场经济体制的冲击和影响还不是很明显，国家整体上对中专、中职毕业生实行的还是统包统配，毕业"出口"稳定有保障，能够很快实现社会垂直流动，良好的发展预期吸引了很多优秀初中毕业生去接受中专、技校教育。二是受经济社会发展需求的影响，促进了适应市场变化规律、能够促进毕业生自主择业的职业高中的稳步发展，很多职高毕业生能够在毕业后实现升学或者就地就业的目标，促进了城市服务业的发展，带动了生源的良性循环。三是一系列保障和激励职业教育发展的政策先后发力，如不断扩大职业教育

---

① 改革开放30年中国教育改革与发展课题组.教育大国的崛起（19780-2008）[M].教育科学出版社，2009：232.

规模、建设一批国家、省级重点骨干示范院校、"鼓励普职沟通、优先对口就业、加强职教立法等,促成职业教育规模快速发展。这一时期,以外部驱动为主带来的外延发展的繁荣暂时推迟了职业教育中潜在危机的显现。"

三、世纪之交职业教育政策调整与变革

在世纪之交新的历史发展阶段,尤其是在1997年到2001年间,中国职业技术教育发展面临着众多的机遇与挑战,出现了职业教育从计划经济体制转向引入市场驱动机制的转型期,中职教育在数量规模方面出现了快速增长、迅速下滑、逐渐恢复等波浪式发展态势,面临着改革开放以来前所未有的困顿和发展危机,期间职业教育办学层次有所提升,严峻的生源危机倒逼着一些中职学校挤上了提格升级的生存发展之道。

随着1980年左右出生的一代进入高中阶段高峰期的到来,"自1997年开始,中等职业教育招生数在总量增加的同时,占高中阶段招生比例在不断下降,从1998年开始招生数出现负增长,1999年职业学校招生数占高中阶段的比例下跌至50%以下。"从1997年至2001年,中职与普高的招生比例从62.15∶37.85降至41.58∶58.42。职业教育面临着严重的困难,突出表现在中职生源减少,比例下降,资源流失,质量降低。与1996年职教发展最高峰时中职招生数与高中招生数比57.68%形成鲜明对比。

(一)职业教育发展滑坡的主要原因

一是,生源急剧减少,自身改革滞后。行业主管部门和企业在发展职业教育中发挥着极其重要的作用。以20世纪90年代末期为例,"行业主管部门和企业举办着我国90%以上的技工学校、80%的中等专业学校、60%的成人中等专业学校和20%的职业高中以及大量的职工教育和培训中心,成为我国职业教育的主体力量。"1997年7月,始于泰国的亚洲金融风暴席卷东南亚各国,造成一些新兴经济体出现经济萧条甚至是政局动荡不安。外部经济政治危机对中国也带来了严峻挑战,"外贸出口受到严重影响,就业面临前所未有的困难,仅1997年,城市下岗人员已经达到1000多万。"随着我国社会主义市场经济体制改革逐步深化,国有企业受整体环境影响,需要剥

离很多社会责任，便于企业轻装前行。其中，把与生产密切相关的职业院校也顺势划转给地方教育部门举办和管理，这样，导致行业企业举办的职业院校在自身发展中面临着财政经费、教师福利待遇等诸多困难，导致行业指导作用受到严重弱化，影响到产教融合、校企合作的元气，职业教育原来有计划的人才培养模式基础逐渐丧失，影响职业教育发展的全局。外部的社会经济基础在发生改变，而职业学校受到计划经济的影响，在专业设置、课程体系方面与外面变化的就业市场联系不紧密，导致学生毕业时候在实际操作能力方面滞后于外部人才市场变化。内部经济结构不断调整，企业转制、关停并转增多，出现大批工人下岗现象，这样导致中职毕业生就业岗位快速减少。毕业生就业困难所释放出来的信号，倒逼着初中毕业生对将来发展方向选择上开始进行理性选择和慎重选择，对职业教育生源产生明显的抑制效应和负面影响。

二是扩大内需需要，高校持续扩招。从国内外宏观形势看，亚洲金融危机的突然爆发和国内面临的巨大就业压力，是导致中国政府转变高等教育政策的内外原因。自1994年开始，高等教育一直保持稳步发展的进度，每年扩招在3%—4%，以低于GDP增长的两个百分点为原则，尽管如此，社会上对高等教育依然有强烈的需求。相对于物质生活产品来讲，教育是精神产品，尤其是高等教育，出现了严重的供给不足现象。1996年，国家实行高校"并轨"招生，把自费、公费统一起来，克服原来的二者"双轨"运行造成的高考招生不公平和不规范问题，这构成了中国高等教育面向市场经济的一个嬗变。1999年上半年，为了应对亚洲金融危机和国内有效需求不足所带来的困难，政府决定将加快医疗卫生、文化、教育事业发展作为扩大内需的重要举措之一。当时我国面临着新中国成立以来规模最大的突发性失业高峰。大规模国企改革出现大量下岗职工，每年新增劳动力又会去与他们争夺有限岗位。通过大学扩招可以使得新增劳动力延迟进入就业市场3—4年，为下岗职工腾出工作机会。而大学扩招，可以充分发挥高等教育对劳动力培养和储备的"蓄水池"功能，有效拉动消费投资，以便保持国民经济持续快速发展。由此可见，当时提出高校扩招有着直接的经济背景。1999年以来，以扩大内需拉动经济增长而实施的高等教育扩招政策,促使我国高等教育规模急剧膨胀起来,短时期内高等教育毛入学率从1990年的3.4%提升到2002年的15%。但总体上满足了经济社会发展对高级专门人才和人民群众日益强烈的接受高等教育的迫切愿望,带动了国家通过国债连续投入教育120多亿,地方投入和部门投入教育150亿左右,高等教育投入大约增长了200多亿。客观上确实带动了一定的内需,对缓解通货紧缩带来的经济增长乏力起到了推动作用,有效化解了因东南亚金融危机对中国发展带来的外部冲击。同时,促使高等教育本身战略转型,开始了从精英化教育向着大众化阶段转型的历史进程。

三是政策信息不明,支持力度有所下降。政策层面,对怎样发展新形势下的中职教育的信息不明确。1998年10月7日—9日,教育部召开职业教育改革与发展座谈会。会上,教育部领导指出,"发展教育要首先考虑到社会与经济的发展,制定下个世纪教育发展战略就要研究经济。就教育论教育不行,就职业教育论职业教育也不行。目前职业教育产生的波动是经济发展到一定阶段的产物,既不能惊慌失措,也不能麻痹大意。我国中等职业教育的发展,要从以数量发展为主转移到以巩固提高为主。"1999年6月中旬,党中央、国务院召开改革开放以后的第三次全国教育工作会议指出:"我们要在切实保证义务教育健康发展的同时,积极调整现有教育体系结构,扩大高中阶段教育和高等教育的规模,大力发展各级各类职业技术教育,拓宽人才成长的道路。"在随后的《中共中央国务院关于深化教育改革全面推进素质教育的决定》中又提出:"高等职业教育是高等教育的重要组成部分。要大力发展高等职业教育,积极发展包括普通教育和职业教育在内的高中阶段教育。"以上表述变化能够真切反映出来在新旧世纪交替的过渡期,先是"巩固提高中职",然后又是"大力发展高职",在高中扩张的严峻形势下,中等职业学校的生存和发展空间受到很大的挤压。随着高校扩招,人们又开始把青睐的目光转向大学和高职,而中职教育就处于边缘化不被突出的尴尬局面。迫于生存空间的压力,各地很多中等职业学校开始了致力于升格为专科层次的高等职业院校的努力。与之同时,随着1994年分税制改革的推进和初见成效，中央在整个政府财政收入中的比重有所增加，这样就导致地方财政进行适度压缩和调整，导致对中专和技校的诸多倾斜政策很快被取消，包括招录学生有计划、上学即农转非且有适度补贴、毕业即分配等政策逐渐退出历史舞台。"从1995年开始，中专学校毕业生要逐步实现个人缴费上学、自主择业的政策效力开始显现，使得占中等职业教育招生总数三分之一以上的中专学校渐渐失去了对初中毕业生低收费、包分配的巨大吸引力。"很多优秀初中毕业生经过审慎理性的分析与选择，大都去选择普通高中教育，通过普通高等教育之路来实现自己的梦想。

此外，在外部影响力量中，国际组织也对中国职教政策产生过一定影响。如世界银行在1998年《中国21世纪教育发展战略目标》中提出，建议适度压缩和降低中职招生数，逐渐降低中职学生占高中阶段学生的比例。客观上讲，这种主张和建议或多或少还是影响到国内中职发展，随后中职教育比重严重下滑的事实表明，该建议不符合中国实际，为今后职教健康稳定发展埋下隐患。

（二）职教政策的调整和改革

针对部分地区因高校扩招引发的"高中热"而导致的中等职业教育滑坡现象，中央领导、教育部领导都纷纷着眼于我国国情和经济发展的长远需要，对职业教育的发展进行推动和思考。为了让"普高热"尽快降温，国务院办公厅和教育部先后下发推行劳动预备制度和妥善处理普高与中职关系的文件，要求大家理性对待高中教育和中职教育，但收效不大，依然没有挡住日益高涨的"高中热"。后来，教育部领导在2000年度教育工作会议上强调，今后要长期坚持大力发展职业教育的方针，"通过严格的劳动准入制度和职业资格制度，把社会上的就业需求转化为对职业教育的需求。"从2001年开始，为了确保中职教育规模稳定，实现与普通高中均衡发展，学生可以凭初中毕业证或毕业成绩单参加中职学校组织的自主招生，实行分批化入学方式，保证中职招生可持续发展。

四、新世纪职业教育快速发展阶段的政策

自改革开放以来，职业教育在经济社会和教育工作中的地位、作用和价值逐步得到全社会的认同，战略地位逐步提高，并体现在具体的工作实践中。2002年11月，在中共十六大报告中指出："教育是发展科学技术和培养人才的基础，在现代化建设中具有先导性全局性作用，必须摆在优先发展的战略地位。全面推进素质教育，造就数以亿计的高素质劳动者、数以千万计的专门人才和一大批拔尖创新人才。加强职业教育和培训，发展继续教育，构建终身教育体系。"为了尽快解决职业教育发展与经济和社会发展相匹配问题，满足人们多样化学习的强烈需要，国家通过制定和颁布三部法律（《教育法》《职业教育法》《劳动法》）、召开三次全国职教会议（2002年、2004年和2005年）、出台三个重要文件（《国务院大力推进职业教育改革与发展的规定》《教育部等七部门关于进一步加强职业教育工作的若干意见》和《国务院关于大力发展职业教育的决定》）来全力推进职业教育事业的健康发展。会议的层级、频度，在建国以后的职教事业发展历程中是前所未有的，从中可以看出，中央政府对发展职业教育、保持职业教育可持续发展的急迫心情。在这个时期，"国家把职业教育放在更加突出、更加重要的战略位置，将加快发展中等职业教育作为整个教育工作的战略突破口。坚持职业教育面向人人、面向全社会的发展方向和大力发展职业教育的工作方针，坚持以服务为宗旨、以就业为导向的办学方针。职业教育在改革创新中加快发展的局面基本形成：地位更加突出，政策更加明确，思路更加清晰，改革不断深化、事业不断壮大，基本实现了又好又快发展。"

2002年7月底，第四次全国职业教育工作会议在北京召开，针对当时存在的办学模式单一、筹资渠道不畅、与外部人才市场变化不适应等问题，澄清了"把职业教育单纯作为传统学校教育、过度学历化、企业行业不办职业教育、财政性经费不再对职教新增投入、过度依靠市场调节"等误区，在随后《国务院大力推进职业教育改革与发展的规定》中，确定了新时期的发展方向。一是目标："十五"期间，初步"建立起适应社会主义市场经济体制，

与市场需求和劳动就业紧密结合，结构合理、灵活开放、特色鲜明、自主发展的现代职业教育体系。"服务对象及内容包括"为初、高中毕业生和城乡新增劳动者、下岗失业人员、在职人员、农村劳动者及其他社会成员提供多种形式、多种层次的职业学校教育和职业培训。"二是，职教管理体制。逐步建立"在国务院领导下，分级管理、地方为主、政府统筹、社会参与的职业教育管理体制。强化市(地)级人民政府在统筹职业教育发展方面的责任。"同时，扩大职业学校办学自主权，增强其自主办学、发展能力。三是主动适应社会和企业需求，深化改革。"职业学校和培训机构要主动适应经济结构调整、技术进步和劳动力市场变化需要，增强专业适应性，办出特色。"同时，还要加强实践教学，提高受教育者的职业发展能力。四是持续推进"三教统筹"，加强地区、城乡职业学校对口支援工作，提升整体办学水平。以及还有建立严格的就业准入制度，"多渠道筹集资金，不断加大职教经费投入，利用金融、税收以及社会捐助等手段支持职业教育的发展，不断加强职业教育经费的管理水平。"在国务院大力推动和协调组织下，职业教育发展处于下滑的局面得以很快解决，办学规模和层次有了显著的变化。（见下表）

表2-3　中等职业教育发展情况

年份	学校数（所）	招生数（所）	在校生人数（万人）
1998	17106	442.26	1212.7
1999	16377	375.3	1115.39
2000	15093	333.36	1044.18
2001	13467	337.83	975.78
2002	12428	416	1037.47
2003	11835	472.28	1151.27
2004	11712	526.2	1305.89

从上表可以明显看出，在国家政策的及时调整下，中等职业教育的发展规模在历经1999年和2000年的下滑趋势后，在2002年出现明显的复苏，开始止跌回升。尽管办学学校数额减少，但职业学校的平均规模却呈现提升态势，进一步优化了职业教育资源的使用效率和办学效益。

表2-4 高等职业院校与普通高校情况的比较

年份	学校数			在校生规模（万人）		
	普通高校	高职高专	比例	普通高校	高职高专	比例
1999	1071	474	44.3%	408.6	136.2	32.3%
2000	1041	442	42.5%	556.1	216.1	38.9%
2001	1225	628	51.3%	719.1	294.7	41.0%
2002	1396	767	55.0%	903.4	376.3	41.7%
2003	1552	908	58.5%	1108.6	479.4	43.2%
2004	1731	1047	60.5%	1333.5	595.7	44.75%

数据来源：中国教育事业发展统计年鉴（1999-2004）.

通过数据统计可以得知，在全国高校扩招的情况下，高等职业教育也迎来快速发展的大机遇。学生规模不断增加，招生数、在校生数、毕业生数占普通高校学生的比例呈现逐年上升状态。高等职业技术院校招生数从1999年的61.19万人增加到2004年的237.43万人，增加了176万人次；在校生规模从1999年136.15万人增加到2004年595.65万人，增加了460万人次；毕业生从1999年的40.67万人增加到2004年的139.49万人，增加了近100万人次。

2004年6月中旬，教育部、财政部等七部门在江苏召开全国改革开放以后的第五次职业教育工作会议，正式建立职业教育工作部际联席会议制度。通过联席会议制度，积极展开部际之间的合作，围绕职教工作中的重大问题进行协商，充分调动起各方面举办和参加职业教育的积极性，形成推动职教发展的合力。与会各部委代表都认为，职业教育与普通教育是教育体系的两个支柱，必须协调发展，要改变"重普通教育、轻职业教育""重文化知识、轻技能培养"的倾向。今后在职业教育的办学指导思想上，需要及时进行转变："一是从计划培养向市场驱动转变；二是从政府直接管理向宏观引导转变；三是从专业学科为本位向职业岗位和就业本位转变。"办学思想的转变打开了职业教育改革与发展的局面在。随后出台的《教育部等七部门关于进一步加强职业教育工作的若干意见》，在办学方向、人才培养模式、办学体制及布局、办学形式和办学模式等方面，进一步提出了富有针对性的意见，从而为提升职业教育办学内涵和特色,积极推进职教集团化、连锁化和规模化办学,取得良好的社会成效。

在 2005 年 11 月,国务院召开第六次全国职教工作会议,强调各级政府要通盘考虑职教发展,因地制宜,将职教事业纳入国民经济和社会发展"十一五"规划,统筹安排。在新时期国家职业教育公共管理政策体系的指引下,按照当年《国务院关于大力发展职业教育的决定》要求,紧紧围绕"扩大规模、优化结构、深化改革、提高质量、促进公平"等重大政策目标,创造了新时期职教发展的行动范式,创造了中国自身的职教办学特色。具体来讲,可以从以下六个方面加以总结和概括:"坚持一条特色道路,强调两个重点,推进三项制度建设,实施四大工程和五大计划,六大机制创新。"它们组成了推进职教事业发展的工作模式,构成了很好的制度设计框架,使得各项政策配套协同发挥重要作用,确保职业教育走上一个快速健康发展的道路,对今后职业教育的改革与发展有着长远的指导意义。(1)一条道路。以服务为宗旨、以就业为导向、在实践探索中总结自身特色的发展之路,这实际上是涉及"走什么路"的方向性问题。要根据中国职教发展实际,立足本国国情,以开放包容的心态汲取他国已有的成功经验和做法,为我所用,走出能够符合我国职业教育治理现代化要求的新路子。(2)两个重点。围绕着就业导向,重点加强学生职业道德教育和实际技能培养和提高,促进人的全面发展。这是教育本质的理性回归,实质上是解答"培养什么人"的问题。"十一五"期间,就业人口进入高峰期,职业教育肩负着在巨大人才市场需求和高素质劳动者供需之间桥梁的重任,需要在能力本位和水准上下硬功夫,这样才能够培养更加符合人才市场需要合格人才。(3)建设三项制度。这涉及招生、助学、实习等环节,是"怎样去健全人才培养制度"的机制构建问题,一是加强中职招生制度的改革问题,统筹管理高中阶段招生,同时做好中职招生服务工作;二是推进家庭经济困难学生助学制度的改革与创新,体现国家教育公共服务公平性、普惠性特点,不断扩大资助范围,提升补助标准;三是大力推行工学结合、校企合作、半工半读的改革及制度建设,建立健全学生顶岗实习制度,"坚持教育与生产劳动相结合的方针,遵循职业教育规律,组织和安排好学生顶岗实习工作。"三项制度为职教扩大办学规模、提升质量、确保公平提供了政策基础，尤其是在资助和实习制度衔接和设计上充分体现出"以生为本"的理念，前两年每人发放1500元国家助学金，最后一年顶岗实习、在校企合作中去提高实践技能、获取应有报酬、用以补贴学习和生活费用，这些政策都富有成效地减轻了学生家庭负担，在民众中提升了职业教育吸引力。（4）四大工程和五个计划。四大工程是："职业院校制造业和现代服务业技能型紧缺人才培养培训工程，国家农村劳动力转移培训工程，农村实用人才培训工程和成人继续教育和再就业培训工程，"按照"以服务为宗旨、适应市场变化、保障充足供给、做贡献求发展"原则，从根本上解决"如何提高服务水平、扩大办学规模、保证人才质量"的方法和途径问题，通过持续的人力物力财力投入，为新世纪技能型人才的全方面培养奠定了坚实的基础。据统计，四大工程实施期间，先后组织"1000多所职业院校和2000多个企业开展了多种形式的合作，覆盖学生和学员超过300多万人；全国教育系统为农村劳动力转移培训和农民工培训超过3500万人次，农村实用技术培训超过6000万人次；全国企业职工年培训平均规模达到9100万人次，"为职教事业能够惠及千家万户，提高城乡劳动者就业能力和可持续发展能力作出了重要贡献。（5）五个计划包括："职业教育实训基地建设计划，县级职业教育中心专项建设计划，100所国家示范性中等职业学校建设计划、100所国家级示范性职业技术学院建设计划和职业院校教师素质提高计划，"根本上解决了"强化自身建设、保证教学质量"的内涵提升问题，能够帮助职业院校持续加强基础能力建设，不断改善办学条件，为提升办学水平夯实基础。截止到2008年7月，"2000多个实训基地建设，已投入建设1080多个；1000多个县级职教中心和1000所示范性中职学校，共投入建设1200多所；100所国家示范性高等职业技术学院已基本完成项目建设。"实训基地建设和示范性项目的建设，带动了整个职业院校办学水平的稳步提升。（6）六个机制：主要包括"办学主体'多元化'办学模式'集团化'学生要求'双证书'教师资格'双师型'培养模式'订单式'课程设计'模块化'。"这些机制凸显了职教办学的特殊性，符合技术技能型人才成长规律，从根本上增强了职教办学的实力和活力。

我国职业教育整体上呈现快速高位发展态势，对办学规模加以攻坚，生源数量有很大扩张，各项改革举措活跃，对城乡之间职业教育资源进行统一安排和部署，有力地推进了职业教育数量和整体办学水平的提升，从根本上扭转了职业教育办学规模下滑影响到经济社会发展对技能型人才迫切需求的局面。

2010年7月29日，凝结社会各界智慧，代表政府执政意愿，承载无数个家庭及数以万计学生诸多期望的《国家中长期教育改革和发展规划纲要（2010-2020）》发布。《纲要》中提出教育财政性支出占国内生产总值4%的目标已经于2012年底如期实现，为以后不断提升教育事业在国家财政支出中的比重。针对今后职教事业的战略目标是："到2020年，形成适应发展方式转变和经济结构调整要求、体现终身教育理念、中等和高等职业教育协调发展的现代职业教育体系，满足人民群众接受职业教育的要求，满足经济社会对高素质劳动者和技能型人才的需要。"为了实现以上目标，提出了"大力发展职业教育、调动行业企业积极性、发展面向农村的职业教育、增强职教吸引力"等新举措，为今后职教发展指明了工作重点，标志着中国的职业教育更加注重抓质量强内涵，步入改革不断深化，办学质量持续提升，基本制度建设更加规范，构建现代职教体系的新阶段。

党的十八大总揽全局、审时度势，针对当今世界正在发生的深刻变革为我国经济社会发展提出的新挑战，明确提出，"教育是民族振兴和社会进步的基石。"这对新时期教育的重要作用有了更新的概括和认识，凸显了大系统教育观，把提高劳动者整体素质和培养大量技术技能型人才作为实现我国经济发展方式转变的关键举措，做出了"加快发展现代职业教育"的重大决策，从1985年《中共中央关于教育体制改革的决定》提出"职业技术教育体系"的概念，到十八届三中全会提出"加快现代职业教育体系建设"，标志着富有我国特色的职教理论不断成熟，同时也反映了职业教育改革的演进脉络，为今后一个时期推进职业教育改革创新指明了前进的方向。

2013年11月《中共中央关于全面深化改革若干重大问题的决定》指出："要加快现代职业教育体系建设，深化产教融合、校企合作，培养高素质劳动者和技能型人才。"这就需要我们按照"紧紧围绕更好保障和改善民生、促进社会公平正义深化社会改革"的新部署和"更加注重改革的系统性、整体性、协同性"的新要求,把握住促进全体人民学有所教、学有所成、学有所用的政策基点,深化职业教育领域的改革,更新教育观念,理顺结构体系,创新培养模式、加强能力建设,推动内涵发展上下功夫,全面形成与全面建成小康社会要求相适应的有活力、有效率、更开放、利长远的管理体制,办出具有中国特色、世界水平的现代职业教育。国家针对职业教育的总体部署和安排有以下明显特点:一是战略位置更加突出。与教育领域综合改革的总要求密切相关,能够更好地服务经济社会发展,满足人民群众对多样化、高品质教育的需求。二是人才培养目标更加清晰明确。"既要满足当前生产力发展水平的需要,又要满足知识更新、技术进步、生产方式变革的新需要,培养数以亿计的高素质劳动者和技术技能人才。"三是凸显职业教育的类型特点。坚持以促进就业为导向,在专业设置与产业需求、课程内容与职业标准、教学过程与生产过程三方面实现"无缝对接",确保职业教育的职业性。四是特色更加明显。积极吸纳行业、企业等社会力量作为利益攸关方去深度参与职教事业的改革与发展,建立良性互动、合作共赢的关系,同时推动公办教育与民办教育的共同发展,开创办学的新局面。五是抓住招生制度改革的突破口,为人们进行更有针对性的选择和继续在职学习提供灵活便捷的通道。六是积极构建终身学习社会,拓展服务范围,为广大劳动者构建能够有利于职业生涯长远发展的终身职业培训体系。

2014年是中国职业教育发展历程上最为有收获和期待的难忘一年,被业界称为职业教育又一个黄金发展期的到来。2月26日国务院常务会议研究加快发展现代职业教育问题,强调要以改革的思路办好职业教育,确定了发展现代职业教育的五大任务和措施。一是牢记职教使命,认清其在整个人才培养体系中的重要作用。二是大胆创新,在职教模式上推陈出新,建立职教人才培养的"立交桥",打通从中职、高职、本科到专业学位研究生的持续上升通道,满足学生长远发展和社会上对人才的迫切需要。三是努力提高人才培养质量。在更广范围内去推行"三对接",做到学有所获、学有所用、学以致用，确保人才培养实用、有市场、可持续发展。四是引导支持社会力量兴办职业教育。五是强化政策支持和监管保障。

2014年5月2日正式印发《国务院关于加快发展现代职业教育的决定》，对现代职业教育体系进行了顶层设计。6月份教育部六部门印发《现代职业教育体系建设规划（2014—2020年）》和召开时隔八年的全国职业教育工作会议，表明国家对职业教育投入了前所未有的关注，职业教育正面临着前所未有的变革，为今后职业教育发展创设了更为广阔的空间。李克强总理在接见职教会议全体代表时候讲话时候强调，"职业教育大有可为，也应当大有作为。"他明确提出了三项要求，"要把提高职业技能和培养职业精神高度融合，让千千万万拥有较强动手和服务能力的人才进入劳动大军，使'中国制造'更多走向'优质制造''精品制造'，使中国服务塑造新优势、迈上新台阶。要用改革的办法把职业教育办好做大，统筹发挥好政府和市场作用，既要加大政府支持，又要通过政府购买服务等方式，更多促进社会力量参与，形成多元化的职业教育发展格局。要走校企结合、产结融合、突出实战和应用的办学路子，依托企业、贴近需求，建设和加强教学实训基地，打造具有鲜明职教特点、教练型的师资队伍。"6月16日印发的《现代职业教育体系建设规划（2014—2020年）》强调指出，"建立现代职业教育体系，是促进现代职业教育服务转方式、调结构、促改革、保就业、惠民生和工业化、信息化、城镇化、农业现代化同步发展的制度性安排，对打造中国经济升级版，创造更大人才红利，促进就业和改善民生，加强社会建设和文化建设，满足人民群众生产生活多样化的需求。"

为了更好地推动我国现代职业教育加快发展，促进《职业教育法》的贯彻实施，凝聚共识，全面落实全国职业教育工作会议精神，2015年3月到5月间，张德江委员长担任执法检查组组长，全国人大常委会开展了《职业教育法》施行近二十年来的首次专项检查。检查组先后到8个省（区、市）开展了执法检查，同时委托23个省（区、市）人大常委会按照检查方案对本省（区、市）职业教育法实施情况进行检查，做到执法检查全覆盖。6月29日，张德江委员长代表执法检查组作了《关于检查〈中华人民共和国职业教育法〉实施情况的报告》，报告指出，需要正视职业教育面临的突出困难和问题。2016年2月24日《国务院关于落实职业教育法执法检查报告和审议意见的报告》，对进一步转变观念、明确办学定位、强化统筹规划、提高职业教育经费保障水平、师资队伍建设、区域职业教育发展均衡等问题都进行了详尽答复，对今后如何运用法治思维和法治方式推动职业教育改革发展也提出了针对性举措，如修订职业教育法、主动服务好国家整体战略、搞好配套政策建设、强化部门联动工作机制等。这表明，在执法检查的有力推动下，职业教育改革发展进入了新阶段，制度标准建设逐步体系化，办学水平和服务能力进一步提升。

为了在全国范围内进一步扩大职业教育的影响力，2015年4月17日，国务院决定在每年5月的第二周设立职业教育活动周，开放校园、开放企业、开放院所、开放赛场，让更多的学生及其家长对职业教育有一个了解、接触、参与和感受的过程。2015年活动周的主题是"支撑中国制造、成就出彩人生"，2016年的主题是"弘扬工匠精神、打造技能强国"，通过持续开展宣介活动，人们对职业教育的内涵、特性及其重要性有了更为理性全面的认识，对扩大职业教育的社会影响力起到了一定的铺垫作用。

以上重要批示、讲话、文件及政策与措施，为加快我国职业教育发展，做出了战略部署，明确了今后改革的方向和重点，提出了新时期职业教育发展的任务，标志着我国职业教育改革发展进入了一个新的历史发展新阶段，肩负着实现"两个一百年"奋斗目标的使命，承载着转方式、促改革、调结构、惠民生的艰巨任务，在我国成功跨越中等收入陷阱、实现中华民族伟大复兴的历史征程中将会谱写新篇章，在经济转型升级持续发展的关键时期，做出更大的贡献，赢得更多的尊重和社会认同，获得更大的发展空间。

第四节　改革开放以来职业教育政策评析

回首过去多年尤其是改革开放以来的职教发展历程，在促进职业教育健康稳步发展的顶层政策定位方面，形成了一个体系完整、层次清楚、相互协调的"职业教育公共管理政策框架"，引领职业教育在服务经济社会发展中取得快速发展，将职业教育带到自近代150年以来改革与发展最好的时期，为以后职业教育发展提供基本战略指引、政策依据和行动指南。

一、发展动力从经济需求转向综合需求

职业教育是与经济社会发展最为紧密的一种类型，经济发展形势的好坏直接影响到职业教育事业的兴衰与成败。出于对个人未来就业、创业和职业发展的考虑，接受职业教育可以满足一个人理性务实的就业需求。尽管在社会上仍然有很多人对职业教育有着或多或少的鄙薄看法，但随着工业化进程的推进，随着后工业社会的来临，现实生活中技术技能型人才在社会上越来越发挥着重要作用，在投身社会实践中也能够找到适合自己的位置，实现自己的理想和抱负，同样也可以有自己人生出彩的机会和梦想。因此，在推动职业教育发展的动力系统中，经济需求是其发展的外在主要驱动力。当下和今后很长一段时间内，随着产业结构的不断优化调整，新科技在生产中的普及和应用，对生产一线的技术技能型人才的需求数量和质量会越来越多、越来越高。尤其是中国实现制造业强国的征程中，高素质技能型人才已经成为中国制造或中国创造的核心竞争力关键组成部分，决定着中国产品在世界产品价值链条中的位置是否上移，是否在国际制造业竞争中谋取更大的发展空间。除了经济需求外，还有出于解决就业问题、有效融入社会、维护政治稳定的需求，实现青年人人生梦想、满足其发展需要、实现自己理想的民生需求。因此，抓职业教育表面上是教育领域的行为，从整个社会系统论的视角

来看，它是抓好经济、促社会和谐、提高人们幸福指数乃至于提升整体国民素质的必要手段。可以说，职业教育承载着无数个家庭的希望，承载着国家经济发展战略的需要，也承载着企业长久发展的需要，更承载着无数学子对未来生存和发展的寄托和希望。因为它肩负着很多方面的利益需求和渴望，在自身发展中也必然会出现各种张力和矛盾，使得职业教育在发展中进行不断的调适和优化，实现多方面的共赢。

二、职业教育政策执行中的问题及解决办法

问题主要体现在：管理体制问题较多。其中，职业教育与普通教育的沟通，在学生初中后分流之后，往往是仅仅有一次机会，在进入职业学校和普通高中之后，就很难再进行灵活转轨情况，至于在高等教育阶段能够实现职业院校学生与普通高校学分互认更是难上加难，对很多有继续进行发展方向调整意愿的学生来说只能一条道走到底，不利于人员的流动和成长。再者，职业教育由于涉及教育、财政、人力与社会保障等多个部门和行业、企业等很多方面，存在多头管理、职能交叉、统筹乏力，资源分散太多，难以形成合力达到最佳效益的情况，需要发挥政府作用和市场机制作用，既要发挥政府的作用，还要通过市场调节各方利益实行动态调整，真正吸引社会各方面力量去参与推动职业教育发展的格局还远远没有形成。

政策执行中存在以上问题的解决办法有以下几个方面：第一，教育政策的价值冲突。每一项政策的制定都要兼顾到效率与公平、当前利益与长远利益、个体与群体之间的矛盾，教育政策制定过程也就存在着决策主体的元价值、隐价值和显价值之间的冲突。职业教育是面向人人、面向社会的教育，通过接受职业教育，它可以帮助实现人的全面发展，推动经济发展，促进社会公平正义，因此，大力发展职业教育是政府义不容辞的责任，体现着政府所追求的价值观，同时也体现着多方面的多元价值追求。在决策主体的显价值追求上，政府为了更好地发挥出自身的主导作用。

第二，完善相关配套体制。例如，《职业教育法》1996年9月刚刚实施的时候，确实对各相关方积极投身职业教育事业起到一定的促进作用，很多

情况都发生了很大改变。需进一步完善职业教育的整体规划、专业设置，使之与社会需要相吻合。

总之，职业教育政策经过多年的发展，取得了很多的成就，形成了自己的特色。但是在政策质量、政策工具的充足性以及政策的执行力方面还需要在今后的职业教育治理中加以完善和提高。

第三章　现代职业教育的教学方法

第一节　现代职业教育的教学原理

一、职业教育的教学本质

（一）教学的含义

教学的含义，在不同的历史时期所指不尽相同，不同层次与研究领域的使用与研究者，对教学的界定也是各不相同的。

1. 教学即教授

在我国，19世纪末20世纪初较为流行的观点便是教学即教授，意为教师的"教"。人们非常重视教师的"教"，以及"怎样教"。在西方，"教学"有"说明"的意思，即教授、讲授，同样偏重于教师的教。

2. 教学即教学生学

这种观点强调教源于学，教的目的是为了学生的学。这与西方"教学即成功"有相同之处。

3. 教学即教师的教与学生的学

这种观点已普遍被人们所接受。从构成教学活动的要素看，活动的主体是教师与学生，教师与学生以课程内容为中介，以一定的目的为追求而共同参与到同一活动中去，构成完整的教学活动，即教师的教与学生的学。教学的本质目的是为学生的发展和学习。教师的教，目的是引起学生的学，以达到社会要求。因此，教师的教和学生的学是教学活动同一过程的两个方面，彼此不可分割地联系着。

（二）教学的本质

教学的定义有很多，解释各异。概括来说，教学是在教育目的指引下，以课程内容为中介而进行的教师的教与学生的学的"双边"活动。在这个活动中，通过教师的引导作用，使学生掌握一定的知识、技能，形成一定的能力、态度。在教学活动中，一方面，教主要是教师的行为，是一种外化过程；学主要是学生的行为，是一种内化过程；另一方面，教与学互相依赖、互为基础。在教学情境中，教师的教就意味着学生的学，学生的学也蕴含着教师的教，不存在没有教的学，也不存在没有学的教。教为学而存在，学又要靠教来引导。

（三）职业教育的教学

职业教育的教学，是指在人才培养目标的指导下，以职业教育课程内容和实践为载体，教师有目的地教学生学与学生主动地学习知识和训练技能，进而形成职业能力的"双边"活动。

（四）职业教育教学的特点

1. 教学目的的职业性、实用性

学生进入职业院校，就要根据未来职业的需要进行定向培养，教学内容、教学过程、教学方法、教学组织等各个方面均应反映特定的职业特色和风格，带有该职业的烙印。职业教育培养的是技能性、技术型的人才和劳动者，追求的不是理论水平，也不是学历文凭，而是一种能满足某一职业或工作需要的综合职业能力，是一种以培养职业能力为基础的教育。职业院校教学从将来的工作需要出发，注重知识的实际应用，重视与生产过程相衔接。

2. 教学内容的综合性、先进性

职业院校的服务范围广泛，培养目标跨度大，既可以培养专科学历的高级技术型人才，以从事脑力劳动为主的技术人员、管理人员，又可以是中等教育学历的技能型人才，以从事体力劳动为主的技术工人和其他劳动者；培养的人才既具有专业特长，能顶岗劳动，还有一定的通用性，一专多能，满足转换职业和在职提高的需要。这就要求职业院校的教学内容具有综合性，要开设文化课、专业技术课、专业课、综合实践课和实训课等。

当今社会，知识技术更新速度快，社会生产中出现的设备、工艺、产品更新周期短，产品批量小，质量要求高，职业教育应及时调整教学内容，与现代生产技术水平要求保持一致。

3. 教学对象的复杂性、终身性

首先，教学对象的年龄、阅历层次复杂；其次，学生的学习基础、学习目的、学习动机，以及对所学专业的认识、情感等有着较大的差异，自然就存在着各种各样影响学习的消极因素，增加了教学的复杂程度。

当今世界，全球化程度越来越高并不断快速发展，新技术的广泛使用、信息呈指数性质增长、人口流动、社会转型、气候变化，以及可持续发展等都需要社会从业人员不断更新知识、拓宽视野、培养能力，增强人的发展活力和后劲。职业教育教学，不仅要考虑学生第一次就业需要，而且要为其再学习提供基础，应着眼于劳动者的整个职业生涯。

4. 实践教学的中心性、多样性

职业教育实践教学的任务就是通过教学实训、生产实习等综合实践课程，使学生巩固、加深、补充在理论课教学中所学到的知识，掌握必要的职业技能，形成职业能力，实现自身价值。因此，文化课、基础课、专业课应围绕实践组织教学内容，为实践教学服务。

实践教学的组织可采用实验、教学实习、生产实习、技术推广等多种方式进行，既可以在校内的教室、实验室、实习车间进行，也可以在校外的实习基地、生产现场进行。不同的教学环境是为不同的教学内容和目的服务的，各种环境相互补充，相互促进，使得学生在真实岗位环境中可以获得最优化的教学效果。

二、职业教育教学的基本规律

教学规律是教学及其要素发展变化过程中的本质联系和必然趋势。基本规律，是指不但具有必然性和稳定性，且对教学过程的性质、方向和结果具有决定作用的本质联系。一般来说，教学的基本规律包括教与学相互依存的规律、教学与发展相互促进的规律，以及间接经验与直接经验相互作用的规律。

职业教育的就业导向属性，必然使得职业教育教学除具备教育基本规律外，还具有特殊的教学规律。

（一）职业教育教学目标以职业能力为本位

职业院校的教学既要为人的生存考虑，又要为人的发展打下坚实的基础。因此，职业能力培养就成为职业教育培养目标的核心追求。

职业教育教学目标着重于学生职业能力的培养。形成职业能力比习得专业理论知识、获得职业资格更重要，能力本位的教育就是素质教育在职业教育中的体现。个体职业能力取决于专业能力、方法能力和社会能力的整合，这样当职业岗位发生变更，或者当劳动组织发生变动的时候，个体依然能在变化了的环境里积极寻求自己新的"坐标点"，进而获得新的职业资格。

（二）职业教育教学过程以工作过程为导向

任何职业劳动和职业教育都是以职业的形式进行的，这是职业教育属性的最本质表述。职业教育的这一属性反映在教学中，集中体现为职业教育的教学过程与相关职业领域的行动过程的一致性。

以职业的工作过程为参照体系的职业教育教学过程，强调以在工作过程中所包含的行动过程和学习领域展开教学，即教学主要围绕着有关生产设备、工具、工艺流程、加工方法的知识和操作技能等生产技术方面的学习和训练而展开。

（三）职业教育实践教学以多元为模式

探索多元工学结合模式是职业教育发展的迫切要求，即根据企业的生产特点和运行状况调整教学计划和安排，组织实践教学，通过采用顺序图、框架图的方式，使原来难以把握的实践教学过程成型、固定，形成一定的程序，以提高实践教学的规范化水平。另外，以产品质量、工作态度和团队合作为核心指标的系统实践考核，可以提高实践教学的效果。

（四）职业教育教学过程以企业深度参与为主体

校企的深度合作已经成为职业院校谋求生存发展的一个重要的主题。在教学组织形式上，可根据企业的要求制订教学计划、安排教学内容；企业可派兼职教师到院校承担专业课的教学任务，促使学生融入企业。院校企业可通过多元合作发展长期合作伙伴关系，把企业的生产和管理引进院校，探索校企深度合作的职业教育集团化发展新平台，使企业参与对院校的发展决策，把企业的人力资源要求完全与院校的教育教学目标相接轨。

三、职业教育教学原则

职业教育的教学活动既与一般教学活动有共通性，又有自己的特殊性。在职业教育教学活动中，除了要遵循一般教学活动的教学原则（直观性原则、启发性原则、系统性原则、量力性原则、思想性和科学性相统一的原则、理论联系实际的原则）以外，还应遵循以下原则。

（一）职业性原则

职业性原则包括两方面的含义：一是指职业院校教学活动的展开应该以职业岗位需求为依据，以就业为导向；二是指在职业院校的教学过程中，要注意立德树人与学生职业意识和责任意识的养成相结合。这是职业院校教学的首要原则。贯彻此原则要做到：

1. 明确专业（工种）未来职业的形式、范围、规范和环境、特点、要求，并据此明确其应有的职业道德及职业知识、技能和能力的结构，以及该领域中科学技术发展的新成果。

2. 教学活动要从职业岗位需求出发去培养、训练和陶冶学生。

3. 入校时要根据未来职业的需要进行职业定向、职业指导；在校期间要着重培养学生的职业知识、职业技能、职业能力、职业道德，使之毕业后能立即或很快地适应某种或某些职业的需要。

4. 坚持立德树人。通过直接参加岗位实践活动，培养学生的职业道德、服务意识、质量意识、合作意识，以及社会责任感等。处理好全面素质发展、职业技能培养和个性需要之间的关系。

（二）实践性原则

实践性原则是指在教学过程中，教师要引导学生从理论与实际的结合中理解知识，并运用知识去分析、解决实际问题，做到学懂会用、学用结合、学以致用。培养学生以知识为中介分析问题和解决问题的实践能力，是职业教育培养目标的内在要求。该要求突出理论与实践的结合，即联系学生实际，联系专业实际。贯彻此原则要做到：

1. 教学活动以培养学生的实践能力作为追求目标

理论教学要以实践教学的需要为依据，根据学生未来的职业岗位需求有序地进行。实践教学要在理论教学的指导下，让学生熟悉工作环境，掌握岗位工作程序，了解岗位工作中的困难和问题，寻找完成工作任务，创造新的岗位业绩的途径，使学生亲身接触经营管理、人际关系、劳动纪律等，从而对其产生潜移默化的影响，为他们形成职业习惯、获得职业经验提供机会。

2. 加强教学实践活动

根据教学内容的要求，有明确的目的和详细的计划，组织学生进行教学实践活动，促进理论学习和知识运用的结合，增加学生的直接经验，促进对理论知识的掌握。

3. 充分发挥实践教学场地的作用

要充分发挥校内实践教学场地（如实习车间、实验室、演示室等）的作用，同时，还要充分利用校外企事业单位的生产、营业和办公现场对学生进行具有针对性的、与现实生产或工作相一致的培训，尽量让学生亲自动手实践，提高其实际工作能力和工作经验。

（三）情境性原则

情境性原则，是指在教学中通过创设某种实践情境，让学生参与并感受其中，引导学生形成事物的清晰表象，获得生动鲜明的感性认识，掌握理论知识，形成一定的职业实践能力。贯彻此原则要做到：

1. 职业教育教学过程要以该专业所对应的典型的职业活动的工作情境为导向，在真实或模拟的职业实践情境中展开。

2. 根据不同的教学目标、教学内容创设不同的情境。以现实生活中的真实的工作环境，或运用现代教育技术创设的虚拟的、逼真的模拟情境等，创设实际生活情境；结合专业课的特点运用案例教学、根据学生感兴趣的生活热点等设计问题情境。

3. 激发学生的职业兴趣和职业情感。职业情境的创设缩短了学生与工作环境的距离，可以使学生置身于具体情境，了解工作环境、工作流程、岗位设置等。应让学生尽快适应职业角色，养成职业习惯，切身感受自身发展和专业的关系，培养职业的自豪感、幸福感、成就感，从而培养学生爱业、乐业的精神，形成职业情感。

（四）指导性原则

职业院校的教学过程是学生在教师的指导下，相对独立地学习专业理论知识和从事专业实践活动的过程。贯彻此原则要做到：

1. 入门指导

通过检查复习，引导学生运用已学过的技术理论知识和生产操作技能，加强新旧知识的联系和迁移；通过目的明确、内容具体、方法得当、语言简练、重点突出、条理清楚地讲授新课，对设备、材料、工具、图纸、加工工艺、可能发生的故障、技术要点、文明生产、操作规程等进行清楚的讲解；通过步骤清晰可辨、动作准确无误、操作方法规范的示范操作，做好指导；通过分配任务，检查操作准备。

2. 巡回指导

有目的、有计划、有准备地巡回指导学生正确使用生产技术设备，纠正错误操作姿势；注意文明生产、安全操作方法，保证不断提高产品质量等；将集体指导和个别指导相结合，技术理论和实际操作相结合；注意总结经验，及时鼓励和推广。

3. 结束指导

结束指导是实践教学的终结环节，是在实践教学结束时进行的全面总结，用于检查、验收学生制作的产品或工作，评定学生成绩，全面总结学生操作训练情况，填写教学日志，以肯定成绩、指出不足、鼓励进取、保存资料。

教学原则不是孤立存在的，而是相互联系、相辅相成的，它们共同构成了一个完整统一的职业教育教学原则体系。

第二节 现代职业教育的教学过程

考察职业教育完整的教学过程，可分为教学准备、教学实施和教学评价三个阶段。

一、教学准备阶段

教学准备阶段是教学的首要环节，其主要任务是做好教学的准备，即备课。

（一）备课的种类

1. 个人备课和集体备课

根据备课主体的不同，可划分为个人备课和集体备课。

个人备课是指每个任课教师独自进行的备课工作。优点是不受时间限制，灵活方便，有利于调动教师的主观能动性。

集体备课是指多位教师集中在一起进行的备课工作。优点是有利于教师间交流和集思广益，统一教学要求。

2. 学期备课、单元备课和课时备课

学期（或学年）备课或单元备课，是指对某门课程的整个学期或某个单元的教学活动做准备。教师要对学期教学做出全面的规划和准备，包括教学目标、教学内容、教学方式、教学进度和各章节或各单元的组织、教学资源及其配置所需的学具、教具和各种资源与资料。

课时备课，即教案。是在学期备课和单元备课的基础上，对一节课的教学活动进行细致准备和设计。内容包括班级、授课时间、授课人、授课内容、教学目标、教学难（重）点、教学方法、教学资源等。

（二）备课的内容

1. 钻研课程

包括研究课程计划、课程标准，领会课程的基本理念和目标，把握教学的基本要求及教学内容与教学材料的体系范围与深度；研究教科书，掌握课程的基本原理与知识体系，准确把握各章节或各单元、各课的重点、难点及前后联系；广泛阅读参考资料，选取合适的材料充实教学内容。

2. 熟悉生产（或工作）过程

这是职业学校教师备课时必须要做的一项工作。了解课程所对应的相关职业或岗位的生产环节、工艺流程、技术要求、操作技能、岗位职责，以及机器、设备的构造、性能、维修等，以提升教学的有效性。

3. 了解学生

要全面了解学生的知识基础、认知能力、技能水平、学习态度、思想特点和个性特征，使教学过程符合学生实际认知能力和动手操作能力，增强教学的预见性与针对性。

4. 设计教学方式

首先确定基本的教学方式；其次结合教学内容，分别设计学生的学习方式、教师的教授方式和师生的互动方式；然后进行具体的教学设计，包括教学环境、教学方法、教学手段、教学程序，以及教学策略和教学媒体设计等。

5. 编写教案

按照教案的基本结构进行精心设计，并用规范的结构和简练的语言表达出来，形成书面形式的教案。编制教案的过程，是教师对自己组织的每一个教学活动的时空结构进行规范和优化的过程。

二、教学实施阶段

（一）讲课

讲课是教学过程的中心环节，是教师运用口头语言系统地向学生讲解理论知识的活动，也是教学活动的基本形式。

讲课的基本要求：一是目标明确；二是内容正确；三是重点突出；四是

方法得当；五是组织有序。清晰、准确、简练、生动且富有启发性、条理性的语言，有利于集中和保持学生的注意力，是促进学生不断提升学习兴趣的动因。

（二）作业

作业是课堂教学的延续、拓展和深化，目的在于巩固、消化和运用所学知识。主要方式有：一是阅读与思考作业，预习或复习，理解或思考阅读资料；二是口头与书面作业；三是实验与操作作业；四是调研与社会实践作业。

作业的基本要求：符合课程标准，目的明确；形式多样，分量适当，从学生实际出发；讲评适时，追求批改艺术，鼓励作业创新。

（三）实验

实验是指为检验某种假设或理论，运用一定的仪器设备和材料，在控制某些条件的情况下，通过观察事物及其发生变化的过程，获取知识、巩固知识和培养学生实际操作能力的教学环节。实验是实践性教学的重要组成部分。根据实验的目的，实验可分为三种：一是验证性实验。根据已有的理论知识，预先拟订好实验程序，让学生按照实验指导书中提示的仪器、设备、材料及操作步骤，完成实验过程；然后按照规定的观察、测定方法，记录实验结果，得出实验结论。二是探索性实验。通过实验过程对未知事物或已知事物的未知性质进行观察、测试和研究，借以发现新现象，得出新的实验结论，这种实验也称试验。三是设计性实验。以制成某种产品或形成某种工艺路线为目标，运用已有知识和经验进行结构或程序设计，综合应用多种实验手段，尝试达到预定目标的实验方法。

实验教学的基本要求：目的明确，准备充分，过程科学，指导得当，评析实验报告。

（四）实习（实训）

实习是学生在教师或工程技术人员的组织指导下，参与一定的实际工作或生产操作，借以掌握相关技术、技能或综合运用知识于实践的教学活动。实习是专业知识与生产（工作）实际相结合的教学形式，是职业院校教学活动中主要的实践环节。根据实习目的、要求和工作范围的不同，大致可以将实习分为四种。

1. 认识实习

认识实习也称见习，即通过到生产现场进行参观，使学生对工作环境、工作流程和学习内容有所了解，获得感性知识，促进理论联系实际。

2. 教学实习

紧密结合专业课程，以教学为主的实践性教学，使学生得到操作技术的基本训练，获得生产（工作）的感性认识，掌握一定的生产操作技能，同时，接受劳动纪律、安全卫生、环境资源保护方面的教育。

3. 生产实习（实训）

生产实习（实训）是学生直接参与生产实习过程的实践性教学，即学生到专业对口的生产现场，以现职人员的身份进行实习，使学生得到实际工作的锻炼，熟悉工艺要求和生产操作过程，掌握直接、迅速顶岗的操作技能，并逐步形成良好的职业道德规范和职业行为习惯。

4. 毕业实习（顶岗实习）

毕业实习（顶岗实习）是在学生毕业前，对其知识、技能进行全面检查的综合实际锻炼，即学生到企业的具体工作岗位上进行专业理论学习和技能实训，以企业岗位生产的形式进行的实训教学。毕业实习（顶岗实习）需要学生完全履行其岗位的全部职责，能够独当一面，具有很大的挑战性，对学生的能力锻炼起很大的作用。

实习的具体要求：明确实习目的，编制实习计划，确定实习方式，搞好讲解示范，加强巡回指导，讲评实习结果，注意生产安全。

（五）设计

设计是提高学生全面素质和综合职业能力的主要实践性教学环节，分为课程设计和毕业设计。

1. 课程设计

课程设计是在教师的指导下，运用某一门或多门课程的知识，解决一些具有一定综合性问题的筹划过程，是进行某一方面或某一部件的技术基础能力的训练，是工科类专业的技术基础课和某些专业课教学过程中的重要环节，是理论联系实际的重要方式，也是培养学生实践能力的重要途径。

2. 毕业设计

毕业设计是使学生综合运用所学的知识和技能，按照培养目标的要求，进行的全面、系统、严格的专业技术综合能力的训练，并创造性地完成符合生产实际要求的设计任务。毕业设计具有综合性、实践性、独立性、探索性等特点，是工科类专业及其他需要培养设计能力专业的学生在校学习过程中的最后一个应用性环节，也是应届毕业生在离校前的综合性独立作业。

三、教学评价阶段

教学评价是教学工作中的基本环节，是对教师的教与学生的学相统一的收集事实信息并进行价值判断的过程。教学评价主要是对学生学习状况和教师教学质量的评价。职业教育的特殊性和复杂性决定了其评价的特殊性。

（一）教学评价的原则

1. 导向性

职业教育教学评价，既要评价所获知识、技能，又要评价综合能力；既要评价能力的发展，又要评价基本素质的养成。职业能力及其相关知识，是职业教育教学评价的核心。教学评价不是为了评价而评价，而是评价与指导相结合，既要使评价对象知其长短优缺，又要为其发展指明方向，增加动力。

2. 客观性

职业教育教学评价的标准、方法过程和结果，都要切合职业教育课程教育教学的实际，既不能主观臆断或掺杂个人的情感因素，也不能照搬普通高等教育的方式方法。

3. 过程性

职业教育教学评价不能局限于一纸试卷式的终结性评价，既要评价学习过程，又要评价学习结果；既要重视评价学习目标、学习内容，又要评价学习方式、学习方法；既要评价所获知识、技能，又要评价综合能力；既要评价能力发展，又要评价基本素质的养成。因此，职业教育教学评价应当贯穿教学过程的始终。

4.多元主体性

职业教育教学评价的主体包括：教学管理职能部门，进行日常的教学管理、监控和阶段性的教学检查；教学督导，采用听课、调查、座谈、访问等各种形式，检查和督导教学各个环节的秩序和质量，提出切实可行的整改措施和方案；学生通过感受教师的教学态度、教学水平、师德水平等发挥评价中的核心作用。教师应准确地掌握学生的信息，并及时给予反馈，形成教育教学评价中的良性互动。企业等用人单位，构成教学质量监控评价的社会主体。院校应主动寻求社会对自身教育教学质量评价的理念和需求。

（二）学生学习评价

1.内容

（1）专业技能评价与社会能力、方法能力评价相结合。职业教育强调对学生关键能力或核心能力的培养，主要包括对技术的理解和掌握能力、决策能力、独立解决问题的能力、质量意识、合作能力、环境保护意识和社会责任感等。

（2）学习成果评价与学习过程评价相结合。既要关注学生学到了什么，更要关注学生是如何学到的。要在不断评价和反馈的过程中培养学生正确的学习观，从而实现对方法能力和社会能力的培养，同时，也有利于实现评价的客观性。

（3）教学过程评价与教学效果评价相结合。对职业教育教学进行评价，就要从教学过程和教学效果两个方面考虑。职业教育教学过程的评价包括课前准备评价、课堂教学评价、实践教学评价、作业布置与批阅评价，以及对学业成绩考评等。职业教育教学效果评价是对学生学习质量、技能、纪律和态度、职业素质等进行的综合评价。

2.方法

以具体考试分数为指标的方式进行量化评价，对现代职业教育教学评价具有很大的局限性，要根据不同的教学阶段、不同的教学内容采用不同的教学评价方式。

（1）过程式评价

即是在一个真实的或者模拟真实的环境中，通过让学生完成一项具体的任务，从而对学生的知识、技能、能力进行判断的一种考核评价方式。在学生完成一项具体的学习任务过程中，任课教师对学生在学习活动中表现出来的合作精神、参与意识、分析问题的能力、探究能力、知识技能的掌握水平等方面进行全面评价。它重视学生整合所学知识的能力、分析问题的技能、合作学习的能力和解决实际问题的能力。过程性评价重视评价的过程性、公开性、情境性，以及评价标准的多重性。

（2）研讨式评价

把学生在参与课堂讨论中的表现作为学生学业成绩评价的一部分。在师生相互信任与协作的基础上，通过自我评价、同学互评、教师评价，形成师生互动、生生互动的中肯、良性交流，肯定进步，树立自信心，指出不足，虚心接受并努力改进，形成积极健康的心态。其具体步骤有：一是明确讨论要达到的目标和评价，以及如何才能真正达到这些目标；二是选定研讨用的文本；三是教师提出问题，师生共同参与讨论，在研讨过程中引发学生对话与思考；四是以设计讨论过程的方式或记录表，通过一系列讨论记录的分析、对比，进而对学生所取得的成绩做出判断。

（3）答辩式评价

主要考查学生的语言表达能力和思辨反应能力，力求做到知识的口语化。它的目的在于锻炼、培养学生语言表达能力和反应能力。经常采用的课堂提问是单向的，一般只有对不对、完整不完整之分；而答辩式则突出了双向性，即师生的互动与交流，既有答又有辩，通过答辩，使学生的认识能力和表达能力得到提高。

（三）教师教学评价

教师教学评价主要包括教师教学过程评价和教学绩效考核。教学过程评价主要是考查评价教师钻研和使用教学材料，以及教师运用相关教学方法、教学手段的活动。具体说，就是从教学活动的各个环节入手予以评价。例如，备课、上课、作业等环节。教学绩效考核主要通过考查学生的学习习惯与方法、学业成绩及能力发展情况来进行。

（四）教学评价的实施程序

教学评价的实施一般包括三个步骤：评价量表的制定、教学评价的实施和评价结果的分析。

1. 评价量表的制订

职业教育教学评价量表的制定应兼顾理论、技能与素质评价相结合，既要评价教师的理论教学水平，又要评价其实践教学水平，还要评价其道德修养水平及教学科研水平；既要评价学生的理论知识水平，又要评价其技能水平，还要评价其思想道德水平和身心健康指数；等等。

2. 教学评价的实施

（1）组织安排。统一部署，组成考评小组，对各班半数以上的学生及任课教师进行考评。

（2）评价时间。每学期进行两次，安排期中、期末完成。

（3）评价内容及方法。依据所制定的教学评价量表，考评教师和学生。

3. 评价结果的分析

（1）评价资料的整理。运用教育统计学原理和信息技术手段，对评价所得到的信息资料和数据进行去粗取精、去伪存真的量化分析、处理和加工，在此基础上，形成综合判断，获得评价结果。

（2）评价结果的分析。深入分析评论，找出问题的症结所在，提出有针对性的改进途径和建议，从而使被评者顺利地接受评判并及时改进工作；对评价工作质量进行检查、分析、鉴定。

（3）评价结果的处理。将评价结果反馈给师生和相关部门，以便于改革教学状况，从而进行宏观督促和调控，也便于师生自我监控、自我调整、自我反省和提高。

第三节 现代职业教育的理论教学方法

一、讲授教学法

讲授教学法是指教师通过口头语言表述、讲解、讲演等形式向学生系统地传授知识的教学方法，属于教师与学生之间"传授—接受"型的教学方法。运用讲授法，职业学校的教师可以通过合乎逻辑的分析、论证，生动形象的描绘、陈述，启发性、诱导性的设疑、解疑，使学生能够在较短的时间内获得较为全面系统的知识。

（一）讲授教学法的优点和缺点

讲授教学法源远流长，是长期以来人类教育中最为重要的教学方法之一。

其优点非常突出：①能够直接、高效地讲解和传授职业课程中的专业知识和技术原理。教师运用讲授法对这些内容进行清晰地剖析，是进一步进行实践教学的重要前提和基础。②运用讲授法教学成本低廉，教师能在较短的时间里将科学知识系统、连贯地传授给学生。③教师比较容易控制所要传递的教学内容和所需的教学时间，有利于教师主动性的发挥。④具有适应性强和灵活性大的优点，能在各种情况下进行，并能根据学生的反应，随时调节，吸引学生的注意力，启发学生思维。⑤能够寓思想教育于其中，具有很强的感染力。

讲授教学法的缺点也很明显：①讲授教学法是一种"传授—接受"型的方法，其实施效果的优劣在很大程度上取决于教师个人语言表述能力的强弱，因此，不同的教师实施此种方法的效果有很大差异；②讲授教学法主要依赖于教师的讲解，如若把握不当，容易造成学生在教学过程中处于思维和学习的被动状态，影响学生积极性、创造性的发挥；③职业教育教学的特殊性在于理论与实践的紧密结合，尤其要培养学生动手操作和创造性的制造能力，因此，过多地使用讲授教学法则会使职业教育劳而无功。

（二）讲授教学法的实施策略

1. 在基础学科学习和低年级学生的教学中，应当广泛地使用讲授教学法

如在会计课的教学中，根据不同阶段的教学内容，采用不同的教学方法。对于统计专业的学生，开始接触会计课程时，首先开设"基础会计"，以使学生掌握扎实的基础理论和基本概念。如果在此阶段主要采用讲授教学法，通过课堂面授，辅之直观形象的教学手段，将会计的基础理论和基本概念以实物或图示的形式表现，可以为学生继续学习专业会计技能打下坚实的理论基础。

2. 在讲授具体课程时首先要激发学生的学习兴趣

运用讲授教学法首先要促使学生产生对本学科的兴趣，从而产生学习的内在动力。教师应当指导学生对本学科产生某些基本的认识，让学生对该科学习做到心中有数。

3. 分析和研究教学内容

分析和研究教学内容要着意处理好三点：教学重点、教学难点、教学关键点。教学重点是指学生必须要掌握的基础知识和教材的重点内容；教学难点是指学生难于理解和掌握的某些知识和内容；教学关键点是指教材中起决定性作用的知识和内容，学生掌握它之后，就能够比较顺利地理解和掌握其他有关的知识和内容。对于这三点，教师在运用讲授教学法进行教学之前必须做到心中有数。

4. 积极提高课堂讲授艺术

首先，需要教师在课前认真备课，既备教学内容，又备学生、备教法，对于教学内容与具体教学方法的匹配做到心中有数。其次，在讲授时要做到对教学内容熟悉，教法运用熟练自如；语言流畅、生动有趣，抓住重点、难点讲解，由浅入深，层次分明；教态自然、板书工整，概括性、推理性强。再次，讲授中尽量运用直观教学法。充分利用挂图、模型、投影片等教具讲解，使内容深入浅出，明白易懂。最后，讲授中要注意适当运用提问法、反问法、设问法进行讲授，让学生有充分的思考机会，使理解更深刻，并且能够兼顾

所有学生。

二、讨论教学法

讨论教学法是指在教师的指导下，学生以全班或小组为单位，围绕教学内容的某个问题，通过学习者积极介入学习中的讨论或辩论活动，从而掌握或巩固知识的教学法。这种方法在于由学生及教师以交互的方式，通过共同讨论来对某些问题获得解决办法或建立观念，从而使学生获得新知。

讨论教学法有多种方式：①针对某一主题让学生多方讨论；②教师先准备好题目让学生依题目讨论；③以辩论的方式从不同观点讨论。

（一）讨论教学法的优点和缺点

讨论教学法的优点在于：能够使学生积极参与到对所学知识的辩论、讨论之中，既可以在互动中共同学习、相互启发、集思广益、取长补短，又可以在合作中培养团队精神、协作意识和能力；对所学知识的针对性很强，能够使学生对所学知识产生浓厚兴趣，并能够在学习中激发灵感、培养创新思维。其缺点在于：讨论过程较难控制；学习效率较低；讨论过程极易偏离主题；讨论需要学生具备足够的背景知识，其学习效果与学生的水平密切相关。因此，此方法最好与其他教学方法相结合使用。

（二）讨论教学法的实施策略

运用讨论法开展教学，并不是一种"省事"的方法；相反，此种教学法同样要求教师要精心准备，并且能够很好地引导和控制讨论过程，还能够使学生通过这种教学方法学到应该学会的内容。因此，教师运用此种教学法需要注意如下三点。

1. 拟定适当的题目

在讨论之前，选好讨论的主题是最为关键的。教师要根据教材内容、教学目的、学生年龄特征、知识水平精心拟定富有启发性的讨论题目。

2. 组织和指导讨论

在实施讨论教学的过程中，教师必须加强组织和指导，其关键在于"诱"，而核心则在于"导"，其宗旨则是保证讨论始终围绕中心议题，朝着预定的方向发展。在组织和指导讨论时教师要注意以下四个问题：①教师要事先对所讨论的问题了熟于胸，并且做好指导学生讨论的准备，适当地鼓励和启发学生的求知欲，增强其参与意识；②讨论应当分组进行，每组一般7～10人，小组讨论之后，再由各组代表向全班汇报结论；③讨论过程中，如出现离题、讨论面过宽、学生讨论"钻牛角尖"时，教师要及时纠正，将讨论引向主题，向学生指出讨论的重点和思维方向；④鼓励学生进行创造性思考，提出独创性建议；⑤教师应当控制讨论的进程，尽量使每个学生都能参与到讨论之中。

3. 做好讨论的总结工作

好的讨论教学要善始善终，因此，在讨论结束时，教师要依据中心问题和讨论的情况进行概括和总结。经过讨论，学生的回答和建议可能是多种多样的，这就要求教师必须对学生的不同观点给予明确的答复，要对讨论题目表明自己的观点并得出正确结论，以使学生掌握系统理论，解决存在的思想认识问题，切不可模棱两可、含糊不清。对于一些无法在当下给予解决的问题，教师也应当表明态度、厘清思路，鼓励学生进一步思考。对学生经过集思广益后有创见的回答则应当给予肯定和表扬。

三、谈话教学法

谈话教学法，亦可称为问答教学法，就是教师和学生用口头问答的方式进行教学的方法。长期以来，谈话作为一种重要的教学法，已经被广泛地应用在各级各类教育教学之中。对于职业教育的理论教学而言，这同样是一种不可或缺的方法，如对于技术操作要领与技术操作规程的问答等。从实现教学任务来说，谈话教学法可以分为引导性谈话、传授新知识的谈话、复习巩固知识的谈话和总结性谈话；如按教学目标来区分，谈话教学法则可分为启发式谈话、问答式谈话和再现式谈话。

（一）谈话教学法的优点和缺点

谈话教学法在现代教学中被广泛使用，其优点是明显的：①教师利用口头语言与学生交流、对话，在有目的的问答和谈话中，可激发学生的思维活动，培养学生的思考能力和语言表达能力，唤起和保持学生的注意力和兴趣；

②通过有效的、富于技巧的谈话教学，教师能够很好地引导学生的思路，在对话中引发新思想和新认识，最终对所要学习的知识有更为深刻的认识；③在关于传授操作技能的教学中运用谈话教学法，可以使学生在教师的启发、提示下，发现问题、分析问题、寻求假设、进行实践试验，能够有效地锻炼学生的手脑并用能力。

谈话教学法的缺点在于：由于谈话教学法要求教师不仅要有良好的语言表达能力，而且要求教师在面对学生可能出现的种种意想不到的回答时，仍然能够引导学生摆脱歧误的思路，形成正确的认识。因此，谈话教学法要求教师要有较好的谈话技巧，否则可能导致教学费时而效果不佳；而且，谈话教学法只能够就某个针对性强的问题进行引导，不适合用于传授系统的、全面的知识。

（二）谈话教学法的实施策略

1. 教师要充分备课，根据教学目的、教学重点和学生的实际情况拟定谈话题目。

2. 教师不仅要对所提出的问题做到心中有数，而且要对学生可能出现的回答和反应有所设想和准备，并对如何应对有进一步的考虑。因此，运用谈话教学法切忌不假思索，信口乱问，同时也要避免形成教师即兴提问，学生一哄而答的局面。

3. 教师提问要面向全班，避免先点人、后提问的方式。先点人、后提问会使学生无思考时间，反映不出学生掌握知识的情况，使提问流于形式。同时，如果提问只集中于某个学生，那么绝大多数学生则往往对于提问不注意听，不肯多加思考，所以，教师的提问要面向全班，使全班学生都听清提出的问题，并稍做停顿，给予学生适当的思考时间，然后再点名让学生回答。

4. 因材施教，根据学生的差异设计问题。教师的提问在注意普遍性的同时更要注意针对性，要设计难易程度不同的问题，选择不同层次的学生回答，使所有学生都能积极思考，有所收获。

5. 教师提问时，语言必须准确清晰，问题的呈现必须精炼而简明，要使学生能够清楚地知道教师提问的内容。

四、自学辅导教学法

职业院校的培养目标和学生的年龄特征决定了教学应当给予学生足够的自学机会和时间,以加强学生自学能力的培养。因此,自学辅导教学法应当成为职业教育中重要的教学方法。

自学辅导教学法,是指在教师的指导和辅助下,学生自学教材、参考资料和进行实验,以获得知识,发展能力,形成自学习惯和能力的方法。自学辅导法从实施上来说,关键是在学生自学内容的选取上必须要有一定的系统性和联系性。因此,教师在使用此种方法时不能存有图一时方便的心态,或将其作为教师不能亲自教学时的替代方法。能否使用此种方法进行教学,一方面要考虑教学内容的难易程度和教学目的的指向,另一方面要考虑到学生现有的知识结构和学习能力。这就要求教师在教学中要对教学内容和教材具有全面和系统的把握,预先对于适合使用自学辅导教学法的部分有清晰的认识。

(一)自学辅导教学法的优点和缺点

自学辅导教学法的着眼点在于培养和提高学生自学的能力,这是其最大的优点。通过长期的、有步骤的运用此种方法,可以有效地调动学生的主动性和积极性,培养学生养成良好的自学习惯和具有一定的自学能力。在当前需要终生学习和回归教育的时代,这无疑是值得强调和推广的教学法。此外,自学辅导法需要有合适的、系统的学习内容,这也可以使教师利用学习心理学的原则,发挥自己整合知识和课程的重要作用,以利于学生更好地掌握所学内容。

自学辅导法在长期的使用中,曾被误解为适用于学生可学、可不学的教学内容,因此,如果不能树立对此种方法的正确认识,容易在使用中出现教师指导作用的缺席,使学生放任自流,其学习结果也往往毫无波澜。

(二)自学辅导教学法的实施策略

1.确立寓有效学习心理学原则于教学内容之中的原则

教师在选取学生自学的学习内容时,必须要贯彻有效的学习心理学原则,即教师要求学生进行自学的内容应当是服务于课程总体的教学目标和学生的培养目标，并且能够有效地促进学生的发展和知识的增长。因此，我们反对长期以来形成的认为"自学辅导教学法是针对那些无关紧要的教学内容而使用的教学方法"的错误想法。

2. 在自学辅导的过程中要始终贯彻强化动机原则

在自学过程中，若想提高学生的自觉性必须用种种方法激发他们的学习动力，把学生潜在的求知欲和积极性调动起来，所以强化动机对自学来说特别重要。

3. 班集体与个别化相结合的原则

采用自学辅导法教学，能将"班集体"和"个别化"这一对矛盾体协调统一起来。在教师的指导下，班集体可以开展教学活动，同学之间可以互相帮助；教师在个别辅导中可以照顾不同类型的学生，达到个别化因材施教的目的。

4. 自检和他检相结合的原则

检查学习效果时，也需要学生的主动性和教师的积极性相结合，即把他检和自检结合起来，并且使学生逐渐养成自检的习惯，形成自检的能力。

五、演示教学法

演示教学法是以直观感知为主的教学方法，是指在教学过程中通过展示实物、直观教具，为学生做示范实验，使学生获得知识、巩固知识的方法。在职业教育教学中，如涉及有关业务操作技术时，教师可采用在黑板上逐项演示，在真实物品上操作的方法引导学生演练，以使其掌握操作要领。如财会教学中的填制凭证、记账、编制报表等。

（一）演示教学法的优点和缺点

通过直观性的演示法，教师要么向学生展示实物或直观教具，要么向学生做示范性操作使学生通过观察获得感性知识。学生对课程内容有了感性认识，就能更正确、更深刻、更牢固地掌握概念、原理、规律等理性知识。另外，通过演示，也可以引起学生的兴趣，激发学生的学习积极性，培养学生的观察能力和思维能力。

演示教学法的适用范围是有限的，不是所有的学习内容都能进行演示；演示装置移动不方便，不利于培训场所的变更；演示前也需要一定的费用和精力做准备。这些都是这种方法的不足之处。

（二）演示教学法的实施策略

在职业教育教学中实施演示教学法，应当尽量保证具有教学所需要的多媒体教室、投影仪、实物模型、流程模型等硬件设备，为教师采用演示教学法创造条件。与此同时，为了提高演示的教学效果，教师要注意以下四点。

1. 要根据教学内容和目的选取合适的示范教具，事先准备好所有的用具，搁置整齐，并能预演一次。

2. 在教学中要让所有学生都能看清示范物，而且由于学生长时间看演示仪器容易注意力不集中，所以演示教学法要同讲授、谈话等教学法配合使用。在讲授时要注意联系实际，这样既一目了然又印象深刻，可以取得事半功倍的效果。

3. 在演示过程中，教师要提出明确的观察要求，引导学生运用各种感官，把学生的注意力集中于演示对象的主要特征、主要方面或事物的发展过程上，并培养学生的空间想象力和思维能力。

4. 在一部分内容演示完毕之后，要让学生有自己动手操作的机会，使学习的内容得到巩固，并尽量对学生的试做给予及时的反馈。

六、练习教学法

练习教学法是在教师指导下，学生通过独立的智力、体力活动，运用知识解决有关问题，以深化知识、巩固知识，培养各种学习技能和形成良好习惯的基本方法。如果在教学中需要把某个动作进行反复操练，以养成机械反应，或者要形成某种习惯或技能，或者要学生记诵教材中的某一部分内容，就必须采用练习教学法。

（一）练习教学法的优点和缺点

练习教学法具有如下作用。

1. 能够养成机械的习惯

人类生活中有许多的动作习惯，可经由感官肌肉反应与认知观念配合，久而久之可以形成机械的自动动作或行为。

2. 能够养成熟练的技能

技能的学习需要熟练，在职业教育教学中，要求学生能够应用的各种技能都要采用练习教学法。教师应指导学生多次、反复地练习，达到纯熟的地步，以便能够自如地应用。

3. 能够强化正确记忆

学习过程中重要的学习材料和经验，经过认知的学习可成为知识。因此日常生活中需经常应用，既需要记忆，也需要采用练习教学法使学生熟练，以形成正确观念。

需要注意的是，练习教学法由于需要重复性的记忆或操作，容易使学习过程枯燥而乏味，而且，如果在练习中教师不能教会学生掌握记忆、技能形成的客观规律，也容易使练习成为死记硬背。

（二）练习教学法的实施策略

1. 从总体而言，练习教学法应当遵循引起学生学习动机、教师示范讲解、学生模仿、学生反复练习、教师评价练习结果等五个步骤。

2. 教师要使学生明确练习的目的、要求和掌握有关练习的基础知识。在练习过程中，教师要妥善地加以指导，及时观察、纠正学生的错误；技能练习更要注意安全性。

3. 要系统地练习；练习要循序渐进，先要正确，再求速度；方法要多变化，手段要经济简化；练习时间宜短，次数宜多。

4. 组织练习要因材施教，顾及个别差异，重视创造性练习的组织与指导。

5. 要及时评价练习结果，使练习后达到能够应用的程度。

综上所述，职业教育教学过程中所要使用的理论性教学方法是较为多样化的，每种方法均有其一定的适用性。教师在使用时，应当加以调整，综合运用。

第四节 现代职业教育的教学模式及方法体系

一、职业教育的教学模式

（一）产教结合教学模式

产教结合教学模式是学校与企业双方合作，共同完成教育工作，培养合格人才的一种职业教育形式。长期以来，产教结合、校企结合受到世界各国的重视，均视其为发展职业教育的普遍规律之一。

产教结合是职业教育适应经济结构调整、走新型工业化道路、加快培养技能型人才的需要；是坚持以就业为导向，大力推进职业教育改革与发展的需要。通过借鉴国外职业教育产教结合的先进经验，结合我国的实际情况，我们发现，职业教育在实践产教结合的教学模式时，必须要将职业教育与国家及地区不同时期的经济战略结合起来，要将职业教育与不同地区的经济发展结合起来，并且在进行职业教育的过程中将企业与学校结合起来，及时了解劳动力市场的需求，迅速调整职业结构，更新职业培训内容，调整专业设置，使之与产业用人需求相适应，有针对性地培养和提高学生的职业技能和创业能力。

职业教育实行产教结合教学模式是由其特定的任务所决定的。这不仅适应了社会经济和产业发展的需要，能够培养出适应不断发展变化着的科技和工艺要求的合格人才，同时也为职业教育的受教育者提供了更多的就业机会，优化了教育资源和劳动力资源的配置。

（二）产学研结合的教学模式

职业教育不仅要立足于产教结合的教学模式，更要逐渐向产学研相结合的教学模式发展和转变。产学研合作，是指生产单位、院校和科研单位有机结合，协调发展的过程或活动。产学研合作教育的主要内容除了包括科研成果转化、产品和技术的开发与应用外,还包括人才培养的内容。产学研结合的教学模式与传统教学模式的根本区别在于前者与市场、经济、社会之间的联系比后者更为紧密。

产学研结合是职业教育的重要特色,既是职业教育人才培养的重要途径,也是职业教育推动社会经济发展的重要方式。通过产学研合作,可推进学校与生产用人部门的广泛合作,发挥职业院校的技术科研优势,面向市场、面向经济建设和社会进步的主战场,使职业教育真正推动经济发展;并在合作中通过生产实践促使学生把理论知识转化为实践能力,提高学生综合素质与创新素质,使学生认识到利用知识创造性地改造传统设备,实现技术进步的重要性。

因此,产学研合作是一种互惠互利的行为。职业学校可以通过产学研合作得到产业部门的实践环境、实训或实习场所,便于研究成果的试验与转化;产业部门也可以通过产学研合作,利用职业学校人才密集、技术力量雄厚的优势,在新产品开发、技术改造、人才培训和技术咨询等方面得到支持。职业教育在产学研三者中,始终把教学置于核心地位,生产和科研则围绕着教学发挥作用。实践教学计划的制订和实施应主动争取相关行业和企业专家的参与,通过建立专业指导委员会来沟通产学研渠道,共同制订、参与和监督人才培养的全过程。学校应根据企业的人才培养规格要求,开设相应课程;企业可为培养应用型人才提供实践锻炼机会,同时向学校推荐工程技术专家到学校担任主讲或顾问。产学研合作需按照互惠互利的原则,选择和争取那些技术先进、热心于职业教育、专业对口的企事业单位,与其签订联合办学协议书,使科研为地方经济服务,并把科研工作与人才培养结合起来。让学生参与科研活动,是尽早把学生引向学科前沿的有效手段。另外,教师的科研项目也可以吸收部分学生一起参加,教师负责总体设计与技术把关,让学生在教师的指导下完成项目子课题的设计。

(三)理论实践一体化教学模式

理论实践一体化教学模式,是指在特定的技术实训中心,通过师生双方边教、边学、边做来完成某一教学目标和教学任务。建立实训中心的好处在于：使教学更接近企业技术发展的水平，并与企业实际技术同步滚动；营造浓郁的职业氛围，达到能力与素质同步培养的目的；让学生接触先进的生产设备和教学装备；融理论教学、实践教学、技术服务与生产为一体，以其应用性、综合性、先进性、仿真性推动职业教育教学的深化改革。同时，这也是培养"双师型"师资队伍的重要途径。

二、职业教育的教学方法体系

基于以上对职业教育长期以来形成的教学模式及其本质特征，应当能够对其教学方法体系的构成基础有一个较为明确的认识，下面进一步分析教学方法。

（一）建构职业教育教学方法体系的理念

作为教育的重要组成部分，职业教育应当符合教育的一般规律，现代教育中适用的教学方法也应当能够在职业教育中应用。与此同时，我们还应当考虑职业教育教学的特殊性，在教学中抓住理论与实践相结合、知识与技能相统一的方针，把握住要培养能够获得双证书（即学历和技术等级或职业资格两种证书）、毕业后直接上岗的这一培养目标和任务，以此为根本理念，形成一套能够适应职业院校的理论教学与实践教学要求的教学方法体系。

在考虑到上述因素之后，构建职业院校教学方法体系还应当适应当前社会、科技、经济高度发展的需要，将现代教育中先进的教学方法与手段广泛地运用于职业教育教学中，致力于最大化地提高教学效率。

此外，在构建职业教育教学方法体系时，还要兼顾创新性。教学方法是有其常规性和普遍性的，但作为职业教育的教师，应当积极地致力于创造和发展新的教学方法以适应职业教育培养可持续发展人才的目标；不仅要积极借鉴与学习国内外已有经验，还要融会贯通、不断创新。

（二）职业教育教学方法体系的构成

职业教育教学方法体系由两部分构成。

1. 理论性教学方法

职业教育的理论性教学方法注重知识和技能的传授与掌握，重在加强理论修养和知识创新。该方法包括讲授教学法、讨论教学法、谈话教学法、自学辅导法、演示教学法、实验教学法、参观教学法、练习教学法等。

2. 实践性教学方法

职业教育的实践性教学方法要体现技术应用型人才的培养理念，注重实践能力的养成，要求在真实的实践中进行学习和锻炼，将理论知识转化为实践技术，并能够创造性地运用。实践性教学方法的核心指导理念应当是以行动为导向。20世纪80年代以来，行动导向理论成为职业教育教学的重要理论来源之一。"行动导向"是一种指导思想，其宗旨在于培养学习者具备自我判断的能力。在教学中，行动导向意味着，知识的传授和应用取决于学习目标、内容、方法和媒体等因素的重组，即在整个教学过程中创造出教与学和师生互动的社会交往的仿真情境，把教与学的过程视为一种社会的交往情境，从而产生一种行为理论的假设。这种理论是基于当代心理学最新发展成果的基础上，对职业教育教学理论和方法的深入研究和构建。

第五节　现代职业教育中现代教育技术的运用

一、现代教育技术在职业教育中应用的目标和范围

（一）现代教育技术在职业教育教学领域应用的目标和原则

现代教育技术在职业教育领域应用的关键目标是深化教学教育改革，比如，对职业教育的理念和教学的模式进行转变，从而改革教学的方式方法以及教学的手段和教学的环境。现代教育技术的应用具有非常大的发展潜能和显著效果，能有效地、全面地提高教育质量。在研究如何运用现代教育技术时应遵循以下原则。

1. 先进性原则

使用先进和成熟的教育理念来指导现代教育技术。

2. 科学性原则

现代教育技术在应用中必须要使用科学的方法来准确无误地传达科学知识。

3. 趣味性原则

在多媒体教学软件中常使用图画（动画）、动态影像来表现教学内容，使其形象直观、丰富多变、有趣，有效地将数据、文字、声音、图像、色彩有机地融为一体。

（二）现代教育技术在职业教育教学领域中应用的范围

现代教育技术在职业教育教学的应用范围非常广泛。虽然目前在职业教育领域未设有专门的现代教育技术，但职业教育领域所应用的现代教育技术与其他教学领域所使用的现代教育技术还是存在一定区别的。例如，职业教育的侧重点在于将知识与实践相结合，并重视实际的操作技能。为此，职业教育就需要在教学内容的基础上进行大量的实践操作，因此，像仿真和模拟技术等操作性强的技术在教学中就应用得比较多。现代教育技术在职业教育教学领域中的使用范围主要包括开发课件、计算机教育、多媒体教育和网络教育。其中，多媒体课件作为一种使用比较广泛的教与学的辅助工具包含了大量的多媒体信息。多媒体教学的优势在于它能将难以用语言表述清楚的教学内容通过生动的画面展示给学生，例如，情景设置、模拟实验、配对练习等。这些可视、可听的教学活动能够提高学生的学习兴趣和主动性，并让学生更直观地理解和掌握所学内容，同时还能活跃课堂气氛，扩大学生获取信息的渠道。

二、现代教育技术在高等职业教育教学中的作用

现代教育技术是运用现代教育理论和技术，通过对教学过程和资源的设计、开发、应用、管理和评价，以实现教学现代化理论与实践、教学过程、教学资源、教学效果、教学效益最优化为目的。现代教育技术在高职教育中的作用主要体现在以下四方面。

1. 现代教育技术为高职教育面向市场办学提供了有力的保障

随着市场竞争越加激烈，人才需求更加多元化，这就要求高职院校必须面向市场办学，不断调整人才培养目标，使毕业生的职业能力与社会紧缺的岗位群相适应，而这种面向市场的专业调整，必须依托现代教育技术的运用来实现，传统的教育手段满足不了这一需求。

2. 多媒体、网络技术的应用可以为高职教育教学激发新思路、探索新方法、解决新问题

多媒体教学中利用 CAI 课件实现了问与答、分步骤演示、灵活问询、仿真教学、模拟试验等功能，具有很好的交互性。CAI 课件既可以模拟考试，也可用于学生在教师指导下的自主学习、复习、练习、测试和模拟试验等。

3. 教育技术为高职教育提供了丰富的资源

教育技术不但可以为学生提供课本知识，通过网络还可以引进国外先进的教学经验和教育资源，促进职业教育的发展。现代教育技术的应用能大大增加高职学生信息量的接收。大学生通过上网，可以查阅与专业课相关的大量资料，了解世界各国同行最新技术发展成就，为今后就业找准突破口。

4. 教育技术促进了高职学生的创新能力培养

创新能力关系到职业教育能否适应社会发展以及高素质人才的培养，而多媒体教学环境能够有效激发学生的学习主动性、积极性和创新意识，有利于实现创造性的学习目标。学生运用现代教育技术，可以成为知识获取的主动构建者，可以培养终身学习的习惯，从而促进高等职业教育的持续健康发展。

三、高职院校加强现代教育技术应用的主要策略

（一）多媒体教室设备管理网络化

随着多媒体教室在高职院校中的应用越来越广泛，设备管理也需要跟上时代对管理信息化的要求，设备管理与维护需要在依托网络的基础上完成建设。在多媒体教室建设过程中，需要统筹考虑，综合应用计算机技术、多媒体技术及网络远程监控技术，集中协同控制计算机、摄像头、投影机、幕布、功放等设备，利用声音影像远程交互系统，创造出一个远程交互可控的现代

可视化网络多媒体视听教学环境，使教师能够随时与中心管理人员联系，设备维护人员在不到达现场的情况下也可以对多媒体设备进行故障排除及疑难解答，大大减少了教师不熟悉设备操作或设备故障对教学产生的影响。

（二）电脑操作的无线化，将教师从主控台解放出来

教师使用多媒体设备主要是使用多媒体课件或播放影音资料，其中关键设备就是计算机系统。传统的计算机操作需要使用键盘或鼠标等输入设备，教师不能远离主控台，这是学生和教师都觉得在多媒体教室互动性不够的一个主要原因。为此，我们可以使用无线的电子教鞭来代替键盘和鼠标，在教室的任何一个角落都能够完成电脑的基本操作，同时配合小巧的纽扣式无线话筒达到教师与学生在课堂上融为一体的客观环境，从根本上解决了多媒体教室中教师与学生互动的技术障碍。

（三）加强培训，建设高素质师资队伍

现代教育技术的迅猛发展对教师提出了越来越高的要求，教师也面临着越来越大的工作压力，所以高职院校应鼓励教师不断学习并且创造条件定期对教师进行培训。让教师转变教育观念，表现在不仅应掌握和熟练本专业所授课程的知识，也应掌握一些现代教育技术应用知识。比如，课件制作、图形制作、动画制作等内容。教师从教学目标出发，可根据学生的实际情况，利用各种信息技术手段，设计教学内容，但同时既要注重教师的教也要注重学生的学，尤其要突出学生的主体作用；在培训中，要结合学校实际，在培训理念、培训途径、培训方法模式上进行探索与研究，确保培训取得理想的效果；在观念上，教师现代教育技术培训要与新课改相结合；在培训内容和方式上，应在掌握现代教育技术理论应用的基础上，立足于教师信息素质的培养；在管理上，教师现代教育技术培训应力求制度化、科学化、规范化。

（四）充分利用网络再现教学过程

随着网络的发展，学生在网络上进行学习，教师在网络上与学生进行交流都已成为可能。教师在可视化网络多媒体教室中上课的过程都可以录制并存储在网络中心的存储服务器中。学院也可以将优秀教师的课程通过网络转播到其他多媒体教室中或存储在网络服务器中，随时调用，实现资源利用的

最大化。学生课后在校园网络上可以随时观看教学内容，从而调动起学生学习的主动性。教师可以在教学平台上录制、发布自己的课堂录像，与学生在平台上进行交流与沟通。对于一些年轻教师来说，站在第三方的角度来审视自己的教学全过程，能够快速地提高自己掌控课堂教学的技术与能力，而且能够更好地设计教学内容，从而调动全体同学的学习积极性。

（五）加强现代教育技术的应用推广

首先，通过精品课程建设，促进现代教育技术教学应用。优质示范课程在教学中试验、实施，可以起到很好的带头和示范作用，既有效地促进了现代教育技术在教学中的应用，又大大推动了课程建设与教学改革。其次，加强信息技术与课程整合，创新现代教育技术应用。信息技术与课程整合是指在课程教学的过程中把信息技术、信息资源、信息方法、人力资源和课程内容有机结合起来，共同完成课程教学任务的一种新型的教学方式，它是信息技术与教师组织、指导和帮助学生学习的学科教学过程的有机结合。

现代教育技术在高职教育领域中的应用是教育现代化的重要标志。发展高职教育是推动经济和社会可持续发展的重要途径，也是提高劳动者素质、拓宽就业渠道的重要举措。因此，在现代教育中，要充分开发利用教育资源，完善基础设施，掌握新的现代教育技术手段，使现代教育技术的功能优势在教育教学中得到充分发挥，促进教育的改革和发展。

第六节　现代职业教育教学方法的选择与运用

一、教学方法的选择

（一）选择教学方法的意义

对于职业教育的教学来说，世界各国在长期的实践中积累了大量的有着本国适应性的、丰富多彩的教学方法。这对于我们开展教学是有极大的启迪和借鉴意义的，也为我们的教学得以成功奠定了坚实的理论与实践基础。然而，在具体教学中，并非运用的教学方法越多，教学效果就越好。因此，就存在一个对于教学方法进行精心选择的过程，这对于广大处于教学一线的教师来说是一项非常重要的任务，所以也就需要广大教师不断提高合理选择与运用教学方法的能力。

著名教学论专家孔德拉秋克曾说："教学的成败在很大程度上取决于教师能否妥善地选择教学方法。知识的明确性、具体性、根据性、有效性、可信性，有赖于对教学方法的有效利用。"因此，职业教育应当学会科学地、恰当地选择教学方法。正确地运用教学方法，是提高教学效果的前提条件。

（二）选择教学方法的依据

职业院校的教师要依据如下条件对教学方法加以选择与使用。

1. 依据职业教育教学的目的和任务

职业教育的教学目的和任务对职业教育教学中的知识、技能、方法有一定的要求，从而对学生在智能、思想品德、心理品质、身体素质等方面的发展构成了要求，而这些要求可以体现在职业教育教学的任何环节中。作为教师在保证达到这一总体目的和任务的同时，也要准确地把握所承担的具体课程，以及课程的每一个教学单元所要完成的目的和任务，使教学的目的和任务在宏观与微观两个层面上统一起来。对教学目的和任务的这种认识与把握，就需要对教学方法进行准确的取舍。比如，传授新知识的教学任务，就得选择语言传递信息的方法或直接感知的方法；如果要形成一定的技能、技巧，则要选择以实际训练为主的方法。

2. 依据学生的发展水平

学生发展水平包括知识、智能、思想品德、生理与心理等方面，这是影响教学方法选择的直接因素。教师应注意了解学生的年龄、生理特点、心理特点、学习准备基础、对各种教学方法的适应程度、学习自觉性、学习态度、自我检查学习效果的能力等。如果学生学习水平较高，学习准备基础较好，学习能力较强，可以多采用讲述、讲演、讨论、实验室实验、独立学习、演绎法、探索发现法、专题检查以及用问题激发学习兴趣，用义务、责任激发学习动机等方法；如果学生的学习水平较低，学习准备基础较差，学习能力较弱，则应多采用谈话、讲解、讲述、演示和展示、练习、随堂实验、归纳法、接受—复现法、指导学习和日常检查、用新奇现象激发学习兴趣等方法。

3.依据教学内容的特点

教学目的、任务是通过具体的教学内容实现的，教学方法不但要符合学科的特点，还要符合课程内容的特点。例如，理论内容宜选用讲解法、谈话法或讨论法；需要通过练习和操作才能获得的实验技能，适宜选用操作教学法而不宜用语言方法和直观方法等。

4.依据教师本身的条件

选择教学方法要考虑教师本身的可能性，符合教师在教学方面的个人特点。教师运用各种基本方法的能力水平、对各种教学方法及其运用典型方法的熟悉程度、优选教学方法、综合运用各种教学方法的能力和经验、教学特长、教学风格和习惯等都会对教学方法的选择产生影响。口头表达能力强的教师，运用语言方法效果较好；擅长实验教学的教师采用演示法、实验法、探索—发现法效果较好；思维敏捷、组织能力强的教师运用谈话法、讨论法效果较好。在选择教学方法时，教师要注意扬长避短，逐步全面地提高自己的教学水平。

5.选择教学方法要考虑时间、设备等条件

由于教学时间有一定限制，且讨论法、参观法、自学辅导法比讲授法耗费的时间多等原因，教师在选用时应考虑时间是否允许；选用实验法等操作教学方法时应考虑是否有足够的设备；选择参观法时应考虑是否有符合要求的参观对象；等等。

二、运用教学方法的关键

（一）要树立和坚持整体性观念

不同的教学方法有着不同的适应性和效能，以及自身的优点和缺点，在培养学生全面发展的任务上起着不同的作用。因此，在使用教学方法时既要发挥教学方法的优势，又要顾及该种方法的局限性。为了能够取长补短，需要将职业教育中的教学方法看成是一个整体。教师在教学中要始终树立和坚持整体性观念，并能将各种教学方法搭配使用，充分发挥教学方法体系的整体性功能。

教学任务、教学内容、教学环境、教学对象以及教师素质共同构成了教学氛围，并且是一个复杂多变、动态发展的教学过程。这些因素的变化，决定了教学方法的运用上要发生改变，因此教学方法必须要多样化。而在实际的教学过程中，种种因素又在不断地变化中，教师不能固守自己备课准备好的方案进行教学，应当能够及时调整，根据教学的动态恰当地变化，甚至是随机地运用教学方法，以达到教学效果的最优化。因此，把握综合的、灵活的教学方法原则是非常必要的。

（二）要贯彻理论与实践相结合的根本原则

职业教育的本质在于培养高素质技能型人才，而这种技能型人才实际上又与技术工人有着本质的区别，他们不仅应当是现代科学技术的实践者，更应当是现代技术的不断创造者和更新者。因此，职业教育教学必须在注重实践技能培养的同时，加强对理论知识的掌握，使理论教学与实践教学并重，从而使学生在理论知识与实践技能的养成上并重，使他们成为知识型的技能人才。我们反对片面地理解高职教学中的够用原则，更有甚者将其教条地理解为所谓的"技能型"的概念。在当前社会经济的发展重要时期，在强调可持续发展的时代理念中，固守着片面的、狭隘的"技能型人才绝不是知识型人才"的思想，无视人才培养中的可持续发展是极其浅薄的观念。

因此，在职业教育教学中，必须要将理论与实践相结合的原则贯彻始终。在运用教学方法时，不能片面地强调实践性教学方法，应当在合理使用理论教学方法的前提下，在深刻地理解和把握理论知识的同时，将理论与实践结合起来。在实践中运用理论，在实践中升华理论。这就要求广大教师在教学中对理论性和实践性教学方法都要熟练地掌握，在教学中不能厚此薄彼，而要根据教学目的搭配使用，提高教学效果。

第四章 现代职业教育的师资队伍建设

第一节 职业教育的师资概述

职业教育同普通教育的根本区别在于，它是为社会培养应用型、技能型技术人才和高素质劳动者的教育机构。职业教育办得是否有特色，能否为经济建设和社会发展培养出既懂理论又会操作的高、中、初级人才和新型劳动者，关键是要建立一支数量足、质量高、专兼结合，以专为主，比较稳定的双师型教师队伍。

一、加强师资建设的意义

（一）加强师资建设，是推动教育事业科学发展的根本途径，是构建现代职业教育体系的关键

教师承担着全面贯彻党的教育方针的重大职责，肩负着办好人民满意教育的重要使命。建设一支结构合理、素质优良、业务精湛的可持续发展的师资队伍，对办好职业院校，教好学生，全面实施素质教育，全面提高教育质量具有重要意义。

现代职业教育体系的根本目的在于形成一个支撑现代经济社会发展的人力资源结构，因此，加强职业教育师资队伍建设，就成了现代职业教育体系的关键因素。目前，我国职业院校教育师资队伍数量不足，特别是双师型教师数量缺口较大、培养培训体系薄弱等问题依然存在；还不能完全适应新时期加快发展现代职业教育的需要；与建设现代职业教育体系，全面提高技能型人才培养质量的要求，还有一定差距。

（二）加强师资建设是职业教育改革创新和发展的内在需求

职业教育规模的迅速扩大和发展速度的加快，社会对技术人才要求的提高，以及学历高移化的趋势增加，新型的职业教育院校和类型的应运而生，都需要职业教育师资队伍不断地充实和提高，来适应职业教育本身发展的需要。

现代职业教育服务于现代产业，要求职业教育要不断优化专业结构，促使专业与产业、职业岗位对接，并不断地适应满足经济建设发展、经济结构不断调整和完善的要求。职业教育师资队伍的建设，只有适应这种调整和变化，适应经济发展的需要，才能为经济建设培养出合格的技术技能人才。

职业教育的职业性和中、高职衔接贯通以及教育"立交桥"的建立，使得职业教育的层次结构不断完善。终身教育理念要求职业教育还要兼顾职前、职后教育与培训机制，这就需要大量的职业教育师资。因此，我们必须加快建设职业教育的师资队伍，满足职业教育发展的需要。

二、职业教育师资队伍发展的特点和内涵

（一）特点

1. 专业化

职业教育要求教师除具备科学先进的教育理念、丰富系统的理论知识、娴熟的教育教学技能、优良的伦理道德与健康的心理素质之外，还必须成为本专业领域理论与实践的"行家里手"，形成教学专长和职业专长。

2. 动态化

职业教育要求教师必须适应职业教育的动态发展需求，在拥有个人专业发展的自主性的同时，要适应现代职业教育体系的构建需要和面向人人教育的要求，做好自我发展和提高，满足双师型教育的要求。

3.职业品质个性化

强烈的求知欲、浓厚的学习兴趣、敏锐的观察力、创造性的教书育人、个别化的科学研究，以及理智感、自尊感、自信心等职业个性品质和体现时代精神的教育理念，多层次复合型的知识结构与教育教学能力，都是现代职业教育教师应具有的个性化特点。

4.连续性与阶段性有机结合

师资专业化发展是一个持续不断的过程，也是一个发展的概念；同时，它既是一种状态，又是一个不断深化的过程。教师职业成熟是一个漫长的、动态的、纵贯教师职业生涯的历程，体现出螺旋式上升趋势和发展阶段的连续性与阶段性有机结合的特点。总之，职业化师资队伍建设是一个持续发展的以专业化为目标和归宿的动态过程。

（二）内涵

对于职业教育师资的发展，国际社会普遍认可的是双师型的发展模式，即不仅具备普通教师的基本职业素养，同时，也具备职业精神、素质道德和技术技能。双师型发展策略是职业教育师资队伍发展过程中的内涵体现。双师型教师是素质教育背景下产生的一个重要发展目标。教师在教学过程中，不仅要掌握各种基本的理论知识，还要有一定的实践教学能力；教师不仅要能够从事专业的教学活动，同时，也能够从事相关的实践活动，能够对学生进行实践教学；对于教学过程中存在的各种问题，能够积极发现并解决；能够通过扎实的基础知识和教学中的实践特点，培养个人的职业道德和职业精神，形成教师队伍的发展内涵。

第二节　职业教育教师的素质结构

职业教育教师的素质结构，是指职业教育教师所具备的各项素质要求，以及它们之间稳定的联系方式。职业教育教师要使自己的作用发挥到最佳状态，就必须具有合理的素质结构。

一、良好的身心素质

良好的身心素质是一切工作的根本，是高效工作的动力源泉。

（一）健康的人格

职业教育教师的人格，是指教师应具备的优良的情感，以及意志结构、合理的心理学结构、稳定的道德意识和个体内在的行为倾向性。教师人格的科学精神内涵具体表现为科学的信念、科学的方法、科学的态度、科学的道德、科学的能力，弘扬科学的精神；教师人格的时代精神内涵是勇于开拓进取，为社会造就一代技术技能人才；教师人格的职业内涵是德才兼备，以先进的思想教育学生，以科学的方法培育学生，以健康的人格感染学生。榜样的力量是无穷的。职业教育教师必须具有健康、和谐、全面发展的人格，必须具备吸引受教育者并对受教育者实施影响的人格魅力，引导学生朝着健康、和谐、全面的人格方向发展。

（二）良好的情感素质

职业教育教师良好的情感特征对学生具有潜移默化的影响。职业教育教师良好的情感特征主要表现在以下方面。

1. 真诚

一方面，职业教育的教师要真诚地对待学生，以信任、友好的态度成为学生的知心朋友，成为学生将喜、怒、哀、乐愿意向其倾诉的人；另一方面，一旦教师犯了错误，要勇于面对学生，诚恳地承认错误，并迅速改正。

2. 乐观

职业教育的教师面对挑战和挫折，不但自己要有乐观的态度，而且还要以自己的信心、克服困难的勇气、乐观的情绪和坚强的意志去感染学生，增强学生克服困难的勇气。

3. 进取

职业教育教师对于人生目标的不懈追求，对教育教学工作的不懈探求和创新的进取精神，都会对学生产生强烈的影响，激发学生的求知欲，鼓舞学生的探索精神与创新精神，使学生能够顺利地进入未来的职业角色。

4. 宽容

职业教育的教师，虽要严格要求学生、热情帮助学生改正缺点，但不要过多地责怪学生的过失，要以宽阔的胸怀包容学生。

5. 职业兴趣

教师的职业兴趣是推动着教师孜孜不倦地进行教育教学探索，调动工作积极性的动力。职业教育教师要增强责任感，对自己所从事的教育工作和所学的专业培养浓厚的兴趣，用科学的态度指导学生，密切地与学生交往，热爱学生。做到干一行，爱一行，钻一行，专一行。

（三）坚强的意志

意志是一个人能否坚持到底，彻底完成任务的重要保证。职业教育的教师，应当具备坚强的意志，只有这样才能在困难面前不低头，并以自己的行为感染学生，锻炼学生的坚强意志。

（四）健康的体魄、旺盛的精力和充沛的体力

职业教育教师承担着繁重的教书育人的工作。正常情况下，他们既要在课堂上课，又要带学生到企业生产一线实习，这些特点要求职业教育的教师，必须具有健康的体魄和旺盛的精力。另外，教师还要面对各具特性的个体和复杂的社会环境，并与之相互协调，没有健康的体魄和充沛的体力也是不行的。

二、良好的知识素质

知识素质是职业教育教师素质的核心。职业教育教师所拥有的知识结构与水平直接影响着教师在教学过程中主导作用的发挥。职业教育教师的知识素质，主要包括三个方面：一是要有精深的专业知识和扎实的基础知识。只有做到基础知识牢、专业面宽、实践技能精，才能胜任职业教育工作。二是要具有广博的当代科学知识和人文知识。在职业教育教师中，不管是公共文化课教师，还是专业课教师，除了要掌握专业知识，还要不断地扩大自己的知识面，及时了解有关科学知识的新成就；除掌握企业生产以及本专业的有

关信息外，还可以学习一些边缘学科知识，增加知识储备；也要积累与其自身修养发展相适应的人文知识，在继承和创新中汲取营养，不断提高文化修养，进行知识结构的更新，做到科学知识和人文知识的和谐发展，才能厚积而薄发，更好地完成教育教学任务，适应现代教育的发展。三是要有职业教育心理学、职业教育学和专业教材教法等教育科学知识。一方面，这些知识可帮助教师树立正确的教育观，了解和掌握教育工作的基本规律及教育教学的基本原则和方法，以及具备必要的教育教学技巧；另一方面，掌握这些知识，可以帮助教师了解学生身心发展的规律，了解提高学生智力、培养学生能力的方法和规律，并开展教育教学改革和科学研究活动。

三、良好的专业技术素质

专业技术素质是职业教育教师从事职业教育活动的基础与先决条件。

（一）具有现代职业教育理念

现代职业教育理念的核心思想是以学生为中心，以能力为本位，以行业需求为导向，实现人才培养目标。在教育教学上，以育人为本，面向全体学生，因材施教，注重个性发展；在教育质量和教学效果上，遵循行业需求，满足学生发展需求；在学生管理中，具有"没有差的学生，只有差的教育"的基本理念，培养、发展学生的优势学科技能，使其尽快成才。

（二）具有良好的教育教学能力

教育教学能力是教师能力体系中最基础的部分，也是教师能力体系中最必需、最能动、最能展现现代职业教育思想的部分。职业教育的教师必须加强对职业教育理论及相关知识的学习，强化对职业教育的特征及规律的认识，掌握职业教育的专业教学法；必须适应现代化生产模式对职业教育提出的要求，具有一定的专业理论知识；必须具有专业实践技能和多学科的综合知识与技能，即跨专业的知识与技能。

1.教学设计和调控能力

教学设计能力是教学能力的具体体现，是职业教育教师的基本能力。它包括对课程和各种影响因素的教育加工能力、传导能力，以及组织管理能力。

职业教育的课程体系是根据岗位或岗位群所需的知识、技能来设计的。教师必须具有行业所需的设计教学活动的能力,具有根据专业特色、学生实际情况和需求制订以探究为基础的教学方案,引导和帮助学生学习、设计和管理学习环境,对各种影响因素进行加工、修正的能力,达到教育学生的目的。经过教师加工过的教育信息,还必须经过合理有效的传导,才能被学生接受和掌握,在此过程中,教师要恰如其分地运用语言和非语言(肢体语言、表情等)进行表达,多渠道、多方位地传达信息,正确地传导各种教育影响。

职业教育教师还应具备较强的组织管理能力,包括确定班级目标和计划的能力,组织教学、实习的能力,做好思想政治教育工作的能力,开展各种校内外活动的能力,具有较强的组织管理生产、实习教学工作的能力,特别是要懂得一般的企业管理知识,能结合生产实际,让学生对企业的生产管理有所了解,增强学生毕业后的社会适应能力和岗位适应能力。

职业教育教师活动的基本环境是班级、职业院校、企业。教师不仅要在课堂上授课,而且要经常带学生到企业生产一线进行实习、实训,或者由于生产工艺的需要分组开展活动,这些都给教师的管理带来了困难。因此,客观上要求教师应具备较强的组织管理能力和协调能力。同时,在职业教育的教学过程中,影响因素有很多,要求教师不管遇到什么情况,都能正确对待,既要善于调控自己,又要善于调控学生,发挥教育机制,顺利完成教育教学任务。

2. 实践教学能力

实践教学能力是双师型教师的核心能力。职业教育强调以就业为导向,实行校企合作、工学结合的教育模式,教学过程对接生产过程。传统的理论+实验的教学模式已逐渐失去生命力,现代教育教学过程要模拟企业现场环境,推广实训教学,强调和突出实践特色。因此,职业教育教师应具备双重的实践特征:一是作为职业教育教师的教学实践,它存在于教学的具体组织与实施过程中;二是作为专业技术人员的生产实践,它存在于生产劳动的具体组织与实施过程中。职业教育教师的任务是使学生具备在企业从事专业技术工作所必须具备的职业能力。因此,职业教育师资的教学实践必须与不断变化、更新的专业技术人员的职业实践相适应。

3.教学迁移和因材施教的能力

职业教育要求专业与产业、职业岗位对接，专业课程内容与职业标准对接，教学过程与生产过程对接，学历证书与职业资格证书对接，职业教育与终身学习对接。这种灵活性和实效性，使得职业教育的专业、课程等必须随着经济结构、生产方式和产业结构的变化而变化。因此，职业教育教师必须随时保持对专业领域前沿技术知识、先进生产设备的了解，具备实现教学迁移的能力，并将其引入教学，以顺利实现从原来所教的专业课程向新专业或相近专业课程转化的教学能力。

职业教育的学生层次差异较大，教师必须面向人人，研究教法和学法，从学生学习的认识理论去分析学生的特点，激发学生的学习兴趣，使每个学生的学习都有所进步。

4.具有从事课程开发的能力

由于经济和科学技术的发展，产业结构不断调整变化，整个社会生产呈现出劳动分工复合化和职业技术综合化的趋势，各种新行业、新职业、新技术、新工艺不断出现，这就要求职业教育的内容必须因市场需求的不断变化而不断调整。这种调整也要求从事职业教育的教师，必须针对不断变化的劳动力市场，根据社会需求，进行新课程开发，即职业教育教师必须具有行业调研、设计课程、编写教材、评估课程的基础知识和操作能力。

5.使用现代教育技术的能力

随着现代教育技术的不断发展，模拟企业现场环境和仿真生产过程、多媒体计算机辅助教学等，成为职业教育教学的普遍手段。同时，利用信息技术、网络等手段获取教学中所需的信息资料，为培养学生的探索精神和创造意识提供丰富多彩的教育环境和有力的学习工具等，都要求教师具备适应现代教育技术的能力。

6.解决生产实际问题的能力

职业教育是与生产活动紧密联系的教育，教师应成为沟通教育与生产的纽带，具有一定的生产经验，以及解决生产实际问题的能力。当然，随着社会主义市场经济体制的建立和完善，职业教育教师还必须具有一定的市场经济意识和经营管理能力，以及社会交往和组织协调能力，才能更好地适应经济和社会的发展。

7.社会交往能力

职业教育的开放性特点决定了职业教育要面向社会、面向企业。开展专业论证、校企合作办学、产学研结合、职业岗位培训、学生实训实习、学生就业等方面的工作都和社会紧密相关。因此，职业教育教师必须具有一定的社会交往能力，能面向社会、面向企业，正确、有效地处理和协调好工作中人与人的各种关系；及时掌握社会的发展动向，掌握社会对专业人才的需求信息，掌握专业发展的新技术、新知识、新工艺；善于对信息进行分析加工、处理，能合理地使用信息资源；具备行业意识，拥有与行业沟通联系的能力。

（三）具有一定的科研能力

职业教育的行业性对职业教育教师提出了更高的要求。职业教育教师要具备科研能力；要对现代企业的新型科技、新型管理加强理解研究，并在课程中加以体现；要从教学实践中不断总结经验和教训，不断提高教学能力，提高教育科研的专业技能水平，用教育理论指导教学实践。

第三节 职业教育教师的专业化发展

职业教育教师专业发展经历了多重的演变过程，这是教师自身与时代变革要求互动的一个过程。在当今世界，教师教育重要的发展趋势之一就是教师专业化发展。

一、职业教育教师专业化发展的内涵

（一）职业教育教师专业化

职业教育教师专业化，是指教师在职业教育机构接受长时间的专业训练，获得深厚的专业知识和专业能力的储备，通过严格的教师资格考核，并获得证书后进入职业教育事业的过程。职业教师专业化是指教师要具备强烈的专业道德和专业精神；在从业过程中，要拥有充足的进修机会进行专业素质的提升，即具有专业权威性和自主性；要在参与自己的专业团体并与学生的交往中获得专业成就和快乐。

职业教育教师专业化，就是职业教育教师逐渐达到该职业的专业标准的过程，是职业教育教师职业化、社会化、管理和培训制度化的过程。这是一个发展的概念，它既是一种状态，又是一个不断深化的过程。

（二）职业教育教师专业化发展

职业教师专业化发展，是指教师按照工作岗位的需要，通过不断的学习与训练，获得学科专业知识和技能与教育专业知识和技能，实施专业自主，体现专业道德，逐步提高从教素质，取得相应的专业地位的过程；也是教师专业不断成长、建构和全面进步的过程。

职业教育教师专业化发展，既包括教师所任学科专业知识的不断更新，又包括教师的教育教学理念、情感、能力、方法的与时俱进。它会使教师成为终身发展的专业工作者。

职业教育教师专业化是一个不断发展的过程，包括专业适应期（开始教学，寻求适应）、稳定期（目标明确，胜任教学）和成熟期（自主发展，形成风格）三个阶段。各阶段之间存在相互渗透、相互作用和相互制约的关系。职业院校要着眼于教师的持续发展，以终身教育的观念去审视每一阶段的基本任务，找到教师专业发展最富活力的"生长点"。

二、职业教育教师专业化发展的必要性

（一）职业教育教师专业化发展，是现代职业教育发展的必然要求

当今社会产业结构优化升级，高新技术产业不断涌现，新型服务业层出不穷，对职业教育教师的知识结构、知识体系和知识层次都提出了新的要求。要发展现代化的职业教育，就必须促进职业教育教师的专业化发展。

（二）职业教育教师专业化发展，是教师个人可持续发展的需要

发展型教师应是教师个人可持续发展的理想境界，这就要求教师提供专业化服务，并且重视个人隐性素质的发展，并以终身教育的观念促进和达到教师专业成长的成熟期。

（三）职业教育教师专业化发展，是对终身教育思潮的一种适应

"教师教育"是在终身教育思想指导下，按照教师专业发展的不同阶段，对教师的职前培养、入职教育和在职培训的统称。在未来的培养体系中，必须给教师创造一个不断发展、持续接受教育的空间，这是与当前终身教育的理念相符的。

三、职业教育教师专业化发展的目标

职业教育教师专业化发展的目标，是职业教育从教者工作的出发点和落脚点，也是衡量一个教师专业成长水平的重要参照。

双师型教师是在职业教育教师专业化探索过程中提出来的，是职业教育对教师的特殊要求，是职业教育教师专业化的本质体现，也是职业教育教师专业化的发展目标。

（一）双师型教师的内涵

双师型教师，是指具有较强的教学能力和专业理论水平，已获得教育系统领域的教师资格证书，又有本专业或相关行业的职业资格证书的教师；或有从事本专业实践工作经历，具有较强实践应用能力的专业课教师。这是双师型教师的基本含义。

双师型教师既要具有良好的职业道德、广博的专业基础知识、较强的教育教学能力，又要有丰富的实践经验、较强的专业示范技能和较强的科研能力。因此，双师型教师是在知识、技能和职业素质等方面的有机融合，而不是仅仅拘泥于单一的某个方面或是简单的技能叠加。

双师型教师应该首先满足教师素养的基本要求，同时还应该了解和掌握学生将来所从事职业和所在岗位的专业知识和专业技能、技巧，并懂得职业

教育的特殊规律。换句话说，理论上要有针对职业岗位要求的专业理论知识；实践上要有针对职业岗位要求的专业技能、技巧和其他实践活动。真正的双师型教师，必须从专业出发。任何专业的双师型教师，都有其具体的、明确的要求。

（二）双师型教师的特征

双师型教师的特征是由职业教育及其教育教学的特殊性决定的。职业教育及其教育教学的特殊性集中体现在教育与职业的紧密联系上，即教育的内容从职业中来，教育的成果要到职业中去，并直接接受实践检验。职业教育教师不仅应具备普通教育教师的职业素养，而且还需要具备相关行业从业人员的职业素质。双师型教师的特征主要反映在如下三个方面。

1. 专业化的知识结构

职业教育的专业教学强调的是职业岗位与技术的专项性、操作性和应用性。因此，双师型教师所掌握的知识面应更为广阔，除本专业所必需的理论知识和专业技术以外，还包括人文知识和科学知识，以及相关的文理科交叉知识；除要精通本专业职业岗位的知识、技能、技术外，还要通晓相关专业与行业的知识、技能、技术，并能将各种知识、技能、技术相互渗透、融合和转化。

2. 专业化的能力结构

主要包括三方面：操作能力、科技开发能力和教育教学能力。

操作能力是指履行生产岗位职责的实践能力，是任职顶岗所必需的实用性职业技能、专业技术和技术应用能力。包括熟悉技术工作的内容要求和操作流程，掌握职业技术规范、熟练运用职业岗位主要工具的能力，基本的实验能力和设计能力，以及排除故障、维修设备的能力等。

科技开发能力主要是指应用理论的研究和高新技术的开发与推广，发挥其与生产实际联系密切这一优势，对生产实际中存在的技术问题加以解决，攻克技术难关，将理论研究的成果尽快转化为现实的生产力。

教育教学能力是指组织实施教育教学和指导生产实习的能力，以及将知识、技能与技术卓有成效地传授给学生的能力。

3. 专业化的素质结构

专业化的素质结构即树立正确的世界观、人生观和价值观；具有良好的社会公德和职业道德；有着较强的组织纪律性和合作精神；具有敬业精神；具有任职岗位直接要求的知识和能力，以及职业岗位所要求的行业眼光、知觉能力、思维方式和行为方式；具有较好的专业智能和创新潜能；能适应高新技术含量的工作；了解相关专业高新技术的发展趋势。

双师型教师的培养必须紧密结合专业，离开了专业，双师型教师便失去了存在的根基。

四、双师型师资队伍建设策略

双师型师资队伍建设是推进职业教育教师专业化的一项带有全局性、方向性的工作。这项工作应是全方位、多角度、立体化的，应当坚持科学规划、整体推进的原则，寻求积极有效的专业化策略。

（一）进一步完善双师型教师队伍的培养机制

1. 个体双师型结构的教师队伍培养机制

不仅要加强职教师资的职后培训，抓好双师型教师的继续教育，更要未雨绸缪，扩大职教师资的培养规模，构建封闭式和多元开放式并举的职教师资培养模式，完善双师型教师的职前教育体系，还要唤醒教师自我意识，加快专业教师向双师型教师的转变。

2. 群体双师型结构的教师培养机制

通过从各行各业聘请的既具有丰富的实践经历、经验和专业技能，又具有较高理论水平、专业知识和讲授能力的专业人才拓宽教师来源，重视兼职教师队伍的建设。管理上的松散、激励手段的缺失，以及不稳定的工作环境，不仅影响兼职教师的工作积极性和实际工作效果，还会导致其缺乏归属感，不能把自己真正融入教育教学中，因此，必须建立兼职教师管理的规范性制度。

（二）加强双师型教师资格认定，严把职教教师入行的专业标准

职业院校要通过双师型教师资格认定，提高教师入行标准，体现教师职

业的专业性、技术性和规范性。应根据双师型教师的专业标准，制定体现职业教育教师劳动特点的任职资格，并建立相应的职业教育资格的认定机构，通过双师型教师资格证书制度，严把师资入口关。

（三）完善职业教育教师培养培训体系，促进双师型教师专业化发展

双师型教师的培养不是一蹴而就、一次培养成功的，而是要依靠长期培养培训，以及教师个人的努力而逐渐形成。具体措施有如下四方面：一要加强培训基地建设。在培养培训机构建设上，除了吸收专门的教育机构外，还需要充分发挥现有高等学校的作用。更重要的是，要吸收有条件的企业加入培训。在培养培训内容上，要开发出一套体现教师职业素质特点的培养培训方案、课程标准及教材，要充分利用现有培养培训平台，通过教育部搭建的教育师资培养基地，有计划地组织和选派专业带头人和骨干教师进行培训；鼓励青年教师进行在职学历、学位的进修和深造；与企事业联合开发创新师资培训新领域，进行培养培训；有计划地选派专业带头人和骨干教师赴企业和行业一线挂职锻炼；有计划地让青年教师到企业和行业一线进行顶岗实习，直接参与企业的生产管理、设备安装与调试、项目论证、技术改造、产品营销和职工培训等。三要全面建立教师企业实践制度。把理论课教师有计划地派往职教师资培训基地进行以实践技能教学为主的"双师"能力培训。四要重视老教师的实践智慧，施行"老带新"的校本培训。

（四）以创新型师资管理机制为导向，发挥双师型师资队伍建设内驱力的作用

1. 管理与制度并举

双师型教师的来源渠道广、专业要求复杂，管理难度明显大于其他教师。目前，存在着对双师型教师实践及应用能力管理上的盲点，不能有效地对他们进行专业培训和职业发展，不能准确衡量他们对教学、实践和科研成果应用的贡献，当然，就无法对他们实施有针对性的激励。他们处于行为目标不明确、职业发展前景不明朗、业绩大小一个样、能力强弱无区别的状态中，缺乏进一步提升素质的动力。因此，对双师型教师的管理可进行分层、分类

和创建素质模型来完成。有了完善的聘任制度后,还要摒弃平均主义的分配方式,提高待遇,形成充分体现并积极鼓励教师履行岗位职责和创造突出业绩的薪酬体系。

2. 独立考核

单独制定职业教育教师职称评定的标准和办法,并逐步设立单独的评审机构。在同等条件下,优先考虑具有双师资格的教师申报高一级的专业技术职务。制定符合实际需要的职业院校教师职务评聘办法,将专业教师每两年必须有一定的时间到企业或生产一线进行实践作为考核的必要条件等。

3. 侧重发展

双师型教师的知识、能力均处于较高层次,他们对职业发展的需求更甚于一般员工,且经过多年的专业实践,一些教师积累了较为扎实的专业理论基础,并形成了一定的科研开发能力。因此,应积极鼓励教师走出学校,面向企业、面向生产,主动开展科研服务,承担科研项目,通过为企业提供技术咨询、开发产品等转化科研成果,让他们在实践中得到进一步的锻炼和提高。

(五)拓宽渠道,充实双师型师资队伍

充实双师型队伍可根据实践教学工作的需要,从相关企事业单位中正式聘任一些具有丰富实践经验和教学能力的行业专家、社会名家、高级技术人员、技师或能工巧匠,或通过与企业合建实验室、实训基地、订单式培养等方式,请企业有关专家到学校当兼职教师;有计划地组织教师开展技能、科技制作与创新比赛等活动,建立、健全骨干教师教学团队、教授工作室,形成一支梯次合理、素质优良、技能精湛的双师型师资队伍;建立对口交流,请其他职业院校派骨干教师和专业(学科)带头人定期到校进行讲学和指导,同时,选派本校教师到其他职业院校进行学习、交流;紧密依托行业、企业,通过校企合作,倡导和启动访问工作制度。

(六)通过课程体系、内容和教学方法的优化,促进双师型教师队伍建设

要转变观念——变多年形成的传统学科性教育理念为现代职业教育理

念；要有计划分期、分批地对教师进行职业教育理论和教学模式的培训；要组织教师对课程的体系、内容和教学方法进行探索并改革；要加大经费的投入力度；安排在编专业课教师到生产第一线进行专业实践训练，特别是针对缺乏专业实践经验的新教师，应派其到企业见习一年以上，其他教师则应要求每五年去企业轮训半年以上，或利用假期开展行业、专业社会调查。

第五章 现代职业教育与经济发展

第一节 现代职业教育改革与市场机制

一、职业教育是现代化生产的组成部分

职业教育是生产社会化、商品化、现代化的重要支柱。职业教育伴随着人类的产生而产生，与社会进步、经济发展休戚相关。

古代职业教育发展相当缓慢，规模不大，专业化程度不高，这是由当时的社会经济发展状态决定的。古代的生产力是以农牧业为主，因此职业化程度相对较低。尽管有官吏、教师、手工业者、商贩等，但人们进入这些职业的社会需要很少，个人能争取到这样的机会也是很有限的，这些职业多为"世袭"或"半世袭"。此外，由于古代社会职业流动十分有限，也就没有必要建立开放的、社会化的职业教育体系，只要在各职业圈内对少数人进行职业教育就能满足社会的需要。这种职业教育主要有两种形式：一种是直接满足官场需要的官学；另一种则是零星地散布于民间的学徒制。

到了近代社会，随着经济社会的发展，工商业逐渐繁荣，从业人员才逐渐增加。在工业革命后，机械化的大工业生产取代了以前的手工作坊，旧的学徒制已经不能满足规模化的集体生产的需要，同时，随着机械化程度的进一步提高，对从业人员素质的要求也日益提高。在这种社会背景下，职业教育受到了空前的重视，获得了快速的发展，职业教育体系也得到了进一步

的完善。

社会发展到了当代,职业教育体系进一步完善,职业教育在整个教育体系中发挥着越来越重要的作用。它造就了大批经济发展工艺型、应用型的专门人才和成千上万素质高、技术强的劳动技术大军,为当代社会的发展做出了巨大贡献。职业教育与生产力、产业结构和经济发展有直接密切的关系,有很强的直接参与经济活动的主动性、能动性。劳动力是生产活动要素中最具有活力和能动性的因素,而职业教育的规模和结构对劳动力数量、质量、形态等方面都具有决定性的作用,从而对经济发展的速度和经济结构的优化升级起着重要的推动作用。

从以上分析我们不难看出,职业教育与社会经济相互依赖、相互制约,职业教育与经济协调发展是职业教育发展进入良性循环的必要条件。

二、职业教育的产业属性

从教育经济学的角度看,教育是一种生产和再生产劳动力的活动。

教育经济学指的"教育"是包括了各级各类教育的大教育。它与大生产、大经济、大科技相联系,是一个多样的、开放的、综合的大系统。相对于其他类型的教育而言,职业教育与社会经济联系更直接、更紧密,故其本身所具有的产业属性也更加明显。

(一)职业教育有很强的直接参与经济活动的主动性和能动性,是直接进行劳动力生产和再生产的产业

职业教育培养目标的性质决定了它会成为社会经济活动中的一个重要环节。职业教育必须积极主动地适应社会经济对其提出的要求,它的培养目标、专业设置、修业年限、教育教学形式等方面都必须根据经济活动的要求灵活地进行调整。相对于其他类型的教育而言,职业教育是最为直接的劳动力生产和再生产的活动,是直接进行劳动力生产和再生产的产业。

(二)职业教育重视生产环节,重视实验实习的操作,是促进科学技术等潜在生产力转化为现实生产力的桥梁

职业教育除了培养少量的技术员、技师、工程师外,主要是培养大量的

直接从事第一线生产的熟练劳动力。因此，在教学过程中，职业教育十分重视学生的实际操作技能的训练，这种实践性教学在整个教学过程中占有相当大的比重。

传统观念认为，生产力只有三大要素，即劳动者、劳动资料和劳动对象。但是，在现代生产条件下，生产力的组成要素在不断扩大，它还包括科学技术、生产管理和信息。马克思曾明确指出，"生产力中也包括科学"，"生产力的发展也来源于智力劳动，特别是自然科学的发展"。

一项新的科学技术从其发明到应用于实践有一个周期。职业教育重视生产环节，重视实验实习的操作，其教育教学过程的实践性，有利于科学技术从理论走向应用。从一定程度上说，职业教育是科技等潜在生产力转化为现实生产力的桥梁，它能大大缩短这个周期，从而使科技为社会带来更多的财富，推动社会经济的发展。因此，从这个意义上说，职业教育是一种无形的高效益的产业。

（三）职业教育服务的广泛性和运行手段的多样化，决定了职业教育是具有重大社会价值的服务性产业

从层次上看，我国的职业技术学校分为初等、中等、高等，可以满足不同文化层次的人对职业教育的需求，从而大大拓宽了接受职业教育对象的范围。从功能上看，我国的职业教育包括就业准备、在职提高、转换职业等三种不同类型的职业教育。从办学形式上看，既有正规的学历教育，如中等专业学校、技工学校、职业高中等；也有非正规的非学历教育，如上岗培训、短期培训、转岗培训等。这种多层次、多规格、多形式的职业教育，增强了职业教育对社会的服务功能，其产业属性也得到了进一步的体现。

三、职业教育产业化的内、外部条件

（一）职业教育的内部条件

让职业学校具有独立自主的办学权，成为一个有法人地位的办学实体，是职业教育产业化最基本的内部条件。

《职业教育法》规定，职业技术学校享有生产经营权，有权自己确定人才培养发展模式,制订人才发展规划和招生计划,调整专业结构和课程结构,以适应市场经济发展的需求。职业技术学校享有产业劳务定价权,能自主确定工资、学费和本校提供的社会服务及其他物质产品价格的权利,享有人事聘任和解聘权,从制度上保证了整个学校的教育和管理水平。职业技术学校享有联营兼并权,可以根据有关法规和自愿原则重新优化组合,形成具有规模效益和集团优势的"联合舰队",对实现人才存量、物质资源调整、专业结构优化以及加快市场急需人才培养等方面都具有极其重要的意义。这些权力的获得使职业教育从内部强化了市场机制,为职业教育产业化创造了良好条件。

(二)职业教育的外部条件

建立职业教育产业化运作的良好环境,是职业教育实现产业化的外部条件。

在计划经济体制下,政府对职业教育进行直接干预,职业技术学校的运作完全根据政府的指令而进行,学校缺乏办学自主权,职业教育不可能走产业化道路。因此,必须转变政府职能,改过去对职业教育的直接干预为宏观调控,真正把学校作为商品生产者、经营者;把人财物、产供销等方面的权力让渡给学校,让学校积极参与市场,让职业教育真正成为自我发展、自我完善、自我激励的办学实体和经营实体;同时,培养和发展市场体系(劳动市场、资金市场、人才市场),建立法律保障体系。这些都为职业教育走产业化道路提供了外部条件。

四、职业教育发展中市场机制的引入

市场机制是市场经济的内在调节机制,包括供求机制、价格机制、竞争与风险机制、主体利益导向机制等。所有的机制相互联系,共同促进市场经济的协调发展。在各种机制中,价格机制处于核心地位。它是供求涨落的指示器、资源流动的调节器、经济利益实现的衡量器。市场经济就是以价格机制为轴心,在供求机制、竞争机制、风险机制、主体利益导向机制的共同作用下,不断推动社会经济向前发展的过程。

在面向市场经济进行劳动力生产再生产的过程中，职业教育作为生产劳动力的产业，为了主动适应市场经济的需要，就必须大胆引进市场机制，依靠市场这只"看不见的手"来激发内部的活力。

（一）职业教育运作中的供求机制

在劳动力市场上，供需双方交换的商品是"提高了的劳动能力"。"劳动能力"的供方是学校，需方是用人单位。用人单位根据自己的人才存量和生产条件确定劳动力需求的规模和结构。作为人才供方的学校应根据自己"生产商品"的销路和需求情况及时调整生产决策。

市场供求是动态的，学校应通过市场调查和市场预测对毕业生进行跟踪调查，关注劳动力市场近期、中期、长期需求预测，稳妥、慎重地制订本校的专业方向和各类培训计划。职业教育办学如果不遵循供求机制，势必会使办学陷入困境。

（二）职业教育运行中的价格机制

价格是供求变动的指示器，是资源流动的调节器。当某产品所用个别劳动时间低于社会必要劳动时间时，它按市场价格出售便赢利，反之则亏损；亦即成本低于市场价格则赚钱，成本高于市场价格则蚀本；商品供给短缺，价格即上涨，供给过剩即下跌。价格涨跌反映的是商品的供求状况，生产者亦以价格信号来确定生产资源的投向。

职业教育在劳动力生产过程中进行成本核算，若想力求降低成本，以较小的投入获得最大的产出，就必须强化成本意识，杜绝各种资源的闲置性浪费，加大管理力度，建立完善的核算制度。

职业教育必须密切关注人才市场价格变动情况，人才需求呈下降趋势时应停止或减少人才培养数量，人才需求呈上升趋势时应扩大人才培养数量，力求把人、财、物投入在市场急需的稀缺人才的培养上。此外，职业教育引入价格机制还要打破传统的行政工资模式，按教育能力和绩效付酬。根据市场等价交换的原则，培养学生的价格体现为交纳的学费和用人单位所付的有偿培养费用的总和。

（三）职业教育运行中的市场主体利益导向机制

经济效益和社会效益是职业技术学校从事经营活动的主要推动力。作为办学实体和经营主体，学校要提高知名度，以便在生源质量、贷款、捐赠、学费、聘请良师等方面居于优势；学校应改善办学条件，把高质量的毕业生和孕育科技含量的产品（产品和服务）输入劳动力市场和产品市场，以获得最大经济效益和社会效益，从而促进学校自身的良性运转。

（四）职业教育运行中的竞争机制与风险机制

竞争是市场经济的内在属性和固有机制。通过优胜劣汰、奖优罚劣，可对市场经济主体造成强大压力和动力。职业技术学校在教师聘用上可引入竞争机制，采取竞争上岗、择优录用的措施。竞争必然伴有风险，竞争主体是责权利的结合，他必须对自己的行为负责，承担决策失误、经营不善、亏损破产的责任。因此，学校必须是自我负责、自我约束的实体，而不是"等靠要"的机构。学校在引入市场机制时要重视政府的宏观调控、政策导向、信息导向、法制保障，这些都是不可忽视的。市场变幻多端，供求涨落，价格变动，随时牵动着运行主体的动向，也是调节生产布局和产品结构的基本依据。但教育产业产品的生产具有长期性、周期性和效益的长效性、迟效性等特点，往往使专业调整落后于市场变化，再加之信息不完全、不及时、不确定等因素，更加大了生产的风险性，如果盲目引进市场机制，缺乏准确的科学预测，常会处于难堪的境地。因此，必须遵循稳定性与灵活性相结合的原则，保持本校专业特色，拓宽专业服务面，建立短统结合、灵活多样的学制，增强专业的市场适应性。职业教育是特殊的产业，它的主要功能是育人，因此不能片面地追求经济利益，把学校办成工厂、公司，必须坚持以社会效益为主，兼顾经济效益的原则，把学校办成教育、服务、生产示范和科学推广相结合的多功能现代教育机构。

第二节　现代职业教育与劳动力市场

一、职业教育与劳动力市场的关系

劳动力市场是职业教育与市场经济的连接点和突破口。市场经济在发展过程中会发出各类劳动力需求信息，劳动力市场会将劳动力供求方面的信息全面、准确地采集、储存，并及时、高效地传递给供求双方，使供求双方联系在一起，以促进劳动力供求总量的结构性平衡。除此之外，劳动力市场还通过市场手段的优化组合，使劳动力得到优化配置，克服了供求双方信息采集不全、传递耗损大、传递不及时的弊端，因此受到劳动力供求双方的欢迎。

职业技术学校作为劳动力的生产与供给方，在先培训后就业、先培训后上岗、双证（毕业证、职业资格证）就业等一系列政策的促进下得到了快速发展。特别是产业结构的调整和升级换代，造成了大量新上岗人员、转岗人员、下岗再就业人员，这一巨大群体都对职业教育存在着强烈的需求，都为职业教育的大发展创造了客观条件。

随着劳动人事制度和工资制度的改革，劳动者就业、在单位的晋升和工资待遇等都必须与他自身的职业能力及由此产生的工作绩效挂钩，可见职业教育已成为就业、转业和晋升加级的重要前提。所有这些都需要"人才市场"这一中介来实现。

人才市场各类人才信息的供求涨落和价格变动，必然成为每所职业学校关注的焦点，并以此来引导培训计划、内容、方式等做出相应的调整。同时劳动力市场竞争态势又将波及学校在生源市场、师资市场、资金市场及其他市场上的竞争，从而决定每一所学校的生存和发展。

由此可见，职业教育与劳动力市场关系密切，劳动力市场是学校与市场经济的连接点，是实现职业教育优化发展的突破口。

但我们也应该看到，劳动力市场总是处于不断变化之中的，它对劳动力规格、水平、素质等都有各种各样的要求。为适应这一要求，职业教育必须不断调整自己，包括内部调整和外部关系的调整，从而逐步建立一个从初级到高级，行业配套，结构合理，职前、职后一体化，同时又能与其他各类教育相互沟通的职业教育体系。建立这种体系的最终目标是与动态的劳动力市场紧密配合，协调发展，从而实现人与物的最佳配置，发挥最大的组合效益。

二、构建现代职业教育体系必须增强适应性

（一）与产业结构和技术结构的变化相适应

产业结构和技术结构的变化将引起劳动者职业技术结构的变化，进而影响职业技术学校的布局、专业设置、层次结构、数量质量结构的确立。由于教育的迟效性和产业结构变化、技术结构变化的加速性，在构建职业教育体系时，要求必须有计划性、预见性，既要看到产业结构和技术结构的现状，又要看到变化趋势，从而主动、自觉地适应结构调整带来的影响。

在农村，由于农业产业化进程的加快，以及实施剩余劳动力"离土不离乡""进厂不进城"的就业政策，特别是户籍制的改革、城乡二元结构的淡化、农村产业结构的变化等，对大力发展农村初等、中等职业教育与培训的需求非常迫切。这就要求职业教育必须适应当地建设，调整专业结构，培养适合农村经济发展需要的职业技术人才。

（二）人才结构是构建职业教育体系的依据

技术结构变化要求人才结构与之相适应，因此，人才结构也就成了构建职业教育体系的依据。人才结构包括类型和层次结构：类型结构与产业类型结构相对应；层次结构一般指高、中、低级人才的比例，一般是 1 ∶ 3 ∶ 10 或 1 ∶ 4 ∶ 12。目前，我国的人才类型结构上还不尽合理，有待进一步改革，而层次结构上的欠合理也必须进行调整。

（三）职业教育有必要与普通教育相互衔接

职业教育要与基础教育、普通高等教育相衔接、相沟通，注意社会发展

要求，加大高等职业教育的发展力度。要让职前教育与职后教育、学历教育与非学历教育相结合，以满足新增劳动力就业准备和就业者再教育的需要，为劳动力晋升、就业、转业创造条件。不论是企业办学校，还是校办企业，都必须明确职业技术学校的法人地位，职业技术学校是办学实体和经营实体的统一，在内部组织结构和功能运作上要逐步实行产业化管理，努力提高办学的社会效益和经济效益。

（四）职业教育发展必须走横向经济联合之路

随着经济一体化、市场一体化进程的加快，地区间、产业间出现横向经济联合的趋势，区域市场与国内统一大市场逐步形成。我国加入WTO后，又逐步形成了国际统一的大市场。职业教育将随着这一趋势走联合办学、联合经营的道路。通过建立学校间自愿互助联合，利用各校资源要素存量优化组合，建立起集团化和产业化的职业教育运行机制，以此来获取规模效益，并实现发展目标。现代职业教育通常以一个或几个骨干职业技术学校为主体组建技术教育集团，以稳定的组织规范为后盾，将不同地区、不同性质、不同水平，但有着内在联系的职业技术学校、企业和研究机构合为一体，扬长避短，互补互利，实现资金、技术、设备、师资等要素的最佳组合，不断扩展和加宽活动新领域，增强市场竞争实力，逐步实现集团的有序运作。

产业化和集团化的职业教育运行目标，从宏观上看，必须遵循劳动力市场对各类人才供求变化的规律，实现社会人才总供给与总需求的平衡；从微观上看，是通过集团内人财物资源合理配置，充分发挥各要素的生产潜力和组合效益，以最大投入获取最大产出，最终实现集团的整体利益，达到共同发展的目的。

第三节　现代职业教育与区域经济发展

一、办学定位与经济发展需求相对接

现代职业教育的根本目标是为经济社会发展培养技术技能型人才。服务区域经济发展是职业教育最基本的职责和功能。职业教育的办学定位必须与区域经济发展的需求目标相对接，立足现状，面向未来，科学合理地坚持办学定位，调整办学方向和目标，促进区域经济健康协调发展。

（一）服务区域经济是现代职业教育办学的前提条件

职业教育作为一种教育的类型，它的兴起与发展从来都不是孤立存在的，其发展也体现着不同的区域特点，是以区域经济发展需要为价值取向，与区域经济发展相互依赖，互为条件，相互推动。职业教育体系是区域经济发展的产物，服务区域经济是现代职业教育办学的前提条件。首先，现代职业教育的根本宗旨就是"以服务发展为宗旨，以就业为导向"。现代职业教育适应技术进步和生产方式变革以及社会公共服务的需要，是推动经济发展、促进就业、改善民生、解决"三农"问题、缓解劳动力供求结构矛盾的重要途径。其次，服务区域经济发展是现代职业教育生存与发展的根本。目前，绝大部分职业院校的举办者都是政府或者政府所属的行业组织、企业，这就决定了现代职业教育的基本功能定位必须是面向社会，服务经济，满足区域经济社会发展的需要，只有这样，整个社会才会为现代职业教育的发展注入活力。最后，现代职业教育的办学定位、办学思想、办学理念、办学体制、办学模式等都要以区域经济发展对人才、技术和服务需要为前提。这样才能更充分地发挥现代职业教育在推进区域经济建设，加快区域经济在转方式、调结构、促升级中的重要作用，实现现代职业教育的功能定位。

（二）区域人才培养是现代职业教育办学的核心责任

职业教育是面向就业、面向青年、面向整个社会的教育，肩负着培养技能型人才的重大责任。要突出现代职业教育区域人才培养的核心责任，其一，现代职业教育要转变发展方式，强化职业院校基础能力和内涵建设，调整学校布局，优化专业结构，实现人才培养与区域经济建设需求的零距离衔接；其二，现代职业教育要深化教育教学改革，推动专业设置与产业需求对接、课程内容与职业标准对接、教学过程与生产过程对接、毕业证书与职业资格证书对接、职业教育与终身学习对接，提升职业教育整体实力和办学吸引力，促进现代职业教育的科学健康发展。

（三）区域经济发展是现代职业教育办学的目标归宿

建设现代职业教育中一个最重要的任务就是构建现代职业教育体系；构建现代职业教育体系的最终目标归宿，是实现现代职业教育服务区域经济社会发展，转变经济发展、调整产业结构、促进改革、保障就业和服务民生的需要，这对于区域内工业化、信息化、城镇化、农业现代化的实现具有重要作用。

二、专业设置与产业结构发展相衔接

（一）现代职业教育专业设置要以优化区域产业布局为根本

现代职业教育的专业设置是一项系统工程，关系到职业院校办学的宗旨和方向，反映的是与区域经济产业布局相匹配的程度。产业结构是地方经济发展的脊脉，大力发展现代职业教育必须要跟随区域经济发展和结构调整的需要，根据实际需求合理配置资源，突出特色优势，创新改革发展，建立现代职业教育专业设置与区域产业布局相匹配的格局，不断提高和加强现代职业教育专业设置，优化区域产业布局。

（二）现代职业教育专业结构调整要以区域产业结构升级为目标

按照马克思唯物辩证论的观点，世界上任何事物都是不断变化发展的，职业教育也是如此。随着区域经济的快速发展和产业结构的不断升级优化，职业教育专业结构与产业结构发展不相适应的现象逐渐凸显。这就要求现代职业教育的专业结构调整要有不断提升服务产业结构升级的能力，根据区域优先和重点发展产业的战略部署，调整和适应新兴产业、现代能源产业、海洋产业、综合交通运输体系、生态环境保护等相关专业结构体系，保障现代职业教育专业结构调整要以区域产业结构升级为目标。

（三）现代职业教育专业建设要以区域技术技能型人才需求为导向

随着现代生产方式和产业技术的不断变革和进步，要求重点培养掌握新技术，具备高素质的技术技能型人才。区域经济建设要想提高市场竞争力，现代职业教育就必须适应区域经济发展的要求，加快完善人才支撑体系。第一，现代职业教育要统筹培养不同层次、不同类型的技术技能型人才，满足生产、建设、服务一线对人才的需求；第二，现代职业教育要不断深化自身专业内涵建设，加强设置专业、专业体系、专业内容与职业岗位要求的零衔接；第三，现代职业教育要不断提高技术技能型人才的培养质量和水平，重视培养人才的职业知识、职业技能、职业情感、职业态度、职业价值观等全方位发展。

三、课程内容与职业岗位情境相连接

（一）确定目标，产学研合作

现代职业教育要实现为区域经济服务的目标，使培养的人才、开发的技术等与区域经济发展需要无缝连接，必须要科学合理地制定课程目标，走产学研合作的路径。课程目标是课程设置、课程设计、课程开发和课程编制的第一步，其能否确定，直接关系到课程的成败。产学研合作是课程目标实现的载体和途径，课程目标的选定是产学研合作的前提，继而通过以区域经济产业、行业、企业等对人才和技术的需求为目标导向，选择和编制课程的内容。其中，课程目标要体现学生成长的需要、学科与职业的发展以及经济社会的进步。

（二）校企合作，双主体育人

校企合作，双主体育人是现代职业教育人才培养模式改革和创新的重点，体现了区域经济对技术技能型人才的内在要求，是现代职业教育提升人才培养质量和水平的有效途径。具体做法是：学校和企业作为人才培养的两个主体，应注重学校和企业之间的双赢状态；在实施具体的课程和教学时，企业应参与学校对学生的培养任务，相互合作开发课程，共同制定人才培养方案、教学计划、课程设置、教学实施、组织考核评价等，实现校企一体化育人机制。

（三）课程衔接，情境化教学

现代职业教育的课程内容要体现与职业岗位之间的连接，适应经济发展、产业升级和技术进步的需要，体现具体的职业岗位工作情境；课程内容的设计，要考虑到实际工作的方式、内容、对象、方法、工具等；按照资讯、计划、决策、实施、检查、评估为流程设计教学，培养学生快速适应和胜任职业岗位需求的素质和能力。其中情境化教学，要求以实际工作过程所需要的工作目标、工作知识、工作能力、工作经验等为基准，构建适合职业教育学生知识、技能掌握的学习环境。

（四）综合评价，多元化考核

现代职业教育人才培养不仅要把技术技能作为培养的主要内容，还要将职业道德、人文素养教育贯穿培养全过程。这就要求在评价人才时，要把职业道德、技术技能水平、劳动价值和创造能力作为评价培养质量的核心指标。现代职业教育人才培养应建立以为区域经济发展，培养高素质、高质量技术技能型人才为主的考核体系，并注重发挥行业、用人单位作用，形成社会各界共同参与的质量评价机制。

四、社区教育与终身职业培训相承接

（一）面向农村，承接农村劳动力转移培训

当前，随着城镇化进程的加快，区域经济产业结构调整和升级对人力资源的需求在逐步提升，农村转移就业人口的职业教育与培训问题日渐突出。

一大批劳动者由农村走向城市，其中绝大部分的劳动者属于无技能从业的范畴。职业教育可通过整合社会各类培训资源，形成系统的、专门的培训机构，针对农村剩余劳动力开展专门的技术技能培训，使这些劳动者了解当前区域经济发展的现状和方向，解答劳动者面临的各种困惑和迷茫，提高劳动者的技术技能水平，使他们适应当前城镇化、市场化和现代化进程。

（二）面向城镇，承接再就业人员培训需求

随着区域经济体制改革力度的加大，区域产业结构不断调整和升级，对人才和技术的要求也在不断提高，满足对再就业人员的培训是当务之急。职业教育可以从社区教育建设入手，加大对再就业人员开发相关课程、创新培训的模式，推动再就业人员的技术技能培养。同时，还可以针对未升学的初、高中毕业生，残疾人等，根据不同的年龄结构、文化程度、培训需求等特点，开展不同类型、不同形式的就业培训，满足各类人群学习的需求。比如，南宁职业技术学院为培养和培训残疾人就业，专门成立了广西残疾人高等教育学院，该校紧密依托地方政府、行业企业，实施校政企互融的一体化办学模式，搭建校政企合作平台，整合行业企业资源，并根据残疾人的不同特点，帮助残疾学生实现了就业和创业的梦想。

（三）面向未来，承接终身职业培训体系

现代职业教育发展的一个显著特点是要构建终身职业培训体系。面对当前区域经济发展对于稳增长、促转型、保就业、惠民生的要求，加快构建劳动者终身职业培训体系，不断创新技术技能型人才培养方式，建立健全技术技能型人才成长机制，承接劳动者终身职业培训体系，是现代职业教育面向未来发展的一个重要趋势。

第六章 高等职业教育实践教学管理模式

第一节 国外四大职业教育模式

一、德国的"双元制"

(一)德国"双元制"的简介

德国的"双元制"是一种成功的职业教育办学模式,为德国的经济腾飞做出了不可磨灭的贡献,对保证德国劳动者的高素质、产品的高质量,以及德国国民经济在国际上的持久竞争力发挥了非常重要的作用。

所谓双元,是指职业培训要求参加培训的人员必须经过两个场所的培训:一元是指职业学校,其主要职能是传授与职业有关的专业知识;另一元是企业或公共事业单位等校外实训场所,其主要职能是让学生在企业里接受职业技能方面的专业培训。所谓"双元制职业教育"就是整个培训过程在工厂企业和国家的职业学校进行,并且这种教育模式又以企业培训为主,将在企业中的实践和在职业学校中的理论教学密切结合。

(二)德国"双元制"的产生

"双元制"职业教育最早产生于1897年,这是因为产生于中世纪的学徒培训制度在19世纪发生了深刻的变化:一是出现了以帮助学徒提高普通基础知识和职业理论水平为目标的职业进修学校;二是出现了它与企业的教学车间共同承担学徒培训任务的萌芽,从而有了校企合作教育产生的基础。

(三)德国的教育体系

德国的教育体系十分完备,大体包括基础教育、职业教育、高等教育和成人教育四大类。职业教育在整个教育体系中,占有重要地位,是学生升学就业的主要渠道。学生小学毕业后进行第一次分流,分别进入普通中学(5~6年制,大多数学生毕业后进入职业学校)、文理中学(一般为9年制,为升入普通高校做准备)、实验中学(介于普通中学和文理中学之间)和综合中学(前三类学校的综合)四类学校,从而初步确定了今后就业升学的基本方向,目的性比较明确。初中(5年或6年制)毕业后进行第二次分流,根据不同职业的要求、学生及家长的意愿,一部分学生升入文理中学高中部(具备升入高等学校的资格),由于职业学校就业优势明显,大部分学生则选择到职业学校(或企业培训)接受"双元制"职业教育,使德国职业教育得到了大规模发展。

在法律制度上,德国强调了职业教育的重要地位。1969年,德国颁布了《职业教育法》,对就业者上岗前和上岗后的培训(转岗培训)、培训企业和受培训者的关系以及双方的权利和义务、培训机构与人员的资格、实施培训条例的监督和考试、职业教育的组织管理和职业教育研究等,都有明确的规定。《职业教育法》对德国的职业教育起了极大的推动和促进作用。

此后,德国又相继出台了与之相配套的法律法规,诸如《企业基本法》《培训员资格条例》《青年劳动保护法》《职业教育促进法》《手工业条例》《实训教师资格条例》等,使职业教育真正做到了有法可依、依法治教、违法必究,以法律形式保障了职业教育的管理和运行,促进了职业教育健康有序地发展。在操作上,按照德国《职业教育法》的规定,严把"就业者必须先接受正规的职业教育"这一关,不经过正规职业培训,不准进入职业生涯。据统计,在实际生活中,95%的就业者遵守了这一法律规则。

(四)德国"双元制"的本质

德国双元制模式的本质在于,向年轻人提供职业培训,使其掌握职业能力,而不是简单地提供岗位培训。德国双元制模式不仅注重基本从业能力、社会能力而且特别强调综合职业能力的培养，更加注重的是综合职业能力。

德国双元制模式所培养出的综合职业能力是一种跨职业的能力，对学生未来的发展起着关键作用。通过德国双元制模式培训的学生，可以胜任其职业领域里的所有工作任务，而不仅仅局限于某一工作岗位的任务。他们在掌握了业务能力的基础上，还学会了大量基础知识以及有实用价值的社会能力，其适应能力也得到了大大地增强，为人生道路做了坚实铺垫。

德国双元制模式不但具有较强的技术鲜明性、超前性，而且更注重培养学生的职业道德。通过培训使学生获得了宽广的知识技能面，具备了较强的社会适应性和市场竞争力。

（五）德国"双元制"的特点

"双元制"职业教育模式主要具有以下特点。

1. 理论教育和生产实践紧密结合

双元制职业教育培训的学生，绝对是企业所需要的人才。因为双元制职业教育形式下的学生，在整个职业教育中，大约40%是普通教育课程、60%是专业课程。除了在学校接受最实用的理论知识外，其余大部分时间是在企业进行实践操作技能培训，他们在企业接触到的是目前使用的最先进的设备和技术，培训在很大程度上是以生产性劳动的方式进行的，从而减少了学习费用并提高了学习的目的性，这样有利于学生在培训结束后快速进入工作岗位。

2. 普通教育和职业培训相结合

德国各类教育形式之间的随时分流是一个显著特点。在基础教育结束后的每一个阶段，学生都可以从普通学校转入职业学校。接受了双元制职业培训的学生，也可以在经过一定时间的文化课补习后进入高等院校学习。近年来，有许多已取得大学入学资格的普通教育毕业生也从头接受双元制职业培训，力求在大学之前获得一定的职业经历和经验。

3. 政府出资和企业的广泛参与相结合

德国约有48万家企业有培训资质，它们拥有自己的培训基地和人员。没有能力单独按照培训章程提供全面和多样化的职业培训的中小企业，也能通过跨企业的培训和学校工厂的补充训练或者委托其他企业代为培训等方式参与职业教育。

在德国的双元制教育中，企业培训起着主导的作用，职业学校只起着配合和服务的作用。而他们的企业培训，又分为企业内培训和跨企业培训。企业内培训可分为五大类：一是工业教学车间培训，这是企业内培训中质量最高的培训，多数在主要或大型企业中进行，其主要特征是培训与生产过程分离。二是非系统的工业培训，主要在中小型企业中进行。其主要特征是培训与生产过程联系密切，大都在生产车间中进行。三是传统的手工艺培训，其主要特征是培训与生产过程联系最密切，教学全在生产现场进行。四是办公室和服务业的系统培训，通常由大企业或行政机关负责，其主要特征是把职业学校的理论教学与企业或行政机关的实践培训联系起来，增加与实践相关的理论知识的教学比重。五是办公室和服务业的非系统培训，主要在中小型企业和办公室进行，其主要特征是通过实地操作来学习。近年来，德国又兴起了跨企业培训。跨企业培训是由若干个企业联合起来进行培训，也有一些地方当局参与其中，一些职业学校的教学车间也用于跨企业的培训。跨企业培训在各职业领域中的分布很广，而且占有一定的比重。

4.专业培训和严格考核相结合

在德国，培训是学校和企业的事，而考核却是行业协会的事。按照《企业基本法》的规定，学生在学校接受理论学习，在企业进行了岗位培训，完成了所学的课程和实践操作任务后，要到行业协会进行资格考试。一般情况下，行业协会指派5人担任考官，对学生进行理论和实践的全面考核。考核合格后，发给其资格证书。这种考核办法，体现了公平的原则，使岗位证书更具权威性。[①]

二、北美的 CBE

（一）北美的 CBE 简介

以美国、加拿大为代表的能力本位教育（Competency Based Education,

[①] 陈静，李昕. 德国双元制职业教育特点及启示. 鄂州大学学报，2011.

简称 CBE)，产生于二战后。其核心是从职业岗位的需要出发，确定能力目标。通过学校聘请行业中一批具有代表性的专家组成专业委员会，按照岗位群的需要，层层分解，确定从事行业所应具备的能力，明确培养目标。然后，再由学校组织相关教学人员，以这些能力为目标，设置课程、组织教学内容，最后考核是否达到了这些能力要求。

它强调以能力作为教学的基础，而不是以学历或学术知识体系为基础，对入学学员原有经验所获得的能力经考核后予以承认；强调严格的科学管理，灵活多样的办学形式。随时招收不同程度的学生并按自己的情况决定学习方式和时间，课程可以长短不一，毕业时间也不一致，做到了小批量、多品种、高质量。从而打破了传统以学科为科目，以学科的学时体系和学制确定的学时安排教学和学习的教育体系。以岗位群所需职业能力的培养为核心，保证了职业能力培养目标的顺利实现。

（二）能力本位教育的产生和发展

以强调岗位能力为核心的能力本位教育思想形成于美国的六七十年代。20 世纪 60 年代，在美国的课程改革运动中，人们把对当时教育质量的不满归结为教师的教育、教学能力不足。于是要求改革师范教育，以提高教师与教学有效性的能力。1967 年，能力本位教育被提出来以取代传统学科培养教师的师范教育能力的旧方案。这种方案主张将对教师工作分析的结果具体化为教师必须具备的能力标准。到 70 年代，能力本位教育思想日渐成熟并开始运用到职业教育和培训中，并被广泛应用于北美和世界其他一些地区的职业教育和培训中，其中尤以北美盛行。

但当时人们对"能力"本质的理解非常狭隘，是行为主义的，即根据一系列具体的、孤立的行为来界定"能力"，等同于"操作能力""动手能力"，而这些行为往往与一项项被细致地分解的工作任务相联系，其目的在于使能力能够被明确地陈述出来。

显然这里的"任务"即"能力"。当人们意识到即使一个人能够完成已经明确规定的任何细小任务，他也不一定就能成为一名成功者时，这种理念很快就被人冷落了。

到了 20 世纪 80 年代中后期，能力本位的教育和培训理念又重新兴起，并且成为世纪之交职业教育和培训改革的主导理念，这与产业界强烈要求提高劳动者的职业能力有关。当时的企业界普遍反映，现行的职业教育与就业需求不直接相关的现象十分严重，只注重知识与理论的获得，而非实际的操作能力。他们认为，受训人员在岗位上所表现出来的实际操作能力才是职业能力的体现，职业能力包括专业能力、方法能力、社会能力等。

时至 20 世纪 90 年代初，能力本位职教思潮又经加拿大的引介登陆中国。由于能力本位职业教育显著的优越性，它引起了世界范围内的广泛关注，一度成为世界职教改革的发展方向，和国际上颇为流行的职教改革思潮。

（三）能力本位教育的基本内容

1. 出发点

能力本位教育以全面分析职业角色活动为出发点，以提供产业界和社会对培训对象履行岗位职责所需要的能力为基本原则，强调学员在学习过程中的主导地位，其核心是如何使学员具备从事某一职业所必需的实际能力。它是以从事某一具体职业所必须具备的能力为出发点来确定培养目标、设计教学内容、方法和过程、评估教学效果的一种教学思想与实践模式。由于各国或各学校对能力本位教育的理解不同，所以在实践中的具体做法也不尽相同，因而能力本位教育在不同地区或机构被视为一种"学习过程的管理""职业技术教育的系统开发计划""课程开发模式"或"教学模式"。

2. 四方面

能力本位教育中的"能力"是指一种综合的职业能力，它包括四方面：与本职相关的知识、态度、经验（活动的领域）、反馈（评价、评估的领域）。四方面均达到才构成一种"专项能力"，专项能力以一个学习模块的形式表现出来。若干专项能力又构成一项"综合能力"，若干综合能力又构成某种"职业能力"。

3. 五大要素

能力本位教育的五大要素：

（1）以职业能力为教育的基础，并以之作为培养目标和教育评价的标准；以通过职业分析确定的综合能力作为学习的科目，以职业能力分析表所列专项能力的由易到难的顺序安排教学和学习计划。

（2）以能力为教学的基础。根据一定的能力观分析和确定能力标准；将能力标准转换为课程，通常采用模块化课程。

（3）强调学生的自我学习和自我评价。以能力标准为参照，评价学生的多项能力，即采用标准参照评价而非常规参照评价。

（4）教学上的灵活多样和管理上的严格科学。通常采用适应个别化差异的个别化教学。

（5）授予相应的职业资格证书或学分。

（四）能力本位教育的影响与评价

1. 影响

由上可知，能力本位教育的最大特点是其整个教学目标的基点是如何使受教育者具备从事某一种职业所必需的能力，因此目标很具体、针对性强。为了做到这一点，就必须要强化行业用人部门和学校教育部门间的紧密合作。同时，由于在制订教学计划时把各项岗位要求进行系统分析，再组成一系列教学模块或单元，使不同起点、不同要求的受教育者都能根据自己的情况取舍，所以具有很大的灵活性。对沟通职前和职后的培训，正规和非正规教育都有好处。在教学组织管理上也自然突出了个别化的特点。

2. 优势

与传统的职教教学模式相比，能力本位教育具有四方面的优势：能力本位职业教育的教学目标明确，且针对性和可操作性强；课程内容以职业分析为基础，把理论知识与实践技能训练结合起来，打破了僵化的学科课程体系；重视学习者的个别化学习，以学习者的学习活动为中心，注重"学"而非"教"；反馈及时、评价客观，为标准参照评价。不过能力本位职教思潮的优势特色中也存在着自身的局限性：在教育目的上存在着重视行为、忽视品德的倾向；在教育方法上强调针对具体工作进行培训，使日后的职业迁移性和继续学业受到影响。

3. 评价

能力本位思想孕育着崭新的教育评价尺度和配置人力资源的重要原则，它不同于传统的知识本位、学科本位的职教价值观，它为职业教育体系改革提供了新的思想动力。在能力本位思潮影响下采用的一些方法手段，如进行职业分析、按应备能力设计教学内容、发展产学合作的教育形式等也有效地缩小了职业教育与经济发展的距离。尽管能力本位职教思潮日益为素质本位、人格本位职教思潮所取代，但它的基本思想、对能力的强调至今仍有市场。

三、澳大利亚的 TAFE

（一）澳大利亚的 TAFE 简介

TAFE 是澳大利亚政府直接领导下的技术和继续教育的简称。它是澳大利亚政府为了解决学校人才培养与就业市场之间的接口问题而建立的一个教育体系，是建立在终身教育理念基础上的具有鲜明特色的职业教育制度，旨在为各行业培养有实际工作能力的人才。

澳大利亚的技术与继续教育学院设有 11 所学院，129 所专科学院，共 50 多万名学生和 2 万多名教职工。TAFE 是全国性认可与互通的职业培训教育体制，虽然各州的 TAFE 有各自的行政体系、课程设置，但它们的性质和特点是一致的，主要提供专业技能的训练课程，大部分课程都具有实用性。TAFE 的很多课程是与工业团体共同开办的，课程设置根据工业集团的需要开设，以确保提供最切合实际的训练和最新的专业信息。TAFE 所有的文凭资格是全国互通与承认的，专科文凭课程也受到各大学的认可，这些学生在继续攻读大学学位时可以免修部分学分。

TAFE 学院招生没有年龄限制。在澳洲，政府鼓励人们不断学习。学生群体中既有十几岁的中学毕业生，也有七八十岁的老人，只要你学习，TAFE 就给你提供一切机会和便利。

TAFE 学院的职业教育和培训种类繁多，为劳动者提供所需技能培训，包括专业、非专业、高级技师、技师及操作员等不同层次。澳大利亚政府规定各个行业中，技能要求高的工作岗位必须持有职业证书才能就业，即使是大学本科以上学历的毕业生，也必须先取得 TAFE 培训相应证书，才能就业。而且在澳大利亚，各行业都有自己的职业标准和相应的培训标准，在职人员都要定期参加相应的职业培训，以便不断更新知识，掌握本行业的执业标准，掌握本行业的最新技术和了解本行业的最新发展动态。

（二）TAFE 的机构设置

由于澳大利亚的教育行政体系均为各州管理，所以不同的州在机构设置上也略有差异。一般来说，TAFE 的组织机构分为三个层次：由行业代表为主组成的国家、各州管理 TAFE 的组织机构（国家培训管理局和州教育培训部）及 TAFE 学院院级董事会。国家管理局的成员由教育部长任命，任期为 3～5 年。由各行业代表为主的国家和各州管理机构对 TAFE 发展过程中的各项重大问题做出宏观决策，进行宏观布局，规定和调整办学方向，如适应就业市场、满足企业需要、争取经费等。院级董事会对学院的办学规模、基建计划、人事安排、教育产品开发、经费筹措等进行研究和做出决策。资金由州政府提供。

（三）TAFE 的培养目标及文凭体制

TAFE 不仅提供职业教育、技术教育、继续教育，还提供高等教育、成人教育和社区教育等。学生层次从中学到本科乃至研究生不等。近年来，由于技术与继续教育的飞速发展，TAFE 还增设了硕士和博士学位课程。学生拿到硕士学位以后，还可以继续攻读博士学位，但硕士课程和博士课程较少。学生拿到高级证书后，可直接进入悉尼理工学院（u9s）攻读学士或更高一级的学位。

（四）课程设置及培训对象

TAFE 的课程设置可称得上是多样化、灵活化。TAFE 的专业及其课程是根据社会发展、行业需要、社区需求开设的，其中有金融、银行、贸易、商业、信息工程、建筑、旅游、烹饪、缝纫、营销、娱乐、汽修、交通运输、媒体、艺术、室内装潢等，范围之广是任何培训团体所不能比拟的，学生可注册的课程达近千种。每年可为全日制和非全日制学生提供约 450 门课程进行选修，每年有 5.6 万名不同年龄、不同社会背景、不同国家的学生在 TAFE 注册。课程设置随着行业需求进行削减或增设，如果培养出来的学生不被行业接受，此课程马上停止。课程评估分三个层次进行：课程委员会、注册委员会、国际标准。TAFE 还可依据各行业制定的职业标准和相应的培训标准，派人与企业内专职培训教师共同研讨、制定培训项目，经公司认可后，由 TAFE 照此实施。

TAFE 的培训对象包括：中学毕业生、高中毕业生、社会青年、在职人员和非在职人员、残疾人、少数民族、留学生，甚至还为在押犯人提供技术培训。培训方式有职前培训、在职培训、脱岗培训、行业培训。

（五）教学模式和评估方式

TAFE 学院的教学模式是以学生为中心，实践第一。TAFE 各学院设有实践课和理论课，但以实践课为主。课堂教学以实践为主，理论为辅。大部分职业培训都是以现场教学代替课堂教学，如参加汽车培训的学员都是在实习场地而不是在课堂进行学习。教师进行现场教学，边讲解边指导，学生根据教师讲解的内容和指导进行实际操作，如拆装、修理、安装、喷漆等。缝纫培训的学生操作间和教室设在同一场地，教师讲授完之后，学生可马上进行实际操作，把传授的知识当场用于实践中。学生学习的过程就是实践的过程，实践的过程就是学习的过程。不论是理论课还是实践课，他们的课堂教学模式均是以学生为主体，以实践为主线，以提高实际能力为目标。

TAFE 学院通常都没有统一的教材。课程设置、教学内容、培训专业都是根据地方经济、社会需求、行业需要等设置的，教师根据联邦政府国家培训管理局和州教育培训部总体规划及评估内容和标准选择教材，调整教学内容。这给了各学院极大的灵活性和自主性，同时，学制和学习时间都采用灵活机动的方式，给学员提供了极大的方便。能力培训是 TAFE 职业培训体系的主要特色，其培养目标不在于学生在课堂教学过程中学习了什么、学会了什么、掌握了哪些理论知识，而是学生经过培训后能够做什么。所以对学生的评估不仅仅着眼于对知识的考评，而更注重实践考核，强调学生的动手能力、实践能力和操作能力。考试一般为现场实际操作，评估者根据其效度、速度、操作中的应变能力等进行全面审核和评估，所以评估过程具有极强的实践性。

（六）TAFE 的主要特色

TAFE 职业教育的主要特色可归纳为以下六方面：

（1）职业能力为本位的人才培养模式。TAFE 学院着重培养学员的职业能力，以便使其较快适应社会职业岗位的需要。

（2）灵活的职业教育体系。TAFE 的课程安排既有阶段性的，又有可连续性的，学员可以在不同时期，针对不同需求选择相应的课程，可以通过学分的认证，灵活地在证书、文凭或者提高个人品位等方面自由选择；学生修读 TAFE 课程后可升读有关大学学位课程，承认已修的课程，学分可以转移。

（3）学术资格得到普遍承认。TAFE 学院所举办的各种课程均得到了澳大利亚政府的承认，学员按教学计划完成规定课程的学习后，获得职业资格证书和文凭，澳大利亚政府给予承认，同时获得所有英联邦国家的认可。

（4）学员年龄不受限制。学生入学基本上没有门槛，学员年龄分布在 14~70 岁之间，但对证书和文凭的管理很严格。一些本科生为了就业，还需重新到 TAFE 学院学习。

（5）针对不同的学习对象和课程类型，采取各种灵活的方式、方法和手段开展教学工作，基本上做到了从以教师的教学为主向以学生的学习为主设计教学模式的转变。

（6）与企业紧密合作。企业帮助学校建设培训基地，提供最先进的设备，负责教学质量评估等，为 TAFE 的发展和确保教学质量奠定了坚实的基础。TAFE 学院为企业培养实用型人才。

四、英国的 BTEC

英国 BTEC 职业教育是一种在中等、高等职业教育和人才培训方面有高效性的职业教育模式，在关键技能教育的拓展方面有着卓越的表现和权威性。现在世界上有 100 多个国家采用 BTEC 课程。

（一）英国的 BTEC 简介

BTEC（Business & Technology Education Council）是英国著名的职业资格授予机构之一——商业与技术教育委员会的简称，成立于1986年。同时，BTEC 也可以作为该机构颁发的职业资格的简称。BTEC 于1996年与伦敦考试与评估委员会合并为爱德思 Edexcel Foundation（下文简称爱德思），BTEC 资格证书遂改由爱德思国家学历及职业资格考试委员会颁发。爱德思是英国教育部授权成立、监管的机构，从事学术教育、学历评审以及资格认定等工作。它是国际性教育组织，全球共有100多个国家的5.7万所教育机构操作运行爱德思的课程，其颁发的 BTEC 证书被世界大多数国家所认可。

目前英国的 BTEC 课程分为文凭课程（Diploma）和证书课程（certificate）两类，从级别上分为初级（First）、中级（National）和高级（Higher National）三个级别。共涉及9个大类、上千门专业，涵盖许多实用领域，如设计、商业、护理、电脑、工程、酒店和餐饮、休闲和旅游等。其资格证书通过在学校、学院或大学以及工作场所的学习予以获得。而 BTEC（HND：Higher National Diploma）属于高级文凭类的职业资格证书，称"英国国家高等教育文凭"。英国很多大学在开设大学本科学位教育的同时，还单独开设 BTEC（HND）课程。BTEC（HND）作为英国国家高等教育文凭在英国的教育系统中具有特殊的地位。在大学全日制学习 BTEC（HND）的学生能够与那些攻读学位的学生得到同样的支持与资金。而 BTEC（HND）具有学习时间短、学习费用少的优势，因此，相当一部分英国家庭经济条件不是很好的学生选择学习 BTEC 课程。在英国的各企业，他们更希望接收 BTEC 毕业的学生而不愿意接受大学毕业生，因为前者具有直接上岗工作的能力，企业没必要再花费时间和金钱为他们进行岗前培训。

（二）BTEC 职业教育模式的特点

英国 BTEC 职业教育是世界上具有广泛影响力的职业教育模式，其主要的特点表现在以下八方面。

1. 培养目标明确，突出通用能力培养

"通用"的含义不是针对某一具体的职业，而是从事任何工作的任何人要获得成功所必须掌握的技能，即跨职业的、可变的、有助于终身学习的、可发展独立性的能力。BTEC 明确要求培养学生的七种能力：自我管理和自我发展能力、与人合作共事能力、交往和联系能力、安排任务和解决问题能力、数字运用能力、科技运用能力、设计和创新能力。通用能力作为 BTEC 证书课程的核心课程，并不采用单独开课的方式，而是落实在所有课程的教学活动中，有计划、有步骤地培养学生。

BTEC 课程教学的最大特点是强调以通用能力和专业能力作为教学的基础、培养目标的成果和评价的标准，这与传统的教学模式强调以学科为中心的、按学科体系来进行知识的传递有很大的不同。

2. 教育理念现代化，倡导以学生为中心

与传统教育相比，BTEC 确立了一种新的教育理念，以学生为中心的核心理念成为 BTEC 管理者和教师的共识。考核发证主管部门在这一指导思想下开发课程、设计教学目标，教师在这一理念下从事教学活动。BTEC 强调学生是学习的主人，强调学生的自主学习，学校应为学生的学习服务。教学过程重视学生的个性发展，鼓励个人潜能的开发。BTEC 的教学大纲、教学方法、"任务法"的考核评估方式以及完善的学习支持系统的建立等都体现了以学生为中心的思想。

3. 教学方法的多样性和创新性

在 BTEC 课程教学实施过程中，强调以学生为中心，采用多种多样的教学方法，如课堂讨论、实践实习、社会调查、实地参观、课业、扮演角色、演讲、口头报告、书面报告、自我评价、小组活动、收集资料等。BTEC 课程教学活动充分重视学生的学法，在教学方法中，突出了学生的主体地位，改变了传统教学中重视教法的模式，其课程教学大纲明确规定了课程的专业能力、通用能力目标和教学时间要求，这里对学时数的安排主要是考虑学生如何学，而不是教师如何教。BTEC 采取以学生为中心的"三个三分之一"的教学组织形式，即三分之一课堂教学，三分之一查阅资料、收集信息，三分之一社会实践。将理论教学与实践教学、课内与课外有机结合起来，有利于拓宽学生视野，扩大活动空间，加深实践体会，提高学习效果。

4.师资素质要求高，教师转换传统的"教授"角色，承担"导"的角色

BTEC 课程教学要求教师充分发挥管理、指导、服务、组织的作用。为此，教师必须创新，如编写教材的创新、教学过程的创新、课业评价上的创新等。讲授 BTEC 课程的教师要有一定的教学经验和实际工作经验，开设 BTEC 课程的教师必须经常充实自己，不断提高专业水平和英语教学水平，成为一支专业化的新型教师队伍，为学生提供经得起外部审核、认可的，高质量的专业课程。

5.考核评估方法独特，以课业为形式，以证据为依据，以成果为标准

BTEC 考核评估的目的是考核学生解决实际问题的能力，主要通过课业的完成过程全面评估学生学习达到了什么专业能力，并测试通用能力的发展水平。所有这些都以成果作为教学评价的依据，而不是以最后的考试作为唯一考核依据。BTEC 以平时课业（如案例研究、作业、以实际工作为基础项目等）作为考核的主要形式，给予课业举足轻重的地位。

6.教学质量监控体系完备，内部和外部审核相结合

BTEC 课程教学要求学校建立全方位的质量监控体系，采用内审和外审相结合的方式进行监控管理。内审员是学校内部质量的主要责任人，由一线教师或专人担任；外审员由爱德思指定人员担任。其中，BTEC 课程教学的内审制度非常严谨，既体现目标管理，又体现过程管理。它既有教务管理的职责，又有教研室管理的职责。如果内审员不能履行内审职责，会在外审时暴露出来并且不予通过。通常爱德思每学期将组织专家对学校、教师和学生进行审查考核。如有不足的地方专家将给予指导，对于最终不能达到标准的学校，将会取消其办学资格。内外结合的方式保证了评价的真实性和可靠性，也确保了教学质量。

7.统一标准课程，颇具国际通用性

BTEC 课程以单元（Unit）为单位。每个专业由若干个单元组成，单元分必修（Core Units）和选修（Option Units），既有统一要求，又能适应不同专业发展方向的需求，非常便于学习者灵活选择。BTEC 没有正式的最低入

学资格要求，学习者可以连续，或间断完成证书所规定的各门课程。通常学习时间为两年，经考核后可以获得由英国爱德思颁发的 HND 或 ND 文凭。

8. 注重市场需求分析，课程具有职业性

BTEC 课程内容与职业需求紧密相连，主要表现在：在设置 BTEC 专业时，要开展市场研究，以明确市场的职业需求；在开发教学大纲时，课程开发专家要以雇主协会制定的职业资格标准为基础；在教学过程中，BTEC 还要求将预定单元内容与当地实际情况相结合；BTEC 以职业活动为线索来组织自己的课程内容，使得 BTEC 课程在更大程度上满足职业的现实需求，学生能满足行业企业的实际需求。

（三）对 BTEC 职业教育模式的评价

1. 教育理念的可操作性

BTEC 课程的教育理念概括起来就是"以能力为本位，以学生为中心"。BTEC 课程有了一整套成熟的、可操作的体系，目标非常明确。其主要是对两种能力的培养，即通用能力和专业能力。这样，BTEC 课程的能力培养相当具体化，对于教师来讲，具有很强的可操作性，相当务实。

2. 教育过程的透明性

（1）把职业技术教育的专业教学与社会上各种职业及职业活动过程紧密联系起来，从而使教育过程有利于企业、社会的参与，职业教育成果也便于社会检验。

（2）BTEC 课程的透明性表现在它的教学文件、设备资源都有详细的计划、说明。

（3）在人手一册的学生手册上会告知他们所享有的权利和相应的服务，有关课程内容的说明，以及成绩的评定标准学生都一清二楚，甚至对教师给的成绩不满的申诉过程都会有详细的介绍。

3. 教育评价的科学性

BTEC 课程教育评价的最主要途径就是对课业的完成情况进行成绩评定。成绩分成优、良、通过、重做四种。在评价标准上 BTEC 课程坚持客观性与开放性。客观就是重解决问题的过程。如资料选择的可靠、实用，解决方法的设计合理，有独到见解；开放就是指评价标准是相对的。这样能够给学生充分的发展空间，正因为没有绝对标准，也就不会有顶峰和止境，激励学生奋发向上。

第二节　我国现代职业教育体系框架的建立

随着科学技术的发展以及新型工业化的推进，现代职业教育体系越来越成为国家竞争力的重要支撑。为适应地方经济社会发展的需要，满足人民群众多样化的职业教育需求，我国已初步形成了由初等、中等、专科、本科到研究生的有机衔接；普通教育、职业教育、继续教育相互沟通的现代职业教育系统。如图6-1所示，为普通教育、职业教育和继续教育形成的教育体系框架。

按照终身教育的理念，形成服务需求、开放融合、纵向流动、双向沟通的现代职业教育体系框架，基本实现了教育部发布的现代职业教育体系建设规划。

一、职业教育的层次结构

（一）初等职业教育

在有需要的地方继续办好初等职业教育学校。在各类职业院校、培训机构和用人单位内部开展实用技术技能培训，使学习者获得基本的工作和生活技能。

（二）中等职业教育

中等职业教育在现代职业教育体系中具有基础作用，为初高中毕业生开展基础性的知识、技术和技能教育，培养技能人才。中等职业教育是职业教育发展的重点，在今后一个时期应总体保持普通高中和中等职业学校招生规模大体相当。

(三)高等职业教育

在办好现有专科层次高等职业(专科)学校的基础上,发展应用技术类型高校,培养本科层次职业人才。应用技术类型高等学校是高等教育体系的重要组成部分,与其他普通本科学校具有平等地位。高等职业教育规模占高等教育的一半以上,本科层次职业教育达到一定规模。建立以提升职业能力为导向的专业学位研究生培养模式。根据高等学校设置的制度规定,将符合条件的技师学院纳入高等学校序列。

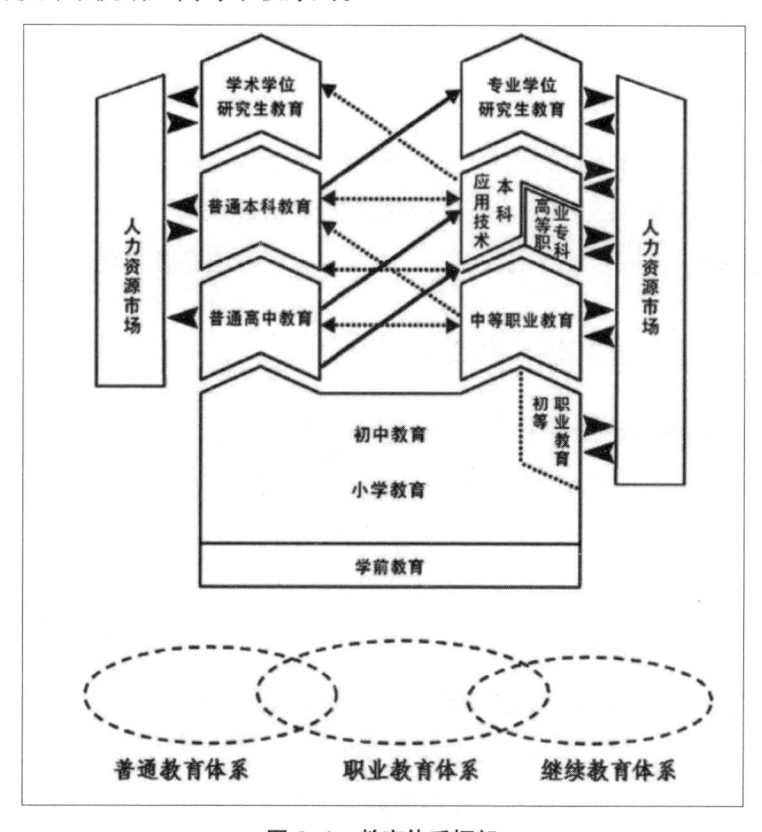

图6-1 教育体系框架

二、职业教育的终身一体

(一)职业辅导教育

普通教育学校为在校生和未升学毕业生提供多种形式职业发展辅导。普通高中应根据需要适当增加职业技术教育内容。职业院校和普通教育学校开展以职业道德、职业发展、就业准备、创业指导等为主要内容的就业教育和服务。

（二）职业继续教育

各类职业院校是继续教育的重要主体，通过多种教育形式为所有劳动者提供终身学习的机会。企事业单位举办职工教育，建立制度化的岗位培训体系。社会培训机构是职业继续教育的重要组成部分，依法自主开展职业培训和承接政府组织的职业培训。

（三）劳动者终身学习

增强职业教育体系的开放性和多样性，使劳动者能够在职业发展的不同阶段通过多次选择、多种方式灵活接受职业教育和培训，促进学习者为职业发展而学习，使职业教育成为促进全体劳动者可持续发展的教育。

三、职业教育的办学类型

（一）政府办学、企业办学和社会办学

建立政府、企业和其他社会力量共同发挥办学主体作用，公办和民办职业院校共同发展的职业教育办学体制。政府实行统一的准入制度，办好骨干职业院校，支持社会力量办学。各类主体兴办的职业院校具有同等法律地位，依法公平、公开竞争。

（二）全日制职业教育与非全日制职业教育

增加非全日制职业教育在职业教育中的比重，发展工学交替、双元制、学徒制、半工半读、远程教育等各种灵活学习方式的职业教育。通过改革学制、学籍和学分管理制度，实现全日制职业教育和非全日制职业教育的统筹管理。

（三）学历职业教育与非学历职业教育

职业院校同时开展学历职业教育和非学历职业教育，满足行业、企业和社区的多样化需求。职业院校和职业培训机构开展的非学历职业教育可以通

过质量认证体系、学分积累和转换制度、学分银行和职业资格考试进行学历认证。

四、职业教育的开放沟通

（一）职业教育体系内部

系统构建从中职、专科、本科到专业学位研究生的培养体系，满足各层次技术技能人才的教育需求，服务于一线劳动者的职业成长。拓宽高等职业学校招收中等职业学校毕业生、应用技术类型高等学校招收职业院校毕业生通道，打开职业院校学生的成长空间。在确有需要的职业领域，可以实行中职、专科、本科贯通培养。

（二）职业教育与普通教育

建立职业教育和普通教育双向沟通的桥梁。普通学校和职业院校可以开展课程和学分互认。学习者可以通过考试在普通学校和职业院校之间转学、升学。普通高等学校可以招收职业院校的毕业生，并与职业院校联合培养高层次应用型人才。

（三）职业教育与人力资源市场

职业院校按照经济社会发展的需求确定人才培养的规格层次、专业体系、培养方式和质量标准。畅通一线劳动者继续学习深造的路径，增加有工作经验的技术技能人才在职业院校学生中的比重，建立在职人员学习—就业—再学习的通道，实现优秀人才在职业领域与教育领域的顺畅转换。

第三节　当前高职教育实践教学存在的问题及改革办法

一、高职教育实践教学的初步成果

随着我国高职教育的不断发展，高职院校积累了一定的办学经验，也进行了诸多实践教学管理模式的改革，实践教学管理意识不断增强，取得了不少阶段性的成果，主要体现在以下五方面。

（1）制订较高水准的人才培养方案，明确实践教学课时、教学内容、教学手段、教学方法。

（2）初步将实践教学管理与职业资格证书中所包含的职业素质相衔接。

（3）结合具体情况，制定整合实践教学管理制度，对人、财、物全面管理，使管理意识不断强化。

（4）开始重视实践教学质量监控。

（5）成立专门的实践教学管理部门。

二、高职教育实践教学存在的问题

虽然，目前我国高职教育发展取得了令人瞩目的成就，但我国实践教学管理与发达国家100多年的职业教育管理相比在管理理念、管理模式、管理方法等方面仍有明显差距。比如，国外高等职业教育的实践教学管理不仅早已上升到系统的课程管理，而且已经把管理学中的系统论、控制论等相关原理引入到实践教学管理中，确立了涵盖全部实践教学环节的全方位的质量管理机制。而我国高等职业教育起步晚，实践教学和理论教学都面临诸多问题。

主要有以下五方面的问题：

1.实践教学管理组织机构设置不够合理

通过对部分高职院校的实地调研和对其校园网站上相关资料进行分析得

知，在实践教学管理中，高职院校目前普遍采用的是统一管理的实践教学管理模式。高职院校教务处设立了专门的实践教学管理部门，负责校内外实验实训教学管理，制定学院实践教学管理规章制度以及各项实践教学管理工作，如校内外实验实训教学管理、毕业设计管理、实验室与校内外实训基地规划与建设工作等。

组织机构的设置相对简单，缺乏学院层面的统筹和统一管理，没有形成自上而下的独立的实践教学管理组织体系，使得教务处在开展实践教学活动时常力不从心，与教学部门沟通和协调不畅。

在学院层面，没有专门负责实践教学的机构，个别院校即使设置了校企合作办公室，在实际的运行过程中也极少参与学院实践教学活动，形同虚设；在教学系部层面，大多数教学系部尚未将实践教学的管理从系部教学中分离出来，没有专门负责实践教学管理的部门，这种管理的混乱也给教务处的实践教学管理带来了一定的困难。

2. 实践教学管理制度不够完善

制度是指实现某种功能和特定目标的社会组织乃至整个社会的一系列规范体系。实践教学管理制度是为实现实践教学目标而制定的一系列规范体系，建立实践教学管理制度的作用在于通过对实践教学过程的各个环节人、财、物的激励与约束，保障实践教学的顺利开展。

从高职院校实践教学管理来看，学院制定了部分实践教学管理制度，如《实践教学经费管理办法》《顶岗实习管理暂行办法》等，但缺乏针对校内外实训基地的管理，学生实验、实训教学管理，实习教学管理，实践教学的考核与成绩评定、实践教学的档案管理，以及实践教学师资管理等一系列具体而完整的实践教学制度体系。即便有些学校在课程、教学、师资、实习实训方面有规章制度，但对于制度的合理性、可行性方面的研究较少，有些只是建设性的意见，缺少执行力。这些问题导致了实践教学管理的混乱和无序。

3. 实践教学的教学过程管理薄弱

在工学结合人才培养模式下，高职院校的实践教学管理难度加大，尤其是实践教学环节的过程管理、考核与评价等面临着诸多难题，学生在工作岗位上的实习内容与在校学习的内容不同,甚至存在部分学生所从事的实习工作与其专业不对口的情况,各高职院校普遍缺乏独立的实践教学质量考核评估体系,实践教学质量监控处于低水平。

4. 实践教学场所职业氛围不浓

工学结合的教育模式需要把"真实的工作"和"实践教学"真正地联系起来,把它与课程改革、实训基地建设、师资建设等结合起来,使学生觉得现在的学习和将来的工作只不过是换了一个地方而已。目前部分高职院校的校园内外实践教学场所职业氛围不浓,校企合作的深度不够。

5. 思想和观念相对落后

高职实践教学思想和观念还相对落后,对于实践教学管理思想观念的转变也非常滞后。一方面,高职院校受传统办学模式的影响,存在对实践教学在高职教育中的意义缺乏足够的认识,总是跳不出传统的以学科为中心的教学模式的框架,对于实践教学管理更是没有摆到应有的位置,严重影响了高职院校人才培养的质量。另一方面,高职院校的管理方式仍受普通本科院校组织结构的影响。高等职业教育与普通本科教育相比,其培养目标的职业性、教学过程的实践性,特别是教学资源需求的开放性决定了高职院校不能简单地移植普通本科院校的组织结构。高等职业院校必须面对企业、市场进行广泛服务,才能提高竞争能力。因此,必须根据高职院校培养目标和教学特点,构建符合实践性和开放性需要的实践教学管理机构。

三、高等职业教育实践教学模式改革办法

高等职业教育人才培养的目标定位是以服务发展为宗旨,以促进就业为导向,培养数以亿计的高素质劳动者和技术技能人才。高等职业院校应紧紧围绕这一目标,结合学院发展现状和办学特色,遵循职业教育的教学规律,加强实践教学,努力提高学生的实践动手能力和创新意识。加强对学生实践能力的培养有助于学生更好地适应当地社会经济发展对人才的要求,既有助于提高学生的创新创业能力,也有助于提高职业院校的人才培养质量,能够更好地为地方产业转型升级服务,符合时代发展的要求。下面针对高等职业

教育实践教学存在的共性问题，谈谈对实践教学模式改革的思考和探索。

（一）树立可持续发展的高职教育教学理念

实践教学是我国高职教育实施的核心和关键，是实现高职教育人才培养的重要途径。随着社会主义市场经济的发展及产业升级转型等对人才需求的变化，高职教育在整个高等教育体系中发挥的作用越来越大。当前正值国家大力推进高等职业教育发展的大好时期，高等职业院校应该紧紧跟随高职教育的发展形势，不仅要更新观念、提高认识，更要解放思想、积极冲破传统的教学模式，在教学体系的建立中将实践教学的地位和理论教学摆在同一个高度。在高职教育的整个过程中不断转变教育思想观念，从而保持教育管理思想的先进性、科学性，坚持与时俱进，不断创新改革高等职业教育模式。树立可持续发展的高职教育管理观念，持续提升职业院校人才培养质量，为实现国家经济社会发展转型提供有力的技术技能人才支撑。

（二）组建职责明晰的实践教学管理机构

实践教学管理机构的顺畅运行是高职实践教学模式改革的基础保障，这就要求实践教学管理机构应该具备职责明确和结构清晰的基本特征。根据高等职业院校开展实践教学的特点，应该建立以学校统筹、院系组织和实训中心实施的三级组织管理机构，实现实践教学分级管理、明晰职责、重心下移的教学运作管理体系。在学校统筹层面，以教务处下设实践教学科负责组织全校实践教学计划的制订，统筹校内外各院系实践教学资源的优化配置，制定校内外实训教学管理原则，督查各院系实训教学计划的落实情况及质量监控与考评等；在院系组织层面，各院系主任亲自主抓实践教学的整体规划和管理，结合各院系实际情况合理调配师资人员和教学设备，加强实践教学环节的组织，根据教务处提出的实践环节教学标准，创造性地开展实践教学模式改革，提高实践课程的开出率和实训资源的利用率；在实训中心实施层面，各实训中心是最基层的实践教学单位，具体实施实践教学模式改革的各项要求。实训中心主任直接管理和监督实践指导教师的教学工作，组织同行进行听课和检查，对实践教学的教学状况进行质量评价，促进实践指导教师教学水平的提高，从而形成以教务处负责从整体上统筹管理、院系负责组织协调、实训中心负责执行的科学、规范、"责权利"相统一的管理模式。

（三）建立完整的实践教学内容体系

构建一套完整有效的实践教学内容体系是全面提高实践教学质量的基础保障，也是探索实践教学模式改革的一项基本措施。构建实践教学内容体系要紧紧围绕各专业人才培养目标和结合职业技能鉴定标准，制订各专业人才培养方案，既要遵循学生认知发展的基本规律，又要体现各专业实践技能的构成及要求，平均各专业实践教学比例应该占到总教学计划的60%以上。根据制订的人才培养方案，要求实践指导教师编写实践教学大纲，对每个实践教学环节、项目化的教学目标、要求和教学形式等进行规范化。在开展实践教学工作中根据教学效果不断对实践教学大纲进行更新调整，充分利用先进的信息化教学手段，增加最新的技能操作知识，建立完整的实践教学内容体系，促进高职教育人才培养质量的提高。

（四）建立科学的实践教学评价标准

实践教学评价体系可以对实践教学过程、实践教学组织、实践教学质量、实践教学效果实行全面评价。出台一系列规章制度和管理细则，包括实验室工作质量考核条例、实验课程质量评价体系和教学质量监控制度、教学优秀奖励制度和教学改革管理办法等。鼓励学生对教师进行评价，通过实行领导和督导考评、同行互评、学生考评的全方位实践教学质量评价办法，反馈实践教学质量，保证实践教学管理的有序性和有效性，对实践教学工作进行有效调控。

高等职业教育实践教学模式的改革是一项系统而又复杂的工程，高职教育与其他类型、层次的教育相比更要强调实践性，这既是高职教育的教学特点所在，也是培养技术技能型人才的基本保证。只有把实践教学管理放在首位，才能充分发挥实践教学在提升学生能力素质方面的作用。尽管在实践教学模式改革的各环节中已经摸索出大量成功经验，但由于高职实践教学模式改革复杂而多变，高职实践教学模式改革的其他理论与实践问题还有待进一步研究和探讨。

第四节　高等职业院校育人管理模式

随着社会经济的不断建设与发展，当今社会对大学生的专业素养及思想政治水平的要求也在不断提高，很多缺乏社会实践渠道的大学生在毕业后就面临着失业的风险。作为人才培养基地的高等职业学校也随之迎来了巨大的挑战，为了让大学生更好地适应新的社会环境，高等职业学校必须积极根据当前社会对大学生的需求来确定合适的育人模式。一个合适的、科学的育人模式对于人才质量的培养及教学效果的保障，有着至关重要的意义。

如何创新地全方位地提升大学生的职业精神及技术技能水平，创新育人模式；同时为了更好地实现中华民族的伟大复兴，如何奠定雄厚的人才基础，便成了高等职业院校面临的重大课题。

一、高等职业院校普遍的育人模式

（一）工学结合模式

（1）工学结合是一种专门增强大学生综合素质、实践技能及提高就业竞争能力的育人模式，其重点在于将学校课堂、企业用人单位、实训试验基地中各自对人才培养的优势进行结合，达到最大化的人才培养效果，以充分地将学生在学校课堂上学到的各类知识运用到企业实习及实训中，并在企业实习与实训中获得新的知识，从而达到提升学生全方面能力的效果，使学生成长为一名高技术、高素质、经验丰富的劳动者。

（2）工学结合育人模式与传统教学模式相比，它是以学生为行动主体，以学校和企业用人单位为教育主体，有着工作学习齐头并进、明确目标导向、顶岗实习、生产与学习融为一体等特点；侧重实践，以明确任务为行动方向，以实践实训为主要教学形式，以加强学生主观能动性为主要目的，是一种强调把教育、学习、行动融为一体的育人方式。

（3）工学结合的育人方式虽然效果好，但对于学校的要求也很高。如今，许多高等职业院校在教学实践环节，多以书面上的例子来进行验证及模拟，这种模式极度缺乏真实性，学生难以产生学习兴趣，对学习的积极性和主动性不够强烈；加上部分任课教师都是毕业后直接上岗的，本身就缺少实践经验，难以起到有效的实践分享效果；工学结合对企业用人单位的需求也很高，需要高校与企业用人单位紧密结合，没有大量的企业用人单位资源，工学结合模式便难以开展。因此，工学结合模式虽好，但相对应的要求也高，难以进行普及。

（二）订单式育人模式

（1）订单式育人模式是一种以企业用人单位为主体，学校根据企业用人单位的需求来组织培养相应人才，实现产销链接、对口培养的一种模式。订单式人才培养是一种十分复杂的模式，因为企业用人单位的多样性，导致该种模式变动性极大、涉及因素多，其根本在于高等职业院校与企业用人单位共同培养人才，根据市场需求和学生自身专业能力，以高等职业院校为桥梁构成的联系来服务经济建设。

（2）订单式育人模式与传统模式相比较，优势在于高就业率，因企业用人单位全程参与人才培养，所以也具有很强的针对性，高等职业院校与企业用人单位同时选拔学生，结合双方有效资源来进行人才培养、评价考核，最后录选合格人才到企业用人单位就业。这种有针对性的培养模式，其人才培养的方向、目标及规格一般由校企双方共同商定。

（3）订单式育人模式也有着很大的局限性。首先，高等职业院校必须有与时俱进的办学理念，根据市场需求能准确地对学生开展针对性的培养。其次，对于地方企业用人单位的支持需求也很高，高等职业院校对地方企业用人单位的认知程度必须全面；同时还要全面地了解当地经济与产业结构，这样才能将人才灵活调度。最后，因企业用人单位市场的多样性，订单式育人模式的教育也要多样地进行开展，所以对实行订单式育人模式的高等职业院校，其基础条件要求比较高，因此，订单式育人模式很难推广运用。

(三)三位一体育人模式

(1)三位一体育人模式就是将人才培养规格融合知识、能力、素质三位为一体,人才培养内容融合通识能力、专业基础能力、专业发展能力三位为一体,人才培养途径融合课堂教学、实验实训、校园文化活动三个培养平台为一体。

高等职业院校实行三位一体模式以党和国家的教育方针为核心,带领学生面向社会、市场及就业,根据当前社会主义市场经济背景下的教育思想、经济发展、价值观念、社会进步的实际需求来培养学生。

该模式以学校对学生的知识教导为主导,以企业实习教育为载体、以从事社会实践活动为辅助,将学校、企业和社会三个学习场所进行结合,彼此交融,将学习资源最大化地利用起来。通过学校开展理论教学、在企业中进行实践教学、从社会活动中获得评价从而知悉自身水平,培养出有道德、有理想、有文化、有纪律、实践能力强的全能型高技能专业人才。

(2)三位一体育人模式与传统模式相比,在理念上更贴近党和国家的教育方针,是一种坚持以高职教育为社会主义现代化建设做贡献,将人才投入人民群众中去为人民服务,将社会实践与发展相结合,从而全面提高大学生各项素质的育人模式。

该模式将学校、企业、社会三个办学主体合一,坚持以开放性、多样性为育人原则;同时在育人机制上,体现了符合我国高等教育21世纪以提高就业率为导向、以服务人民群众为宗旨、以提高大学生自身能力为旨要的基本规律,是现今最理想的高等职业院校育人模式。

二、高等职业院校普遍育人模式的特点

(一)普遍特点

(1)育人模式是将教学的理论知识和实践知识运用到社会生活中的一种形式,是将学生培养成理想人才的重要环节,是高等职业院校通过将教学内容传输给学生,然后以学生步入社会实践当中获得的成就为依据,总结出的一套相对稳定的运行框架,高等职业院校在根据实践进行总结后,不断地

将自身的育人模式进行更新,因此,高等职业院校育人模式拥有不断创新的特征。

(2)高等职业院校的育人模式由多方面内容组成,多项因素彼此相互促进、相互制约、相互影响,形成了一个具有综合性特质的框架。且育人模式是教学理论及社会实践相互验证后的产物,随着社会的不断发展,育人模式更新换代速度快,但目的仍然是加强人才培养,为社会发展做出更大的贡献。

因此,根据社会对人才的不同需求,分为不同的育人模式,如侧重人才素质培养理念、侧重人才专业培养理念、侧重教学制度体系、侧重实践教学等,这说明高等职业院校育人模式还具备多样性的特性。

(二)独有特点

(1)高等职业院校是我国教育事业的重要组成部分,主要肩负着为国家培养生产、服务、建设及管理等方面的专业技能人才的使命。

不同于本科院校育人模式侧重于理论知识系统教学,高等职业院校育人模式更重视与社会接轨,为社会经济输送大量第一线高技能专业人才,侧重于学生的职业素养和技能培养,其育人模式更具有鲜明的职业性特征。

(2)高等职业院校主要是以培养实用型技术型人才为主要目标,其知识主要以能用、实用的专业知识为主,这类知识更侧重于实际应用,根据实际需要,与实际相联系,与生产和社会需求相结合。因此,高等职业院校育人模式相较于本科院校而言,其特色便是实践性和应用性。

三、高等职业院校育人模式存在的问题

(1)高等职业院校的发展历史相对于本科院校而言,经历的时间短很多,因此导致理念上不太成熟,又因高等职业院校侧重于为社会培养第一线的高技术人才,因此更执着于短期内培养实用能力强的人才,更关注学生的就业率,对于学生的心理健康及人文精神培养方面力度显然不够。

(2)忽略心理健康及人文精神培养,便等于失去了教育本身的真正内涵,加上高等职业院校与本科院校的教学一样以教师、课堂为中心点,以班级为基础,以学科为根本,因此,很难凸显高等职业院校应有的职业性和实践性

的特色。

（3）高等职业院校的目的虽然是为了培养学生掌握某一种专业知识、能力，拥有一技之长，但是对于教育的本质也应该加强关注。除了凸显高等职业院校的职业性与实践性外，对于人文精神的关注也不能落下，否则仅仅是培养专业服务机器人的机构，而不是一个有灵魂的高等职业院校。

（4）教师队伍的建设有待加强，在高等职业院校中，教师队伍的整体素质明显低于本科院校，主要体现在学历及动手能力上，大多数教师的实践工作时间偏少，特别是青年教师更缺乏专业的实践经验和必要的专业技能。有经验、有技能的骨干教师和有专业教学能力的教师人数不足以支撑整个高等职业院校，因此师资力量是高等职业院校必须重视的一环。

（5）高等职业院校的学生对于就业的观念不够科学，大部分学生不能明确地认识到自己所学专业与就业岗位之间的关系，不能明确自己就业岗位的主旨在于提高社会生产力，为人民、为社会服务，不能明确地了解自身对于社会发展的重要性。

再加上青少年的攀比心，导致高等职业院校培养出来的学生，多数将理想的就业岗位定位于科研、高薪资、轻松的工作环境等，对工作期待过高，对岗位要求讲待遇、讲条件，不能准确地意识到社会对高等技术人才的迫切需求，这就导致了社会上大量的技术岗位空缺，而大量技术类的学生因没有找到心仪的工作而失业，因此做好学生就业的思想工作也是高等职业院校必须注重的一环。

高等职业院校育人模式，是经过多年教学理论与社会实践相结合的产物，重点在于对学生进行专业性能、社会实践经验的培养，根据不同的社会经济发展需求，育人模式永远是高等职业院校重要的课题。在保障高等职业院校育人主体的前提下，对于学生的人文教育、心理健康建设也不能放松，为社会运输人才是根本，培养全面型人才是基石。

第七章 高等职业教育实践教学管理的组织结构

第一节 实践教学管理中的组织

管理人员一旦确定了组织的基本目标和方向，并制订了明确的实施计划和步骤之后，就必须通过组织职能为决策和计划的有效实施创造条件。组织职能是保证决策目标和计划有效落实的一种管理功能。

一、组织概述

组织是由人组成的，又是由人来管理的。几乎每个人都是组织的成员，在其中工作、学习和生活。同时我们和许多组织有利益关系，我们赖以生存的资源要由组织来提供，我们是各类组织所提供商品和服务的消费者及顾客，我们服务社会的愿望也要通过加入一定的组织来实现。此外，还有一些人是组织的管理者，想方设法提高组织的效率。因此，组织与人息息相关。所以，组织在人的生活、工作和社会发展中有重要的地位，组织的有效运作离不开对组织行为及其规律的研究。

（一）组织的含义

通常情况下，"组织"一词有两种解释。作为名词的（或静态的）组织是指人的集合体；作为动词的（或动态的）组织是指管理的一项重要职能。在管理学中，既要研究静态的组织，也要研究动态的组织。因为每项管理活动都是存在于一个组织范围内的,并且都需要运用组织这一基本职能。这里主要讨论组织的一般问题。组织的希腊文原义是指和谐、协调。目前,组织一词使用得比较广泛,一般主要从两个角度理解其含义。

1. 组织的一般含义

组织是为了达到某些特定目标,在分工合作基础上构成的人的集合体。组织作为人的集合体,不是简单的毫无关联的个人的加总,它是人们为了实现一定目的,有意识地协同劳动而产生的群体。可以发现我们周围被称之为组织的群体,如某企业、某协会、某政府部门。这些组织从事的活动各不相同,但它们都有目的、有计划、有步骤地对个体行为进行协调,形成集体的行为。

理解组织的含义,我们一定要抓住以下四点。

(1) 组织是一个人为的系统

这里所谓的"人为"的系统,是指这一系统是由人建立的,以人为主体的具有特定功能的整体。由于是人为的系统,因此系统的功能差异较大,相同要素组成的系统可能因结构的不同而直接影响系统的功能。

(2) 组织必须有特定目标

目标是组织存在的前提,不管目标是明确的,还是模糊的,组织都是为这一特定目标而存在的。组织目标反映了组织的性质及其存在的价值。

(3) 组织必须有分工与协作

组织的本质在于协作,正是由于人们聚集在一起,协同完成某项活动才产生了组织。企业生产各环节建立在分工基础上的密切合作,是把原材料变成成品的前提。组织功能的产生是人类协作劳动的结果。

(4) 组织必须有不同层次的权利与责任制度

权责关系的统一,使组织内部形成反映组织自身内部有机联系的不同管理层次。这种联系是在分工协作基础上形成的,是实现合理分工协作的保障,也是实现组织目标的保障。组织规模越大,权责关系的处理越重要。

2. 组织管理学的含义

在管理学中,组织被看作是反映一些职位和一些个人之间的关系的网络式结构。从以上定义中我们可以看出,在管理学中,组织的含义可以从静态与动态两个方面来理解。

（1）静态方面

静态方面是指组织结构，即反映人、职位、任务以及它们之间的特定关系的网络。这一网络可以把分工的范围、程度、相互之间的协调配合关系、各自的任务和职责等用部门和层次的方式确定下来，成为组织的框架体系。

（2）动态方面

动态方面是指维持与变革组织结构，以完成组织目标的过程。组织必须根据组织的目标，建立组织结构，并不断地调整组织结构以适应环境的变化。正是从组织的动态方面理解，组织被作为管理的一种基本职能。通过组织机构的建立与变革，将运营活动的各个要素、各个环节，从时间上、空间上科学地组织起来，使每个成员都能接受领导、协调行动，从而产生新的、大于个人和小于集体功能简单加总的整体职能。

（二）组织的构成要素

组织作为一个系统，一般具有以下五个要素。

1. 人员

人既是组织中的管理者，又是组织中的被管理者，建立良好的人际关系，是建立组织系统的基本条件和要求。

2. 岗位职务

明确每个人在系统中所处的位置以及相应的职务，便可形成一定的职务结构。

3. 职责与权力

不同职务的人须承担不同的责任和行使不同的权力，以达到指挥、控制和协调的目的。

4. 信息

管理组织内部与外部的联系，主要是信息联系。只有信息、沟通，才能保证组织的有效运转。

5. 目标

目标是构成组织不可缺少的要素，任何组织都是为了实现特定的目标，否则就不称其为组织。

(三)组织的作用

1. 组织是帮助人类社会超越自身个体发展能力的重要支撑

组织存在的基础是生产的社会化。随着社会需求的日益复杂化、多样化,单纯依靠个人的力量无法满足这些需求,因此人们组成各类组织,在组织中统筹安排各种资源,以尽可能少的资源消耗取得最大的收益。当然,由于组织是人的集体,因此其作用大小差异较大。当组织高效有序运转时应维护其稳定性,当组织运转效率较低时应及时完善,加强领导与协调,使之更加富有成效地实现组织目标。但无论如何,组织的存在与发展显示了其在人类发展中的重要作用。

2. 组织是实现管理目标的重要保证

组织的作用是由运转过程实现的。要创建一个有效的组织,只是集合一些人,分给他们职务是不够的。应该找到必要的人并把他们放在最能发挥作用的位置上。作为管理的基本职能,组织在组织管理中具有重要作用。

3. 组织是连接组织领导与员工、组织与环境的桥梁

组织实现有效领导的前提,是领导与员工的信息交流、情感交流。信息交流可使每个员工明确个人的权利与责任。借助于组织内部在合理分工基础上形成的权责分配关系,使组织成员有一个正式的信息联系渠道,可以了解运营中出现的问题,及时进行信息传递,保证问题的解决及时有效,避免产生矛盾与误解。

二、组织结构的类型

高校的组织结构是指高等院校内部各种要素的一种特定组合,是高等院校内部各要素的一种有序搭配。从管理学来说,常见的组织结构类型有直线型组织结构、职能型组织结构、直线职能型组织结构、事业部型组织结构和矩阵型组织结构。

(一)直线型组织结构

直线型组织结构是最古老的组织结构形式,也是最简单和最基础的组织

形式。所谓的"直线"是指在这种组织结构下,职权直接从高层开始向下"流动"(传递、分解),经过若干个管理层次达到组织最低层,如图7-1所示。

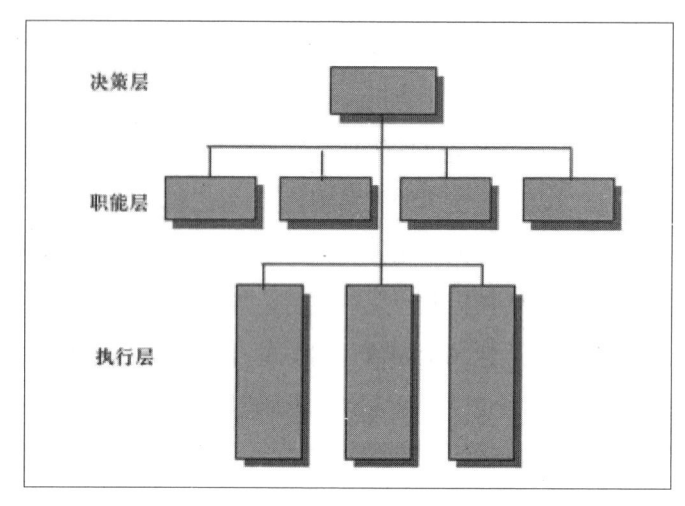

图 7-1 直线型组织结构

1. 直线型组织结构的特点

(1)组织中每一位主管人员对其直接下属拥有直接职权。

(2)组织中的每一个人只对他的直接上级负责或报告工作。

(3)主管人员在其管辖范围内,拥有绝对职权或完全职权。即主管人员对所管辖的部门的所有业务活动行使决策权、指挥权和监督权。

2. 直线型组织结构的优势

一个下级只受一个上级领导管理,上下级关系简明清晰,层级制度严格明确,保密程度好,决策与执行工作有较高效率;管理沟通的信息来源与基本流向固定,管理沟通的渠道也简单固定,管理沟通的速度和准确性在客观上有一定保证。

3. 直线型组织结构的缺陷

管理无专业分工,各级管理者必须是全能管理者,各级管理者负担重,企业较大时,难以有效领导与管理;管理沟通的信息来源与基本流向被管理者死死控制,并且管理沟通的速度和质量严重依赖于直线中间的各个点,信息容易被截取或增删,造成管理沟通不顺畅或失误。

4. 直线型组织结构的适用范围

这种组织结构适用于企业规模不大、职工人数不多、生产和管理工作都比较简单的情况或现场作业管理，也适用于中小型项目。

（二）职能型组织结构

职能型组织结构是指各级行政单位除主管负责人外，还相应地设立一些职能机构。如在厂长下面设立职能机构和人员，协助厂长从事职能管理工作。

1. 职能型组织结构的特点

这种结构要求行政主管把相应的管理职责和权力交给相关的职能机构，各职能机构就有权在自己业务范围内向下级行政单位发号施令。因此，下级行政负责人除了接受上级行政主管人员指挥外，还必须接受上级各职能机构的领导。

2. 职能型组织结构的优势

该结构能适应现代化工业企业生产技术比较复杂、管理工作比较精细的工作；能充分发挥职能机构的专业管理作用，减轻直线领导人员的工作负担。

3. 职能型组织结构的缺陷

它妨碍了必要的集中领导和统一指挥，形成了多头领导，不利于建立和健全各级行政负责人和职能科室的责任制，在中间管理层往往会出现"有功大家抢，有过大家推"的现象；另外，在上级行政领导和职能机构的指导和命令发生矛盾时，下级就无所适从，影响工作的正常进行，容易造成纪律松弛、生产管理秩序混乱。

4. 职能型组织结构的适用范围

由于这种组织结构形式的明显缺陷，现代企业一般都不采用职能型。

（三）直线职能型组织结构

直线职能型组织结构是现代工业中常见的一种结构形式，被称为"U形组织"或"单一职能型结构""单元结构"。

1. 直线职能型组织结构的特点

以直线为基础，在各级行政主管之下设置相应的职能部门从事专业管理，并作为该级行政主管的参谋，实现主管统一指挥与职能部门参谋指导相结合。

在这种结构下，下级机构既受上级部门的管理，又受同级职能管理部门的业务指导和监督。各级行政领导人逐级负责，高度集权。这是一种按管理职能划分部门，并由最高经营者直接指挥的体制。

2. 直线职能型组织结构的优势

它既保持了直线型结构集中统一指挥的优点，又吸收了职能型结构分工细密、注重专业化管理的长处，从而有助于提高管理工作的效率。

3. 直线职能型组织结构的缺陷

（1）它属于典型的集权式结构，权力集中于最高管理层，下级缺乏必要的自主权。

（2）各职能部门之间的横向联系较差，容易产生脱节和矛盾。

（3）这种组织结构建立在高度的"职权分裂"的基础上，各职能部门与直线部门之间如果目标不统一，则容易产生矛盾。特别是对于需要多部门合作的事项，往往难以确定责任的归属。

（4）信息传递路线较长，反馈较慢，难以适应环境的迅速变化。

4. 直线职能型组织结构的适用范围

直线职能型结构适用于产品单一、销量大、决策信息较少的企业，大中型企业组织较普遍采用。

（四）事业部型组织结构

事业部型组织结构，亦称"M"形结构或多部门结构，有时也称为产品部式结构或战略经营单位。

1. 事业部型结构的特征

事业部型是分级管理、分级核算、自负盈亏的一种形式，即一个组织按地区或按产品类别分成若干个事业部。从产品的设计、原料采购，一直到产品销售，均由事业部及所属工厂负责，实行单独核算、独立经营，公司总部只保留人事决策、预算控制和监督大权，并通过利润等指标对事业部进行控制。

2. 事业部型的优点

（1）总公司领导可以摆脱日常事务，集中精力考虑全局问题。

（2）事业部型实行自主经营、独立核算，更能发挥经营管理的积极性，更有利于组织专业化生产和实现组织的内部协作。

（3）各事业部之间有比较、有竞争，有利于组织的发展。

（4）事业部内部的供、产、销等职能之间容易协调。

（5）事业部经理要从事业部整体来考虑问题，有利于培养和训练全能型管理人才。

3. 事业部型的缺点

（1）总部与事业部的职能机构重叠，构成管理人员浪费。

（2）事业部实行独立核算，各事业部只考虑自身的利益，影响事业部之间的协作。

（3）由于科研资源的分散使用使得深层次研究活动难以开展。

4. 事业部型的适用范围

事业部型适用于规模庞大、产品品种繁多、技术复杂的大型组织，当总部的无形资产有巨大吸引力、管理能力很强，同时分公司又有独立的市场和独立的利益时适宜选择事业部型。

（五）矩阵型组织结构

矩阵型组织结构是把按职能划分的部门和按产品（项目）划分的小组结合起来组成一个矩阵，员工既同原职能部门保持组织与业务上的联系，又参加项目小组的工作。

1. 矩阵型组织结构的特点

矩阵型组织的特点表现在围绕某项专门任务成立跨职能部门的专门机构。这种组织结构形式是固定的，人员却是变动的。

2. 矩阵型组织结构的优点

（1）将组织的横向与纵向关系相结合，有利于协作生产和适应环境变化的需要。

（2）针对特定的任务进行人员配置有利于发挥个体优势，集众家之长，提高项目完成的质量，提高劳动生产率。

（3）各部门人员的不定期的组合有利于信息交流，增加互相学习的机会，提高专业管理水平。

3.矩阵型组织结构的缺陷

（1）项目负责人的责任大于权力，没有足够的激励手段与惩治手段；员工面临双重的职权关系，容易产生无所适从和混乱感。

（2）由于项目组成人员来自各个职能部门，当任务完成以后，仍要回原单位，因而容易产生临时观念，对工作有一定影响。

（3）员工需要有良好的人际关系技能并接受高强度的训练。

（4）耗费时间，需要频繁开会以讨论冲突解决方案。

4.矩阵型组织结构的适用范围

（1）拥有中等规模和中等数量产品线的组织适宜采用矩阵结构。

（2）当环境的不确定性和部门之间存在高度依存关系时，适宜采用矩阵结构。

三、实践教学管理中组织的主要任务

在我国高职的实践教学管理过程中，组织的职能就是将与实践教学活动有关的各种要素、各部门、各环节都有机地组合起来，使之形成一个相互协调的有机整体，以使整个实践教学活动有序进行。其主要任务包括以下三方面。

（一）实践教学组织结构的设计

1.组织结构设计的基本原则

组织结构设计是指一个正式组织为了实现其长期或者阶段性目标，设计或变革组织的结构体系的工作。

设计组织结构应该遵循以下基本原则：

（1）有效性原则

组织结构设计要为组织目标的实现服务，力求以较少的人员、较少的层次、较少的时间达到较好的管理效果；组织结构设计的工作过程要有效率。

（2）分工与协作原则

分工与协作是相辅相成的，只有分工没有协作，分工就失去意义，而没有分工就谈不上协作。

（3）权责利对等原则

责任、权力和利益三者之间是不可分割的，必须是协调的、平衡的和统一的。在委以责任的同时，必须委以必需的权力，还必须有利益来激励。有责无权，有权无责，或者权责不对等、不匹配等，都会使组织结构不能有效运行，组织目标也难以实现。

（4）分级管理原则

每个职务都要有人负责，每个人都知道他的直接领导是谁，下级是谁。正常情况下，等级链上的下级只接受一个上级的命令；每一个上级领导不得越权指挥但可以越级检查，下级也不要越级请示但可以越级反映情况和提出建议。

（5）协调原则

一是组织内部关系的协调；二是组织任务分配的协调。

（6）弹性结构原则

具有弹性，是指一个组织的部门机构、人员的职责和职位都应适应环境的变化而做相应的变动，它要求部门机构和职位都具有弹性。

2. 实践教学管理组织结构的设计

在实践教学管理中，组织结构的设计就是按照实践教学管理要达到的目标、任务、规模及所处的教学环境确定实践教学管理的组织结构、设置管理职位、划分职权与职责，从而搭建有效的实践教学管理系统框架。

对于高职院校来说，在设计实践教学管理组织结构时，要注意以下三方面。

（1）必须以最大限度满足学生技能实训的需要为出发点。

（2）校内生产性实训基地与实践教学管理部门要做到协调合作。

（3）实践教学的组织结构设计在考虑学生实践教学需要的基础上，还要考虑到生产性实训基地具有全部企业或部分企业特点的现实，为其生产的正常运行提供条件，使其在一定程度上能够面向市场，参与市场竞争。

（二）实践教学组织系统的运行

在实践教学管理过程中，必须使各种与实践教学活动有关的要素，如实践教学相关管理者、教师、学生、设备等；各部门如实践教学管理的职能部门、各系部、专业教研室、实训基地等；各环节如实践教学人财物的准备、实践教学的实施、监督检查等环节，将其有机地组合起来，使之形成一个相互协调的有机整体，才能保证实践教学组织的正常运行。

1. 制定实践教学管理的制度规范

制定制度规范的目的在于保证实践教学管理系统中各部门相关人员的工作任务、工作范围、工作权限、工作标准要求明确，便于工作与考核。

这些制度规范，有些是针对部门的，如在主管院长领导下，教务部门负责全校实践教学的组织、管理和协调工作。其主要任务是：审查实践、实习教学方案、大纲；审查和协调全院的实习实训计划和经费预算；配合有关教学单位组织并推动实习实训前的各项准备工作；协助各教学单位开展实践基地建设，收集资料、组织经验交流；实地调查、了解实习工作状态和实践教学管理情况等。

有些是针对个人的，如各教学单位负责人负责指导、管理本单位的实践教学工作。其主要任务是：指导编制本教学单位各专业的实习实训方案、教学计划和大纲、经费预算，审定专业负责人指派的指导教师；督促、指导和帮助各专业进行实习实训的各项准备工作；检查各专业实践教学的工作质量及效果；总结本教学单位的实习工作经验并组织经验交流。

2. 制定实践教学管理的工作流程

实践教学管理的工作流程是指实现实践教学最终管理目标和工作任务的工作路径。它体现了各类工作任务间的顺序关系。这种顺序关系是由工作任务的特点和逻辑关系决定的。

如对于实践教学指导教师来说，应根据教学进程、实践教学大纲的要求，填报实践教学计划，经教研室审核批准后，报系部审批。在实践教学开始前，实践教学指导教师应向学生讲解实践教学的目的、要求、任务、时间安排、步骤、安全注意事项和实践教学纪律等内容。

如在实践教学设备、物品采购的工作中，各系部应先根据实际情况，对购置设备物品的可行性和实用性、效益性进行充分论证；然后根据论证的结果向教务处提出申请，经教务处审核后交院领导审批；在院领导审批后，由教务处及相关部门共同与经办单位签订合同，后续事宜均按合同执行。

3. 建立信息沟通渠道

建立信息沟通渠道是为了相关管理者能够及时准确地获取所需的信息，以便适时地对工作进行调整，更好地完成工作任务。在高职院校实践教学管理系统中，信息沟通的主要渠道如下。

（1）正式沟通和非正式沟通

正式沟通是指在组织系统内，依据一定的组织原则所进行的信息传递与交流。例如，组织与组织之间的公函来往，组织内部的文件传达、召开会议，上下级之间定期的情报交换等。另外，团体所组织的参观访问、技术交流、市场调查等也在此列。在实践教学管理中，正式沟通主要是指根据一定的组织原则所进行的信息传递与交流。

正式沟通的优点是，沟通效果好，比较严肃，约束力强，易于保密，可以使信息、沟通保持权威性。重要的信息和文件的传达、组织的决策等，一般都采取这种方式。其缺点是由于依靠组织系统层层的传递，所以较刻板、沟通速度慢。

非正式沟通渠道指的是正式沟通渠道以外的信息交流和传递，它不受组织监督，可以自由选择沟通渠道。例如，团体成员私下交换看法、朋友聚会、传播谣言和小道消息等都属于非正式沟通。非正式沟通是正式沟通的有机补充。在许多组织中，决策时利用的情报大部分是由非正式信息系统传递的。同正式沟通相比，非正式沟通往往能更灵活迅速地适应事态的变化，省略许多烦琐的程序；并且常常能提供大量的通过正式沟通渠道难以获得的信息，真实地反映员工的思想、态度和动机。因此，这种沟通往往能够对管理决策起重要作用。

非正式沟通的优点是沟通形式不拘，直接明了，速度很快，容易及时了解到正式沟通难以提供的"内幕新闻"。非正式沟通能够发挥作用的基础，是团体中良好的人际关系。其缺点表现在，非正式沟通难以控制，传递的信息不确切，易于失真、误解，而且，它可能导致小集团、小圈子的产生，影响人心稳定和团体的凝聚力。

此外，非正式沟通还有一种可以事先预知的模型。心理学研究表明，非正式沟通的内容和形式往往是能够事先被人知道的。

它具有以下五个特点：第一，消息越新鲜，人们谈论得就越多；第二，对人们工作有影响者，最容易招致人们谈论；第三，最为人们所熟悉者，最多为人们所谈论；第四，在工作中有关系的人，往往容易被牵扯到同一传闻中去；第五，在工作上接触多的人，最可能被牵扯到同一传闻中去。对于非正式沟通这些规律，管理者应该予以充分注意，以杜绝起消极作用的"小道消息"，利用非正式沟通为组织目标服务。

现代管理理论提出了一个新概念，成为"高度的非正式沟通"。它指的是利用各种场合，通过各种方式，排除各种干扰，来保持他们之间经常不断的信息交流，从而在一个团体、一个企业中形成一个巨大的、不拘形式的、开放的信息沟通系统。实践证明，高度的非正式沟通可以节省很多时间，避免正式场合的拘束感和谨慎感，使许多长年累月难以解决的问题在轻松的气氛下得到解决，减少了团体内人际关系的摩擦。

（2）向上沟通渠道

向上沟通渠道主要是指团体成员和基层管理人员通过一定的渠道与管理决策层所进行的信息交流。它有两种表达形式：一是层层传递，即依据一定的组织原则和组织程序逐级向上反映。二是越级反映。这指的是减少中间层次，让决策者和团体成员直接对话。在实践教学管理中，主要是指基层管理人员与师生通过一定的渠道与上级管理者及管理决策层如院长所进行的信息交流。

向上沟通的优点是：员工可以直接把自己的意见向领导反映，获得一定程度的心理满足；管理者也可以利用这种方式了解企业的经营状况，与下属形成良好的关系，提高管理水平。

向下沟通的缺点是：在沟通过程中，下属因级别不同造成心理距离，形成一些心理障碍，害怕"穿小鞋"，受打击报复，不愿反映意见。同时，向上沟通常常效率不佳。有时，由于特殊的心理因素，经过层层过滤，导致信息曲解，出现适得其反的结局。

就比较而言，向下沟通比较容易，居高临下，甚至可以利用广播、电视等通信设施；向上沟通则困难一些，它要求基层领导深入实际，及时反映情况，作细致的工作。一般来说，传统的管理方式偏重于向下沟通，管理风格趋于专制；而现代管理方式则是向下沟通与向上沟通并用，强调信息反馈，增加员工参与管理的机会。

（3）向下沟通渠道

管理者通过向下沟通的方式传送各种指令及政策给组织的下层，其中的信息一般包括：①有关工作的指示；②工作内容的描述；③员工应该遵循的政策、程序、规章等；④有关员工绩效的反馈；⑤希望员工自愿参加的各种活动。在实践教学管理中，向下沟通渠道主要是指通过各种方式传送各种指令及政策等信息给基层管理人员和广大师生。

向下沟通渠道的优点是，它可以使下级主管部门和团体成员及时了解组织的目标和领导意图，增加员工对所在团体的向心力与归属感。它也可以协调组织内部各个层次的活动，加强组织原则和纪律性，使组织机器正常地运转下去。向下沟通渠道的缺点是，如果这种渠道使用过多，会在下属中造成高高在上、独断专横的印象，使下属产生心理抵触情绪，影响团体的士气。此外，由于来自最高决策层的信息需要经过层层传递，容易被耽误、搁置，有可能出现事后信息曲解、失真的情况。

（4）水平沟通渠道

水平沟通渠道指的是在组织系统中层次相当的个人及团体之间所进行的信息传递和交流。在事业管理中，水平沟通又可具体地划分为四种类型。一是事业决策阶层与工会系统之间的信息沟通；二是高层管理人员之间的信息沟通；三是企业内各部门之间的信息沟通与中层管理人员之间的信息沟通；四是一般员工在工作和思想上的信息沟通。横向沟通既可以采取正式沟通的形式，也可以采取非正式沟通的形式。通常以后一种方式居多，尤其是在正式的或事先拟定的信息沟通计划难以实现时，非正式沟通往往是一种极为有效的补救方式。在实践教学管理中，主要是指层次相当的人员或部门所进行的信息交流。

横向沟通具有很多优点：第一，它可以使办事程序、手续简化，节省时间，提高工作效率；第二，它可以使企业各个部门之间相互了解，有助于培养整体观念和合作精神，克服本位主义倾向；第三，它可以增加职工之间的互谅互让，培养员工之间的友谊，满足职工的社会需要，使职工提高工作兴趣，改善工作态度。

其缺点表现在，横向沟通头绪过多，信息量大，易于造成混乱；此外，横向沟通尤其是个体之间的沟通也可能成为职工发牢骚、传播小道消息的一条途径，造成涣散团体士气的消极影响。

（三）实践教学组织系统的调整

任何一个组织系统都不会是一成不变的。同样，实践教学组织系统也会随着人员构成、高职的专业结构、规模等系统内因素或者因国家政策、院校管理体制等系统外因素变化而变化。为了适应这种变化，就要对实践教学的组织从结构到职责、权限等做出调整。实践教学组织人员也要不间断地对实践教学进行巡视督察，注重收集学生的反馈意见，发现不良问题，及时调整解决。

第二节 高职院校实践教学管理的组织结构

一、一般高等院校教学管理的组织结构

一般高等院校的组织结构是大学组织内部结构要素在外部诸要素的作用下组成的具有一定关系的形式。大学组织结构的优劣、合理与否直接影响到大学功能的发挥和大学战略目标的实现。大学的组织结构一般分为管理组织

结构和学科组织结构。管理组织结构是指高校党政管理部门及群团组织，管理组织结构为学科组织结构提供服务、咨询、协调，大学组织结构的变动主要包括组织结构调整、增减，职能的转变及组织结构间的职责、权限、隶属关系的重新划分与界定。学科组织结构指高校按学科设置的学术管理机构。这里主要从发展变化的角度研究高校教学管理的组织结构。

（一）高校传统教学管理组织结构

1952年以后，我国模仿苏联在高校实行了"校系两级"的管理模式，也就是我国高校的传统教学管理组织结构。它具有以下特征：

（1）以"校系两级管理"为特征的机构设置模式。教学管理机构一般只包括校、系两级。

（2）以"重心偏上的集中管理"为特征的责权配置模式。作为学校第一责任人的校长，其教学工作的决策权限沿着水平方向和垂直方向两个维度进行分配。水平方向维度的最高决策权力组织是校务委员会，决策支持组织是校教学工作委员会等专门委员会，通过职能部门的作用，统一调动学校各种资源为教学服务，统一管理教学工作进程及信息反馈，实现各项教学管理目标。校级控制着绝大部分的决策权。垂直方向维度的战略执行和战术决策的权力组织主要有教务处和各教学系。教务处代表学校具体履行教学管理职能。系被赋予的责权多数是教学实施过程中的执行权，在学校统一管理下，系级决策的自由度较小。

（3）以"直线职能型管理"为特征的行政执行模式。这是指以"校—系"直线行政领导关系为基础，与教务处业务指导相结合的行政执行模式。

（4）传统教学管理组织模式改革的动因。传统的教学管理组织模式是在当时高校规模不大、倡导学科分化、倡导培养专才、崇尚服从与统一的历史背景下产生的。但随着高等教育进入大众化阶段，传统模式已经不能适应管理的需要：①不能适应学科专业交叉、融合的需要。②不能适应宽口径、复合型人才培养的需要。在二级学科门类平台上建"系"的局限性及"系"与"系"之间的行政管理权的相对独立性，使其在大学科平台上进行人才培养模式改革、教学内容与课程体系改革会遇到制度模式而引发障碍。③不能适应高等教育大众化发展的需要。随着高校办学规模的扩大和学科专业的增加,在二级学科门类下建制的"系"的数量也必然会随之增加。在传统教学管理组织模式中,以"系"为一级的权力机构(中层),可在一定的职权范围内独立行使资源使用和调配权力,"系"的增加会导致校内紧缺资源的竞争更加激烈,组织内部的利益壁垒更加强化,既不利于学校人力资源、设备资源的共享,也不利于学科之间的互补与合作。④不能适应管理重心下移的需要。"系"的数量的增加,直接导致学校职能部门的管理幅度有形增加,为协调平衡职能部门管理权限无形增加,带动管理重心不断上移,超出其应承担的职责范围和能承受的能力范围。一方面职能部门责任分担过重,行政管理难免顾此失彼,学术管理难免越俎代庖;另一方面"系"级决策权限不断被侵蚀,挫伤了"系"主动承担管理责任的积极性,难以发挥其在教学科研中的主体作用。

(二)经过变革的教学管理组织结构

进入 21 世纪,为了应对发展的需要,许多高校不断进行教学管理组织结构变革,其大致有以下两种模式:

1. "校—院—教研室"模式

一些大学把若干个"系"合并组成"院",以此来减少中间的教学部门的数量,促进学科的交叉与融合。"院"持有学校赋予的教学管理行政权,既是管理实体,也是教学科研实体,教研室没有教学行政管理职能和人财物的实际权力。这种模式实际是对传统的教学管理组织模式的局部改良,机构设置特点仍是"两级管理制",责权配置特点是"重心部分下移的集中管理",行政执行仍为"直线职能型管理"模式,是"校—系"模式的简单放大。其中"校"级层面的决策更多地下移到"院",而原多个"系"级层面权限也集中上移到"院","院"的管理幅度迅速变大,既要组织完成教学科研任务,也要承担起类似校级职能部门所承担的管理协调职责。

2. "校—院—系"模式

这种模式较之"校—院—教研室"模式,从形式上看似乎只是第三级组织的名称不同而已,其实从教学管理组织模式角度考察,已经发生了较大变化。第一,其机构设置模式特征为"校—院—系"三级管理,校、院是管理实体,系是教学科研实体,虽不承担教学行政管理职能,但已经分担了部分学术行政管理职责。"院"级除了教学行政日常管理外,在学术管理方面只负责本"院"如学科规划与建设、专业布局与调整、长期发展规划等重大问题的决策,学科建设、课程建设、师资建设、实验室建设、教材建设等学术管理具体由"系"负责。在这个模式中教研室仍是教学科研的最基层单位,没有实际的教学及学术行政管理权。第二,其责权配置模式特征为"重心下移的分权管理"。由于"系"的设置适当分散了"院"的管理权限,学术管理权趋向于回归从事于学科专业建设的学者专家主体,不仅能够较好地调动教师的积极性与创造性,更有利于学校愿意把更多的管理权限下移给"院",促进管理重心不断下移的良性循环。第三,其行政执行模式特征虽然仍为"直线职能型",但教学管理的重心继续下移,并在"院"分流,教学行政管理权集中在"院"级,学术行政管理分权于"院""系"之间,"院"在教务处业务指导下进行自我管理,教务处不直接指导"系"。

(三)目前高校教学管理的组织结构

虽然经过变革的教学管理组织结构具有不少积极作用,但仍存在一些缺陷。因此,人们又探索出了目前高校使用最多的矩阵式组织结构,如图7-2所示。

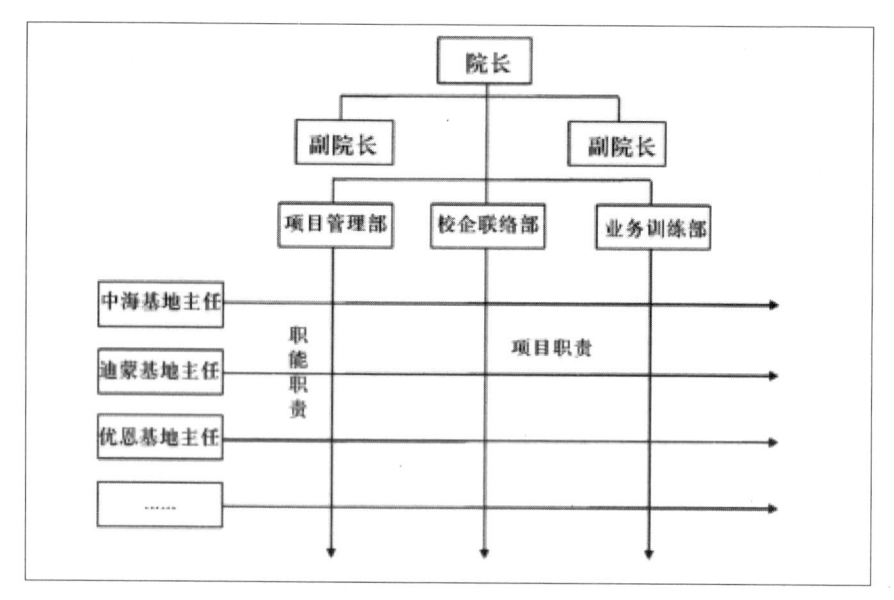

图 7-2　某院校实践教学管理矩阵式组织结构

矩阵式组织结构是在直线型组织结构的基础上，又增加了一种横向的管理链。

纵横两条管理链如同矩阵的两类向量，交错形成矩形的组织结构。该结构具有灵活、高效、便于资源共享和组织内部沟通等优势，有利于加强各职能部门间的联系和协作，使得组织更加扁平化、柔性化，应变能力更强，非常适合项目攻关。

高校矩阵式组织结构是将学院与项目有机结合的一种组织方式，兼顾了学科导向和项目导向。矩阵的纵向为学科导向，即以目前的学院建制为主，保留原有的学科专业、职能部门的指导线，由院系领导、学科带头人负责，保证本学科的深入发展以及教学工作的正常运行。

矩阵的横向，以项目为导向，以解决实际问题为目的，根据产学研协同创新的要求承接各类课题项目。项目负责人可以打破原有院系的壁垒，将来自不同学科、院系的研究人员组织在一起，形成科研创新团队，充分整合高校的科研资源，实现知识共享。

项目组的成员同时接受来自本学院与项目负责人两方面的领导，既要完成所在学院分配的教学、科研工作，又要完成项目负责人安排的研究任务。

二、高职院校实践教学管理的组织结构

高职院校实践教学由校内实践和校外实践两部分构成。因此，其实践教学管理机构可分为校内实践教学管理机构和校外实践教学管理机构。不同的管理机构分管的工作任务不同，但其目的相同，都是保证人才培养工作的顺利开展。实践教学管理组织结构如图7-3所示。

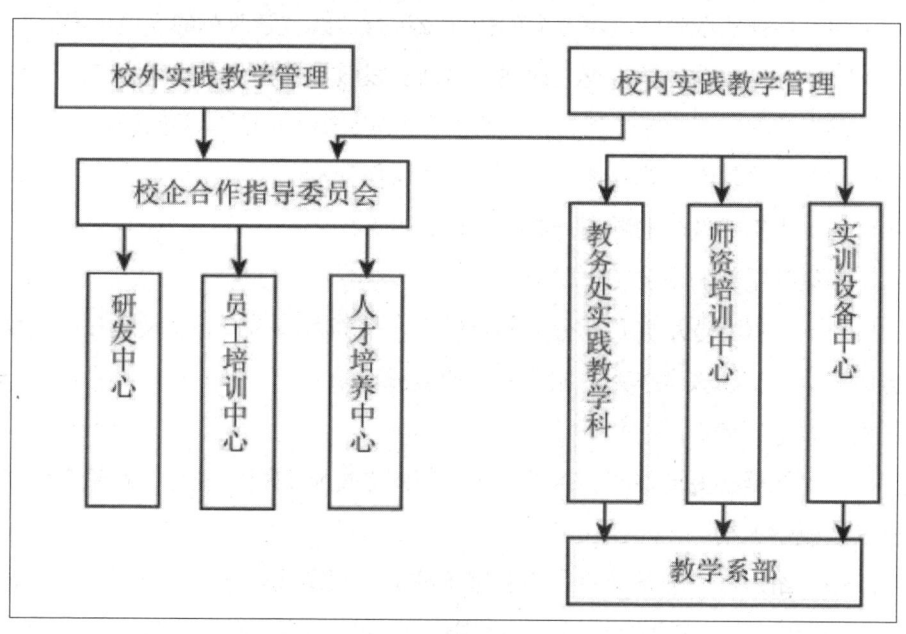

图7-3 实践教学管理组织结构

校外实践教学管理机构由人才培养中心、员工培训中心、产品研发中心构成。企业与学校合作设立校企合作指导委员会，由人才培养中心、员工培训中心、产品研发中心构成。主要负责学生实习的安排、管理以及成绩考核，加强学校专职教师与企业兼职教师的培养，促进教师和企业技术人员共同完成技术研发，强化校企合作。

校内实践教学管理机构由学院决策层（分管教学的院长等）、教务处、师资培训中心、实训设备中心以及教学系部组成。分管教学的院长等决策层负责学院实践教学管理的整体工作的开展，进行宏观控制；教务处实践教学科负责实践教学的计划、组织和实施；师资培训中心负责教师的企业挂职锻

炼，帮助"双师型"教师队伍成长;实训设备中心负责实训设备的购置、分配、维修等工作；教学系部是实践教学管理组织的基本单位，负责实践教学。

1. 教务处实践教学的主要工作职责

（1）组织教学部门研究制定实践教学管理的各项规章制度，并组织实施。

（2）审核全校的实践教学实施计划。

（3）指导、监督实践教学计划、教学大纲的实施。

（4）加强实践教学改革方向的指导及进行实践教学改革的立项审查。

（5）开展实践教学检查、评估，总结实践教学工作，组织经验交流等。

（6）调配实践教学场所，协调解决全院实践教学中的有关问题。

（7）负责教学实践基地兼职教师职务聘任管理工作。

（8）为实践教学的顺利开展提供相关服务。

2. 教学系部的主要工作职责

（1）根据专业培养目标分别构建以人才培养目标为核心、素质和能力培养为宗旨的实践教学体系，明确各专业实践教学所应达到的目标，将任务分解到各教学环节。

（2）根据各专业培养目标的要求，组织各专业教研室制订实践教学计划和实践教学大纲。

（3）组织各专业教研室、实验室管理员编写实践教学指导书（作业指导书），制定各专业实训环节的实施细则、实验实训室管理规章制度、实验实训操作规程等。

（4）按照实践教学大纲要求和实际条件做出各实践环节的经费预算，经分管副院长审核后申请专项经费。

（5）监督、指导各实践教学环节的具体实施情况，检查实践教学质量，组织实践教学经验交流等。

（6）根据专业培养方向，完善、建设校内实践教学基地，建立、巩固一批稳定的校外实践教学基地。

（7）根据实践教学需要，建立一批稳定的具有合理学历、职称及年龄结构的实践教学教师队伍，保障实践教学的正常进行。

三、建立实践教学管理组织结构应坚持的原则

（一）战略目标原则

组织结构的设计和行政机构的设置，必须有利于学校工作目标的实现和发展战略的完成。高职院校作为高等职业教育的实施机构，其主要任务是贯彻落实党的教育方针，培养德智体全面发展的高技能应用型专业人才。而围绕这个总体目标，又可以分解出党政领导、教学管理、学生管理、经费保障、后勤服务等分目标，因而必须设置诸如党校办、教务处、学工处、财务处、后勤管理处（后勤集团）等管理部门，规定他们在学校总的目标实现中应该承担的职能和完成的任务，形成一个有机整体，为学校目标的实现奠定组织基础。需要强调的是，高职院校由于培养目标的规定，使其与其他普通高校比较，更加强调学生培养方式上的校企合作以及教学内容上的强化操作技能和动手能力。为突出高职办学特色，许多高职院校都设立了类似"校企合作办公室""实训教学管理办公室"等组织机构。

（二）有效性原则

有效性原则要求高职院校所建立的组织机构必须有良好的效率。行政管理组织的有效性具体表现为各行政机构有明确的职责范围，机构内部人员有明确的岗位职责。设计科学合理的办事流程，能节约人力和时间，有利于发挥教职工的聪明才智和工作积极性，能够以小的支出成本，实现学校的工作目标。有效性的关键是使校内每个部门和每个教职工的工作目标，都能和学校的总目标一致。

（三）分工协作原则

高职院校作为一个现代教育机构，其内部管理所涉专业纷繁复杂，工作千头万绪，既相对独立，又相互联系。要实现学校的工作目标，在管理机构设置方面，应贯彻分工协作的原则。所谓分工就是按照提高管理专业化程度和提高工作效率的要求，把学校总体的工作目标，分解成各个本部门乃至各个工作人员的目标工作任务，使学校各个部门和每个教职工都了解在实现学

校工作目标中自己所担负的职责和拥有的职权。但是，学校某一项具体工作，特别是一些重大项目的完成，往往需要多名工作人员、甚至多个职能部门合作才能完成，此时就必须强调协作，协作包括部门与部门之间的协作以及各部门内部的协作。为了避免出现推诿扯皮的现象，学校必须建立有效的部门间的协调机制，常规性工作可由分管校领导组织协调，具体重大事项由校长办公会决策和协调，事关学校发展的重大问题由党委会决策和协调。

（四）责权一致原则

所谓责权一致，是指职责和职权保持一致。职责是指在学校某一部门或职工个人在某一岗位担任某一职务应该承担的责任。一个学校，只有建立明确的责任分工，形成各负其责的责任体系，才能使全校上下左右得以沟通协调，从而保证学校的正常运转和工作目标的顺利完成。而职权是部门或职工在其职责范围内为完成其责任必须具有的权利，具体表现为决定权、指派权和审查权等。这些权利应该与部门或个人所负的责任相适应，在对各个层级的机构或个人明确责任的同时，也要赋予其相应的权利，但是权力必须限制在责任范围内，既不能过大也不能过小，如果职责和职权不对等，就会影响管理部门和管理人员的责任心，降低工作效率。

（五）稳定与调整相结合的原则

由于学校工作发展战略具有连续性，学校具体工作也具有连贯性，因此为保证学校工作的正常开展以及教学工作秩序的稳定，学校行政机构设置不宜频繁调整，要保持一定的稳定性。但随着社会经济发展和市场环境的变化，高职院校的发展战略、工作任务和目标都会相应地发生变化，所以保持学校机构的稳定并不是一成不变的，而是要保持一定的灵活性，随着学校战略和目标的变化而做出相应的调整。

（六）精干高效原则

高职院校作为人才培养机构，教育教学是其中心工作，而行政管理工作应该服从、服务于这个中心工作。这就要求学校行政机构应该切实做到精干、高效。所谓精干、高效，是指在保证完成学校工作目标所规定的工作任务和业务活动的前提下，力求减少管理层次，精简工作机构和人员，通过充分调动教职员工的积极性和创造性,提高工作效率和管理水平来更好地完成工作任务实现发展目标。[①]

第三节 实践教学管理机制及其建立

一、实践教学管理机制的含义及组成要素

(一)实践教学管理机制的含义

1. 管理机制的定义与特征

机制原指机器的构造和工作原理,现已广泛应用于自然现象和社会现象,指其内部组织和运行变化的规律。把机制的本义引申到不同的领域,就产生了不同的机制。如引申到生物领域,就产生了生物机制;引申到社会领域,就产生了社会机制;引申到管理系统,就产生了管理机制。

管理机制是指管理系统的结构及其运行机理,本质上是管理系统的内在联系、功能及运行原理,是决定管理功效的核心问题。其具有下列特征:

(1)内在性

管理机制是管理系统的内在结构与机理,其形成与作用是完全由自身决定的,是一种内在运动过程。

(2)系统性

管理机制是一个完整的有机系统,具有保证其功能实现的结构与作用系统。

(3)客观性

任何组织,只要其客观存在,其内部结构、功能既定必然要产生与之相应的管理机制。这种机制的类型与功能是一种客观存在,是不以任何人的意志为转移的。

---

① 周鹏. 高职院校行政管理组织架构及运行机制. 湖北成人教育学院学报,2013.

（4）自动性

管理机制一经形成，就会按一定的规律、秩序，自发地、能动地诱导和决定企业的行为。

（5）可调性

机制是由组织的基本结构决定的，只要改变组织的基本构成方式或结构，就会相应改变管理机制的类型和作用效果。

2.实践教学管理机制

各高职院校实践教学体系的内容和组织机构基本相似，为什么组织效果却千差万别？通过调查研究发现，这主要是因为各院校的实践教学管理机制不同。

实践教学管理机制是指为保证实践教学的进行所涉及的各级与实践教学相关的组织或机构、各利益相关主体之间为一个共同目标相互作用的关系体系。这个关系体系通过有关制度的制定和实施，规范体系内的相关利益主体的行为，确保高素质、高技能人才这一培养目标的实现，同时也保障了整个管理体系的正常有序运转。

部分高校管理者对实践教学体系的构建在认识上缺乏前瞻性、系统性，进而造成在组织运作上没有有效的方法和机制，最后达不到培养学生掌握科学方法和提高动手能力的效果。

实践证明，实践教学的管理是有规律的，应该客观分析当前高职教育各方面面临的新变化，深入思考其对学生、教师和学校的影响；遵循教学规律，做出相应的对策并在实践中修正；总结成果，形成新的理念或规范制度，在正确的办学宗旨和定位下，学校制定制度与机制保证创新不断涌现。正是最后形成的制度与机制，促进了实践教学运行机制、动力机制和约束机制的建立，保证实践教学体系建设的良性发展。

（二）实践教学管理体系的组成要素

在高职院校中，实践教学管理体系分为广义和狭义两个方面。所谓广义的管理体系是指在学校实施实践教学过程中所涉及的全部要素。这些要素包括校内和校外两部分。狭义的体系是指在学校实施实践教学过程中所涉及学校内部的各种要素。

从校外要素来说，实践教学所涉及的主要包括政府部门和企业、行业、社区、家长等。从校内要素来说，在不同院校，不同的校情和历史渊源使得各院校的机构设置及管理层次各有不同的特点，但任何一个院校其校内管理体系所涉及的利益主体都是共同的，即管理人员、教师、学生。管理系统内运行机制的建立，必须考虑各利益主体之间的相互关系。

二、实践教学管理机制组成要素的职责

我们这里所说的实践教学管理机制组成要素，既包括校外要素，也包括校内要素。实践教学管理体系既包括与实践教学有关的各级各类组织、机构与组成人员，也包括规范这些组织机构及人员行为的相关管理制度或规范。

（一）实践教学管理体系中政府的职责

高职院校的社会实习实践活动是高校与社会的合作，单靠院校自身的力量和努力很难做好做实，因此需要政府的协调与参与。政府应当利用自身的优势和条件，协助当地高职院校与社会企事业单位的合作，建立高质量、稳定的实习基地，提高实习质量。

首先，政府要经常深入高职院校进行调研，与高职院校共同研究如何建立高校社会实习实践运行机制。随着社会经济的发展，高职院校的专业建设、课程设置、教学质量以及人才培养目标等，与社会的需求与发展日益密切，政府对高职院校的关注度也日益提高。但是与对高校的专业设置和人才培养目标的关注相比，政府对于高职院校的实践教学环节还缺乏必要的了解，特别是对大学生进入社会单位实习实践关心得不够，因此也较难发现高职院校在实习实践方面存在的困难和问题。对此，政府应该经常性地到高职院校进行调研活动，与工作在高职院校实习实践一线的教师进行座谈，了解高职院校在实践方面，特别是在建立实践基地方面存在的困难，为主动帮助高职院校解决实践问题、就业问题做好准备。

在调查研究的基础上，政府还要与高职院校一起努力探索如何切实解决高职院校社会实习实践难题的新思路，特别是结合我国当前的经济发展特点

和就业形势，全盘考虑学校、学生与社会、企事业单位的利益，形成健康、规范的市场运作和管理模式。

其次，在了解高职院校实践教学实际困难之后，政府要根据自己的优势，为高职院校与社会单位搭建"桥梁"。政府要主动向企事业单位大力宣传高职院校实习实践环节对于人才培养和社会发展的重要意义，提高他们对高校实践的认识，特别是让他们了解支持教育事业的发展是全社会的责任，每个企事业单位都有责任为学生实习实践提供条件和机会，这不仅有利于大学生的成才，更有利于企业和社会的发展。政府更要主动为高职院校联系实习实践单位，帮助高职院校与实习实践单位沟通，协调各方面的关系，调动企事业单位承担高校实习任务的积极性，促进实践基地的建设。另外，政府有关部门还应该通过建立网络信息管理或中介机构，及时发布高校专业人才培养情况和实习实践单位情况，促进双方的了解、沟通与合作。

最后，政府还要努力促成校企合作。校企合作的实习模式是近年来解决学生实习和就业的一种新的尝试，并取得了良好的社会效益。一个好的校企合作项目，不但利于学生实际能力的提高，也能直接解决学生的就业问题，因此，政府要在条件适宜的时候，积极地促成校企合作，实现实习与就业的直接对接。同时，校企合作对企业人才培养、更新和技术研发等也能起到良好的作用。

政府要加大对校企合作项目的资金投入和政策倾斜，保证合作项目有效、长期、稳定地开展，既保证高职院校实践环节高质量地完成，又为企业培养了毕业后即刻上岗的"后备军"，解决就业问题，实现高校、大学生、企业、社会多方受益。

政府还要促进校企双方充分利用校企合作资源，提高校企合作项目的利用和收益。一方面，学校不但将此作为学生毕业实习基地，还可以用于认识实习或相关课程的观摩、实践教学的基地和假期社会实践基地，并通过对企业发展的了解，促进相关专业建设、课程设置的调整以及人才培养模式的完善，将人才培养与社会需求相统一；另一方面，企业利用学生实习机会，选拔适合的人才留在企业；或将企业需要的人才与高校沟通，有针对性地培养企业需要的人才；或与高校开展技术合作和项目研发，利用高职院校师资对员工进行培训等。

（二）实践教学管理体系中管理人员的职责

实践教学管理体系的主体要素包括管理者、教师和学生。这三大要素有不同的职责。

实践教学管理人员主要包括学院实践教学的职能管理部门的管理人员、各系部的教学管理人员和实训基地的管理人员三类。

（1）学院实践教学的职能管理部门的管理人员

学院实践教学的职能管理部门的管理人员是代表学院对全院的实践教学进行宏观的总体规划与安排的，包括对实践教学总学时的要求，每学期各专业实践教学的具体安排，实践教学基地、实验室、实训室的建设规划，制定有关实践教学管理的制度，规范专业实践教学文件编制的具体要求，对各专业实践教学实施过程的服务、监督、管理，负责协调实践教学基地在接收学生实习实训等活动中的有关事项。

（2）各系部的教学管理人员

各系部的教学管理人员是实践教学的一线管理者，负责组织本部门实践教学文件的研制，本部门实践教学任务的协调与落实，对本部门实践教学实施过程的服务、监督、管理，负责本部门所属的实习实训基地、实验室的建设、维护和管理，积极开拓校外实践基地，负责本部门学生实习实训的日常管理，维持良好的实践教学秩序。

（3）实训基地的管理人员

实训基地的管理人员包括生产性实训基地的厂长经理及各级管理者、非生产性实训基地的各级管理人员等。他们的职责主要是维护实训基地的正常工作、生产秩序，保证设备的正常运行；依据教学计划接受、指导、管理相关专业学生的实习实训；对教师的有关实践教学活动、教学研究、技术开发与推广给予支持等。

（三）实践教学管理体系中教师的职责

教师主要是指从事实践教学的校内专职教师及校外兼职教师，也包括校内生产型实训基地的实践指导老师或技术人员。

他们的主要职责是参与各种实践教学文件的研制；参与校内外实践教学基地、实验室的建设；根据学校实践教学的总体要求及有关教学安排，组织实施、指导、评价学生的各类实践教学活动，确保学生能够在校期间掌握相关技能。

（四）实践教学管理体系中学生的职责

学生的主要职责是根据专业教学计划的有关要求，在实践教学指导教师的指导下，完成各类实践教学活动，掌握相应技术等级的技能，接受教师对其参加的各类实践教学课程成绩及技能水平的评价，对学校及专业有关实践教学的管理与安排，实践教学的内容、质量、效果等提出意见、要求并进行综合评价。

三、实践教学管理机制的建立

实践教学管理机制的建立是关系实践教学效率与质量的一个关键问题。管理机制的建立要以理念创新为先导。通过实训管理机制结构的调整，努力构建以学生为本、全面参与的激励机制，以自我管理与科学考评相结合的控制机制组成的双重机制。

（一）实训管理机制的转换

1.管理机制的关键作用

实训是在教师指导下，"在做中学"的一种师生互动过程。在传统的教学中，这一过程是完全在教师的直接管理和监督下进行的。学生并不深入了解实训的实际意义，毫无积极性可言，是在被管理、被监督的条件下被动参与实训过程。这必然导致实训组织松散、效率低下。同时，由于采取教师对实训组织与管理工作全部包下来的方式，教师不堪重负，因此，在实际工作中常常疏于管理，组织不到位。

要有效提高实训组织管理的实际效果，最根本的就是要转换实训的管理机制，这是提高实训质量的关键因素。

2. 理念更新是机制转换的先导

要转换实训的管理机制，首先要突破传统观念，更新理念。

从以教师为中心转变为以学生为中心。实训是"做中学"的典型形式。而"做"与"学"的主体是学生，所以，实训当然以学生为中心。实训在本质上是学生为了培养技能的实践活动，学生必须主动去做，并自我管理与控制。教师只是学生实训的指导者、服务的提供者，不能"反客为主"，越俎代庖。

从强制性的外在管控转变为以兴趣为核心的内在驱动。传统的教师管理监督，是一种外在的、行政式的管控，不利于学生积极性的调动。只有采用现代的、以调动学生积极性为核心的激励方式，才会使学生自愿参与，积极活动，才会在根本上提高实训质量。这种内在驱动的核心，是学生对实训活动的兴趣机制的作用。

从以知识为本位的终结式考试转变为以能力为本位的形成式考核与终结式考核相结合。在传统的实训考核中，由于技能的柔性化，知识测试仍占有重要地位，并且采用"一锤定音"式考试。这种方式不但不能准确考核学生的真实技能，而且会放松对学生实训过程的必要约束与控制，从而严重影响实训的质量与效果。注重能力的考核，并将形成式考核与终结式考核相结合，就会较为准确地评价学生的真实能力，并实现对实训全过程的约束与控制，从而，保证实训的质量与效果。

3. 构建激励与控制双重管理机制

实践教学激励与控制双重管理机制，是指通过教学结构的调整，所形成的基于"以学生为中心"理念的有效激励，自主控制的结构、机理与功能。

实践教学激励与控制双重管理机制的简单模型如下：

一定的管理机制是以一定的管理结构为基础的，是特定管理结构所形成的机理与功能。转变实训管理机制，必须首先调整实训管理结构。实训管理结构主要包括：①师生结构。要确立师生之间的平等关系，特别是学生在实训中的中心地位。②组织结构。为营造职业环境与氛围，为学生自主管理提供组织载体，要打破教学班——这种更适合讲授的组织形式，建立各种模拟职业型组织形式，如模拟公司。③权力结构。在传统的管理中，实训计划与实施的权力完全由教师执掌，学生只是被动地服从。应建立一种师生共商实训计划、学生自我管理和控制的扁平化权力结构。④考核结构。要确立以学生为考核主体的地位，并注重形成式考核，建立由学生控制的全程化考核结构。

当实现了上述结构的调整之后，会形成新的管理机理，发挥特定的管理功能。主要包括：①实训动力机制：对学生实施有效激励，激发学生参与实训的积极性；②实训控制机制：对实训活动进行科学控制，这主要是一种学生直接控制方式，教师的控制则是间接的。这两种机制缺一不可，只有激励机制而无控制机制，实训就会失去规范性和必要的约束；而只有控制机制而无激励机制，实训就会因缺乏动力而陷于消沉，这两者缺少一个都会造成实训活动效率低下，质量降低。只有激励与控制双重机制有效互补，共同影响与作用于实训过程，才能保证实训过程的高效率，促进实践教学质量的不断提高。

（二）以学生为本、全面参与的激励机制

1. 将教学班转变为学习团队组织——模拟职业型组织

美国麻省理工学院教授彼得·圣吉提出的"学习型组织"理论强调现代组织是一个通过不断学习来提升生存和发展的能力的系统，是一种团队组织。团队管理理论主张从传统的"命令型"、垂直式管理组织转变到"民主型"、扁平式的团队管理组织，强调自主管理，沟通合作。

适应实践教学的需要，打破教学班的唯一形式，尝试建立各种形式的团队学习组织，即各种与所学专业对应的模拟职业组织形式。主要做法是：经过竞聘选出各公司总经理；并通过招聘与自愿组合的方式组建若干课程模拟公司，实践教学以公司为单位组织；各公司自主安排课外与校外各种专业性活动。

2. 学生自主管理、全面参与

为最大限度地鼓励学生参与教学过程的设计与管理，实行"三同一轮"：课前师生共同设计与策划教学安排（将实训指导大纲发给学生）；课上师生

共同组织实践活动（由学生模拟公司主持）；对实训成绩师生共同评价（以学生为主，教师为辅）；实行课程公司轮值主持制，即每一章都由一家轮值主席公司负责主持该章的教学与实践活动，并负责评定全班成绩。学生自主管理的团队学习促进了学生的全面参与、全员参与、深度参与。

3. 运用多种形式激励学生参与实训积极性

按照美国心理学家赫茨伯格提出的"双因素论"，激励人工作最有效的因素是一些和工作本身相关的因素，即人本身对工作本身感兴趣。运用到教学领域，调动学生实训积极性最有效的激励因素是使学生对实训本身感兴趣。

在实训中对学生有明显激励的因素主要有：

（1）实训内容的有用性。在实训之前及过程中，教师要引导学生认识实训内容在未来就业中的重要意义，以吸引其积极参加。这是最基本的调动积极性的因素。

（2）实训方式的趣味性。实训方式本身的趣味性以及克服单调乏味的新奇感，都会吸引学生积极参与。

（3）表现欲的满足。年轻人的一个突出心理特征就是有很强的表现欲望，愿意在别人面前显示自己的长处、能力和热情。在实训过程中给学生以更多的表现机会，使实训的过程成为学生广泛参与、自我表现的过程，就会极大地调动学生参与实训的积极性。

（4）增强挑战性。争强好胜是年轻人的又一大特征。在实训中有意识地设置一些难题与障碍，或强调活动的困难程度，会使学生产生一种敢于挑战强者、战胜困难的激情与勇气，从而以更高的热情积极参与。

（5）鼓动竞争。竞争会使个人或群体产生巨大的压力与动力。在实训过程中，有意识地设计一些个人或团队之间的竞争，如企业盈亏、绩效排名等，就会使那些不甘落后的学生认真对待，全力以赴，一争高下。

（6）营造心理突破氛围。学生的情绪极易受到环境与群体因素的影响。在消沉冷漠的气氛中，学生的激情是很难被激活的。因此，在实训中营造一种有利于激发学生热情的氛围是至关重要的。

（三）以自我管理与科学考评相结合的控制机制

1. 精细严密的组织

实训活动鼓励学生自主管理与自我控制，绝不等于教师无所事事，恰恰相反，这需要教师做出更多的努力与计划。教师的角色从台前走到台后，从直接控制转到间接控制，这就需要教师精心策划，严密组织，提供尽可能具体的指导与帮助，引导和支持学生更好地组织与控制实训教学。特别要抓好事前设计、师生共商、实施中引导、全程帮助等关键环节。

2. 人性化教育与管理

鼓励学生自主管理与自我控制，也绝不等于教师完全放弃教育与管理。问题的关键是要放弃空洞说教和简单的行政式管理，取而代之的是实施基于现代"以人为本"的人性化教育与管理。在实训教学中，教师要以平等身份，以沟通的手段，同学生进行广泛的互动与交流，启发学生的自主、自律、自强意识，深入感悟职业意义与职业体验，增强训练技能自觉性，以开展有序、高效、高质量的实训教学。

3. 以自我管理为核心的团队约束

团队管理的核心是自我管理，是靠成员角色的自律和团队成员之间的互律，以及整个团队的隐性规范、群体氛围、内在压力实现的。在实训过程中应充分重视与发挥学习团队的约束作用，实施内在的柔性化控制。要按照现代学习团队的要求建立模拟职业性组织，使其形成较强的内在凝聚力、先进的群体规范与氛围，并进而形成各团队之间的良性竞争，以充分发挥团队的内在约束作用。要尽可能以模拟公司为单位组织实训活动，提高公司的组织者地位；以模拟公司为单位统计学习成果，定期公布，强化公司间竞争；并将各公司成果记入其成员的学习成绩中。

4. 全程化、全员化、立体化考核

要构建全新的考核体系，突出学生的全员考核地位，突出全过程考核。

考核对象全程化。把学生实训的全部过程、每项实践都列入考核范围。课程评分结构为：平时60分（主要是实训成绩）+期末40分（包括30分网上考试和10分口试）。

考核主体全员化。学生在实训过程中的考核，全部由全班同学或轮值主席公司的全体成员评估打分，每个人都有机会为全班同学打分。按照"大数定律"，实际考核成绩是基本合理的。

考核媒介立体化。主要有：项目考核、操作考核、作业评定、现场评估、集体打分、网上考试、口试等多种形式。并实现考核手段计算机化。如编制自动组卷软件与网上考试软件，以实现网上考试。

第八章 高等职业教育实践教学改革

第一节 高等职业教育实践教学改革的必要性

一、从职业教育的特征看改革的必要性

教育部"教高2号文"指出:"高职高专教育人才培养模式的基本特征是:以培养高等技术应用型人才为根本任务,以适应社会发展需求为目标,以培养技术应用能力为主线设计学生的知识能力素质结构和培养方案。毕业生应具备基础理论适度、技术应用能力强、知识面较宽、素质高等特点。"高等职业技术教育培养的是应用型高级技术人才,高级强调的是理论基础宽厚,应用型强调的是技能熟练程度。培养的学生应在具有必备的基础理论知识和专业知识的基础上,重点掌握从事本专业领域实际工作所需基本能力和基本技能。这就要求在教学过程中要重视理论性,加强实践性,突出实践性教学环节,贯彻"必须够用"的原则和"以综合素质为基础,以应用为主线,以能力为中心"的教学指导思想。以满足社会需求为导向规划高职教学体系,由高职教育的出发点所决定,同时为学生进行职业发展规划提供合适的教学活动以及培训,使学生能适应社会需求的长远计划。

二、从教学体系的稳定性看改革的必要性

学校的教学体系会受到学校办学思想、办学条件、社会价值观等多种因素的影响，需要保持一定的稳定性。同时人才培养计划的制订由于需要经过多重环节的研究、编写、评审，使得制订好的人才培养方案和教学计划在一段时间（至少三年）内不能发生变化；并在实施的过程中，不断观察人才培养方案及教学计划的实施情况。

因此，教学体系的稳定性相对于社会需求的多变性呈现出较严重的滞后，从而出现知识体系与实际使用的脱节。只有构建以满足社会需求为导向的高职教学体系才能实现学生培养规格与社会用人需求的"无缝链接"。

三、从高职学生就业现状看改革的必要性

高职教育是为了让社会需求得到满足，为了毕业生能更好、更快地融入社会工作。高职学生的就业问题成为检验高职教育的重要指标。然而，由于教学体系与社会需求之间的矛盾，使得学生就业困难重重：专业设置的僵化，满足不了社会需求的变动；毕业生的职业道德、职业技能未能满足岗位需求；毕业生自身的求职观念、价值取向等偏差更加剧了就业形势的变化。因此，以满足社会需求为导向的高职实践教学体系改革势在必行。

四、从国外高职教育发展趋势看改革的必要性

国外高职教育对经济建设和社会发展有一定的推动作用，高职教育自身发展与其所在的国家经济建设和社会发展相同步，甚至会有所超前。而我国高职院校的发展由于以上种种原因，发展状态未能达到相应的水平，明显滞后，所以更应构建以满足社会需求为导向的高职实践教学体系改革。

第二节　高等职业教育实践教学改革存在的问题及对策

高等职业教育人才培养的特殊性在于其直接面向工作岗位，因此实践教学是高等职业教育的重要组成部分。目前高等职业教育的实践教学中仍然存在一些不足，对此类问题产生的原因与人才培养方案的不符、实践教学管理不足、"双师型"教师数量不足及实践硬件设施落后四个方面进行分析。在分析的过程中以实际工作为例探讨了这些不足对实践教学质量的影响。针对此不足，对实践教学提出了改进措施，主要从建立完善的实践教学体系、改善高等职业教育办学与评价模式两个方面具体展开论述。

一、实践教学中存在的普遍问题

对于高职院校来说，国家扩招政策以及对职业教育的重视都使招生数量较之前提升。在学生数量较多且高职实践教育体系不完善的现状下，实践教学一般都存在些许问题。实践教学可以分为实验、实习和实训三大类。实验是对课程理论与知识点的理解的辅助手段，这是基于专业知识的实践方式。实习指的是对专业技能的实践，对于岗位有更深入的认识，这是基于职业岗位能力的实践方式，比如，在高等职业学校的顶岗实习就属于此种方式。实训是指对专业应用和职业岗位的实践，以机械制造与自动化专业为例，包含普通车铣床实训、数控实训、特种加工实训及加工中心的实训。实践教学在实际执行时普遍存在如下问题：

1. 实践教学设计不符合人才培养方案

一些高等职业学校在发展之初，无论是办学指导思想还是人才培养模式都参照普通高校。尤其在制订人才培养方案过程中，通常选择到普通本科高校进行专业调研，而到企业单位调研的相对很少，对实践教学设计的制订没有以就业为导向，制订的实践教学计划不能完全契合企业对人才的需求。

与此同时，学校对实践教学的重视程度不够，没有做到真正依照人才培养方案制订实践教学计划，有一些实践计划只是作为理论教学的辅助，没有真正把学生的实践能力作为人才培养的重要组成部分。部分实践教学计划设置过于草率，并未以学生为主体进行深入的分析。

以顶岗实习为例，这是在校内老师的指导下使学生在企业完成至少半年的实践教学任务，其目的是学生毕业后可以立即独立工作，省去一定周期的实习过程。实际上目前的部分顶岗实习单位与专业知识相关度低，校内老师指导不足，使学生不能完成实践教学目标。

2. 教学管理不足

除了上述实践计划的制订之外，实践教学的管理与质量评价滞后也是导致实践教学存在问题的重要原因。实践教学的管理包含对各种形式的实践教学的过程及结果管理。目前主要存在的问题主要有以下方面：

（1）实践教学评价体系不完善。目前实践教学的评价以教师打分评价为主，具体的过程资料欠缺，评价体系中基本没有学校评价监督单位或是企业参与评价。

（2）教学管理运行机制不完善，质量监控不到位。教学管理有一定的机制保障，但在实际监管的过程中存在监管不到位，有些实践课程流于形式，实际过程效果不理想。

（3）评价质量标准不明确、不健全。有的实训有完备的管理制度，但是管理的质量评价标准不明确，没有具体的量化标准，激励与奖惩制度不明确，这也是导致实践教学存在问题的原因。

3. "双师型"实践教学指导教师数量不足

根据高等职业教育人才培养的特点，"双师型"要求高职教师不仅具有高等专业理论水平，在科研与理论教学方面具有较高水平，而且还要求有熟练的专业操作技能，能够解决企业遇到的实际问题。国家要求"双师"素质教师至少占专业课教师总数50%以上，而实际中大部分的教师都是应届毕业生，理论水平虽然较高，但总体缺乏企业经验，对于实践教学仍然存在一定问题。国家教育导向文件中表明几年后高等职业学校将不再招聘应届毕业生作为教师,以政策为引导说明实践能力对于教师的重要性。此政策的推行将会使目前"双师"教师素质不足的情况有所缓解。

4.实践硬件设施

许多高职院校的实践教学设施老旧、数量较少,与企业技能需求不匹配,不能满足人才培养目标中对于实训设备的要求。随着工匠精神的宣传与推广、智能制造高端技术业的发展,国家对职业教育尤其是实践教学十分重视,中央和地方政府都加强了对高职学校实践教学设施及实训基地建设的资金投入力度。但是随之而来的是大量扩招,高校毕业生、退役军人、农民工、城镇各类就业困难人员等都会纳入高职的招生范畴。高职院校实践教学设施建设仍然跟不上学校规模的发展速度。学生的平均实践教学设备和实训室的建筑面积无法达到理想的实践教学效果。近年来许多国家级和省级的各项技能大赛受到了学校的重视,各项技能大赛的成绩也是学校教学水平的体现。以此为契机对高职院校的实训基地的建设及新设备的购入有了更加迫切的需求。

二、高等职业学校实践教学改革措施

(一)建立完善的实践教学评价体系

高职院校在重视高职实践教学质量,改善实践教学成效的同时,缺乏一套较为系统科学的实践教学质量评价指标体系。建立完善的实践教学质量评价体系具有重要意义。

1.实践教学基本条件评价

实践教学的基本条件包含基本软硬件设施、师资水平、教学计划等。基本软硬件数量、质量及教室、实训场所需要按照国家相关要求配备,实践教学场所的自然条件需要能够进行实践教学活动。如果存在实训设备等资源紧张的问题,需要在制订长远计划的基础上及时解决,保证学生良好的教学条件。师资水平包含实践教学时应配备的教师人数、教师职称等级等。实际教学中必须按照实训的要求进行教师人员配备,并在实践教学过程中提供详细认真的指导。教学计划(包含总体人才培养计划)包含完整的教学任务分配及教学评价方式。教学基本条件的最终评价需要在课前完成，需要各级监督单位的详细评价和改进建议。

2. 基于实践教学五位一体的实时教学评价

目前教学评价的主体尚不全面，需要将教师、学生、专家督导、教研室、企业相关人员五类人员都列为实践教学评价的主体，尤其是将企业人员对于实践教学的评价加入评价体系并将其评价作为实践教学效果评价的重要组成部分。实践教学评价需要按照过程评价和结果评价两个方面进行，目前学校的评价多注重结果评价而忽略过程评价，实际上实践教学过程评价比结果评价更加重要。实践教学过程评价需要制订详细评价时间、评价方式、评价结果记录等方案，让学生得到实时评价反馈，更好地达到实践目标。

3. 基于长期的实践教学跟踪反馈评价

除了学习过程中的评价，实践教学评价还需要建立长期评价机制，在学生完成学习后的一定年限跟踪调查，得到长期实践教学评价数据，为以后的教学计划积累经验。此评价的难度在于对毕业学生的追踪调查，因此需要在学校建立专用的实践教学评价系统，并制作详细的实践教学跟踪反馈评价表，让学生有渠道完成学习效果长期评价。

（二）改变高等职业教育办学与评价模式

1. 深化校企合作、产教融合，推广学徒制

高职院校必须以市场需求和就业为导向。如何才能直接上岗、高质量就业是高职实践教学课程设置的重要任务。最直接的渠道是深化校企合作，让学生与企业直接对接，将校企合作真正落到实处。校企合作机制的建立健全需要充分考虑学校、企业和学生三方面的综合利益，形成产学结合的合作模式。

学徒制是高职院校技术技能学习的重要方式。在工匠精神被广泛传播的时代，高技术技能肯钻研的技术人才是十分紧缺且重要的。因此学校需要有高素质的教师队伍为学生之师，增强徒弟与师父之间的技术及情感联系，让学生的理论知识转换为熟悉的技术、高尚的品德。

2. 完善职业教育评价模式

目前的高等职业学校仍然以毕业证书作为学生的评价方式。在国务院2019年发布的《国家职业教育改革实施方案》中明确，深化复合型技术技能人才培养培训模式改革，借鉴国际职业教育培训普遍做法，普遍实行1+X（专业能力证书）证书制度。将学生的专业能力证书作为学生能力的评价，为学生的实践能力提供有效证明，这将激发学校和学生对实践教学的重视，大大提高实践教学水平。

三、加强实践教学改革与创新的建议

上述问题影响和制约了教学质量的提高，要使学生在校期间完成从学校到社会、从理论到实践、从模拟岗位到实际工作岗位的"零距离"对接，必须进一步转变观念，加强实践教学的软硬件建设，建立完善的实践性教学体系和运行机制。

1. 加大实训条件建设力度

实训条件的建设是实践教学的基本保障，既要重视校内实训条件建设，又要重视校外实训基地建设。

（1）加强校内实训条件建设。按照"源于现场，虚实结合，学练一体，校企共建"的原则，进行校内实训条件建设，突出职业技能的培养。校内专业实训室建设，要注重实用性、综合性和先进性。通过学校投入和校企共建等方式，不断改善校内实训条件。充分利用网络技术建立虚拟实训室、虚拟工厂，使学生通过虚拟平台真实地了解掌握各种技术，保证实训的开放性、针对性，使学生训练不再受时间、地点的制约。对已掌握的技能，学生不必再浪费时间，可以按照自己的需要自行选题，同时也可以和专业技术人员及其他院校的学生进行合作、交流、讨论，实现新技术的资源共享。

（2）按照互利互惠的原则，加大校外实训基地建设力度。校外实训基地建设是高职实践教学改革的主要内容，依托行业企业，校企合作、产学结合是高质量培养高职人才的有效途径。本着优势互补、校企"双赢"的原则，采取"请进来、走出去"等方式，选择装备水平高、技术岗位多、新技术应用广泛、管理规范的周边大学、中型先进企业，建立长期稳定的校外实训基地，签订校企合作协议，明确双方的责、权、利。为真正发挥校外实训基地的功能，学校应主动为企业提供技术服务，解决技术难题，并聘请企业技术人员进行现场教学，企业为学校提供实训场所与便利条件（工作条件、生活条件），并与学校共同承担实训教学任务。校企紧密合作对高技能人才综合应用能力的培养提供了有效的保证。

2. 加强师资队伍建设

注重双师素质教师的培养，校企合作，专兼结合，建设一支具有现代教育理念和创新精神、教学能力强、熟悉生产领域、掌握过硬技术、乐于教书育人的双师结构的教学团队。一是学校要求教师参加社会实践活动。可以让教师到企业里为员工进行专业培训或到企业实践锻炼，使他们更加了解社会需求以及如何培养学生的实际操作能力。二是强化教师的职业技能水平。要求教师参加岗位技能培训，使其在技能上至少获得高级以上职业资格证书，通过强化专业技能考核来提高专任教师的实践能力，提高双师素质。三是聘请企业单位的专家、技术能手、能工巧匠等有经验的人员作为兼职实习、实训指导教师，组建一支专兼结合的实践教学师资队伍。四是改变传统的教师工作考核评价体系，建立有利于师资结构调整的分配制度和激励机制。

3. 改革实践教学内容

教学内容的改革是实践教学改革与创新的关键。高职实践教学内容必须符合职业岗位（群）的技能需求，参照职业标准，引入企业新技术、新工艺，校企合作共同开发专业课程和教学资源，确保教学内容的针对性、实用性。

（1）完善与规范课程标准。课程标准是实施教学的依据，课程标准应突出教、学、做合一的职业教育特点，明确课程教学知识目标、能力目标和素质目标，设计教学内容，体现理论知识与实践操作的交融并进，提出课程教学实施的组织形式、工作对象、工具、工作要求及评价标准等。

（2）教学内容面向生产实际。教学内容的选取与确定，应结合职业岗位的技能要求和企业生产实际，按照实际工作流程，以项目、案例、任务的形式进行设计，体现出完整的生产过程。学生完成一个项目的学习，就可以掌握一个完整工作过程中的操作技能，同时感受职业岗位的工作氛围和职业要求，以实现专业教学与企业岗位的有效对接。既要满足近期就业"必须够用"，又应考虑到学生在职业生涯发展中的"迁移可用"，同时还要不断引入现场所采用的新技术、新工艺、新设备的相关内容，使职业教育的知识和技能跟上专业的发展。

（3）加大"双证书"制度的落实力度。在专业课程体系建设中，一方面课程内容的设计要参照职业标准，并且单独设置有针对性的职业资格考证培训，引导学生在毕业前取得与本专业相关的职业资格或技术等级证书，提高就业竞争力；另一方面还应设置综合性较强的实践课程，培养学生处理复杂故障和解决突发问题的能力，突出综合职业技能的训练。

4.改革实践教学方式、方法

教学方法的改革与创新要突出对学生职业技能和职业素养的培养，坚持工学结合、学做一体的原则，根据教学内容的不同采取引导文、角色扮演、头脑风暴、四阶段、现场教学等不同形式的基于行动导向的教学方法和手段实施教学，重点培养和提高学生日后工作所需的基本专业技能和综合职业素质。

在教学场所的选择上，应尽可能利用"校中厂"或"厂中校"。紧贴合作企业，找准合适的切入点，实现双赢。可打破传统的学期、学年、假期的观念，树立以社会需求为中心的理念，围绕企业生产需求制定教学安排，确定相应的教学内容和教学方式，以解决教学过程中工与学的矛盾。例如，武汉铁路职业技术学院铁道交通运营管理专业采用"多学期、分段式"的教学组织模式，即三年教学历程共分为8个学期，其中将第4学期设在寒假春运期间，在车站顶岗作业的过程中完成"铁路旅客运输服务"课程的教学；第6学期设在暑假暑运期间，在车站完成"铁路客运应急事件处理"课程的教学。学生在现场教师的指导下直接顶岗独立工作，包括售票引导、售票、进站组织、检票、安检、站场广播、候车室服务、站台引导、出站服务、长途列车乘务等岗位工作，实现了教学与生产一体、教师与师父一体、学生与员工一体的教学组织，既完成了课程教学，又为企业解决了实际问题。

5. 转变实践教学形式

（1）模拟型向实用型转变。改变传统的模拟型实训项目，把实训内容与生产实际紧密结合，从现实应用中提取素材，直接与职业岗位实际工作接轨。

（2）指定型向自主型转变。过去的实训多由指导教师提出课题，学生根据要求按部就班地完成，其创造力和自主精神受到很大制约。应基于岗位工作过程，由教师提出实训任务，按照咨询、决策、计划、实施、检查、评价的"六步法"实施教学，提高学生的自主创新能力。

（3）验证型向创造型转变。验证型实践的目的在于求证"已知"，创造型实践的目的在于探求"未知"，高职教育的实践教学应从培养创新人才的目标出发，强调创造型的实践教学。

（4）单一型向综合型转变。实践教学应注重学生综合能力的培养，注重专业知识的交叉和融合，以扩大学生的知识面与提高工作适应能力。

6. 加强实习实训教材建设

实习实训教材的建设，应突出其综合性和职业性，结合专业核心课程内容，贯彻"依照职业标准，突出工学结合，体现校企合作"的建设理念，校企共同分析专业岗位群主要岗位工种的工作过程，依照相关职业标准，总结归纳各工种必备的操作技能，明确学习任务。以职业能力为核心，以项目任务为载体，营造职业氛围，采用项目导向、任务驱动的教学模式，使学生在做中学、在学中做，融"教、学、做"为一体。开发出的教材应具备既满足职业素质和岗位技能需要，又体现职业岗位标准、作业标准及操作规范的特点。

7. 完善考核评价办法

改变传统的终结性考核形式，加强过程考核力度，注重学生综合职业技能的培养和职业素质的养成，制定并完善多元参与、多种形式、多个指标的全方位考核办法：

（1）考核主体多元化。包括学生自我评价、学习小组评价、专兼职教师评价。

（2）考核指标多维度。以能力考核为核心，强调知识、技能、素质的综合考核。

（3）考核方式多样化。根据不同学习任务的特点和要求，可采取笔试、口试、实操、作品展示、成果汇报等多种类型的考核方式。

特别是顶岗实习教学，作为一种新的职业教育教学模式，是培养高素质技能型人才的一个重要环节。必须建立校内教师、企业教师、学生自我三元评价机制，强化过程考核。在实习工作结束时，学生、企业、学校均应填写《学生顶岗实习考核表》，作为评定学生顶岗实习成绩的重要依据。学生根据实习期间的表现和收获做出自我评价；企业指导教师重点关注实习过程考核，按照学生对相关岗位技能的掌握程度及职业素养的高低给定评价成绩；学校指导教师根据学生实习纪律、实习态度及实习日志和实习总结报告的完成情况给定评价成绩。在此基础上由系（部）顶岗实习工作指导小组依据三方评定结果对学生顶岗实习成绩给予综合评定，考核合格者获得学分，并颁发"顶岗实习工作经历证书"。

8. 以职业技能大赛为平台，促进实践技能的提高

职业技能大赛是对职业教育质量的检验手段之一，是学生充分展示自我的开放平台，也是促进学生就业、提高就业竞争力的有效举措。通过举办和参加校内外的职业技能大赛，使参赛学生的综合职业技能、团队合作意识、自主创新能力等得到进一步的训练和提高，并在学生中起到很好的引领和示范作用，更好地激发广大学生的学习积极性和自觉性。企业通过这一平台可选择更好的技能人才，也为学生将来的发展带来更广阔的空间。在指导参赛学生训练的过程中，指导教师也会产生一定的压力和动力，进一步促进教师实践技能和创新能力的提高，更好地服务于教学。武汉铁路职业技术学院专门制定了相关政策，提供专项经费，督促和鼓励各专业每年开展各自相关的院级技能大赛，积极参加省级、国家级等更高层次的竞赛项目，目前已取得比较明显的效果。

总之，实践教学的改革是一个系统工程，在此仅就实训条件建设、师资队伍建设、教学内容、教学方法等方面存在的突出问题进行探讨，以供参考。除此之外，还涉及实训场所管理模式、评价体系、质量监控体系等多方面，

有待于进一步研究和探索。

第三节 高等职业教育实践教学改革的思路

一、创新实践教学体系

实践教学体系的设计，关系到实践教学的效果和质量，直接影响着人才培养质量。

对实践教学体系的研究不能仅限于实践教学的内容。实践教学体系是由实践教学活动中各要素构成一个有机联系的整体，具体包含实践教学活动的目标体系、内容体系、保障体系和管理体系等要素。高职院校的培养目标是根据产业结构和企业生产需求，结合各专业设置的适应性，制定本专业的总体及各个具体实践教学环节的教学目标。在实践教学体系中，目标体系起着引导驱动的作用。内容体系是指各个实践教学环节通过合理的结构配置表现的具体教学内容，它在整个体系中起牵动作用。保障体系由实验实训设施设备、师资队伍和学习环境等条件要求组成，是影响实践教学效果的重要因素。管理体系是指实验实训管理机构及人员、管理规章制度、管理手段和评价指标体系的总和，它在整个体系中起到信息反馈和调控作用。实践教学体系各组成要素在运行中既要发挥各自作用，又要协调配合，构成实践教学体系的总体功能。

为促进学生个性发展，更好地满足岗位能力的需要，创新实践教学体系十分必要。构建创新型实践教学体系的关键是，在原有基础上尊重学生的个性发展，充分发挥每位学生的潜能和积极因素，使具有个性差异的学生都能获得最大化的发展；进一步加强产学合作关系，缩小或避免学校教学与工作实际的距离。为实现这一目标，实践教学体系的基本框架是：按照学生能力培养层次，将技能划分为基本技能、专业技能和差异性技能三个部分。其中基本技能为认识实习，主要通过课内实训组织实施，采用理论讲授与实践操作相间的教学方法，对课程内容进行演示、验证、求解，培养学生的基本素质和通用能力。专业技能要求为学生构建面向生产、管理、服务第一线的训练平台，主要通过专项实训、课程设计、毕业实习、综合实训等环节的组织实施，让学生系统地掌握专业综合知识，提高综合应用能力，培养学生的职业能力。差异性技能通过积极开展社会实践、顶岗实习、职业资格证书考试、创业考试、课程选修、第二课堂等活动，创造有利条件，充分满足学生的个人爱好和需求，促进学生的就业和创业。

二、加强实践教学内容

教学内容的改革是实践教学改革与创新的关键。高职实践教学内容必须符合职业岗位（群）的技能需求，参照职业标准，引入企业新技术、新工艺，校企合作共同开发专业课程和教学资源，确保教学内容的针对性、实用性。

1. 完善与规范课程标准

课程标准是实施教学的依据，课程标准应突出教、学、做合一的职业教育特点，明确课程教学知识目标、能力目标和素质目标，设计教学内容，体现理论知识与实践操作的交融并进，提出课程教学实施的组织形式、工作对象、工具、工作要求以及评价标准等。

2. 教学内容面向生产实际

教学内容的选取与确定，应结合职业岗位的技能要求和企业生产实际，按照实际的工作流程，以项目、案例、任务的形式进行设计，体现出完整的生产过程。学生完成一个项目的学习，就可以掌握一个完整工作过程中的操作技能，同时感受职业岗位的工作氛围和职业要求，以实现专业教学与企业岗位的有效对接。既要满足近期就业"必须够用"，还应考虑到学生在职业生涯发展中的"迁移可用"，同时还要不断引入现场所采用的新技术、新工艺、新设备的相关内容，使职业教育的知识和技能跟上专业的发展。

3. 加大"双证书"制度的落实力度

在专业课程体系建设中，一方面课程内容的设计要参照职业标准，并且单独设置有针对性的职业资格考证培训,引导学生在毕业前取得与本专业相关的职业资格或技术等级证书,提高就业竞争力;另一方面还应设置综合性较强的实践课程,培养学生处理复杂故障和解决突发问题的能力,突出综合职业技能的训练。

要使学生在校期间完成从学校到社会、从理论到实践、从模拟岗位到实际工作岗位的"零距离"对接,必须进一步转变观念,加强实践教学的软硬件建设,建立完善的实践性教学体系和运行机制。

三、改革实践教学方法

教学方法的改革与创新要突出对学生职业技能和职业素养的培养,坚持工学结合、学做一体的原则。根据教学内容的不同采取引导文、角色扮演、头脑风暴、四阶段、现场教学等不同形式的基于行动导向的教学方法和手段实施教学,重点培养和提高学生日后工作所需的基本专业技能和综合职业素质。

1. 组织多样化的教学方法

在教学中注重方法的灵活性,讲授时注意多种方法的结合,在讲述、讲解的基础上,将案例式、启发式、对比分析法、师生互动教学、问答式等多种方法融于整个教学过程中,将理论教学、现场教学和实验教学有机结合。在课堂教学中选用的实例,应尽可能地取自生产实际,将应用中必备的技能和知识点融入其中,使教学内容丰富而不单调、教学过程生动而不枯燥,充分利用所讲授的实例和项目激发学生的学习积极性和学习兴趣,改变"满堂灌"的教学状况。

教学中应更多地运用现代信息技术手段,以多媒体技术和网络为平台,利用国际贸易实验室、数控仿真等软件,弥补传统授课方式的局限性,使教学内容更加形象直观、丰富多彩。

2. 开展丰富多彩的课外实践活动

定期开展以专业为依托的形式多样的课外实践活动是提高学生实践能力的重要途径之一。通过学生自行组织的计算机协会、动漫工作室、英语俱乐部等专业社团，广泛吸收学生中的相关专业爱好者，定期开展活动，逐渐形成良好的专业氛围和浓厚的学习兴趣。

开展各类实践竞赛活动，如举办网页设计大赛、摄影比赛、科技节等，激发学生的专业兴趣与热情。将课堂教学与课外活动相结合，提高学生的实践能力，培养严谨的工作作风。

四、转变实践教学形式

1. 模拟型向实用型转变

改变传统的模拟型实训项目，把实训内容与生产实际紧密结合，从现实应用中提取素材，直接与职业岗位实际工作接轨。

2. 指定型向自主型转变

过去的实训多由指导教师提出课题，学生根据要求按部就班地完成，其创造力和自主精神受到很大制约。应基于岗位工作过程，由教师提出实训任务，按照咨询、决策、计划、实施、检查、评价的"六步法"实施教学，提高学生的自主创新力。

3. 验证型向创造型转变

验证型实践的目的在于求证"已知"，创造型实践的目的在于探求"未知"，高职教育的实践教学应从培养创新人才的目标出发，强调创造型的实践教学。

4. 单一型向综合型转变

实践教学应注重学生综合能力的培养，注重专业知识的交叉和融合，以扩大学生的知识面与提高工作适应能力。

五、加大实训条件建设

实训条件的建设是实践教学的基本保障。高职教育的特点，对实验室和实训基地的建设和管理提出了更高的要求。一方面要求完善和规范现有的实验实训场地和设施，另一方面要求深化校企合作、产学结合实践模式，拓宽高职教育的办学思路。

1. 加强校内实训条件建设

按照"源于现场，虚实结合，学练一体，校企共建"的原则，进行校内实训条件建设，突出职业技能的培养。校内专业实训室建设，要注重实用性、综合性和先进性。

通过学校投入和校企共建等方式，不断改善校内实训条件。充分利用网络技术建立虚拟实训室、虚拟工厂，使学生通过虚拟平台真实地了解和掌握各种技术，保证实训的开放性、针对性，使学生训练不再受时间、地点的制约。对已掌握的技能，学生不必再浪费时间，可以按照自己的需要自行选题，同时也可以和专业技术人员及其他院校的学生进行合作、交流、讨论，实现新技术的资源共享。

2. 按照互利互惠的原则，加大校外实训基地建设力度

校外实训基地建设是高职实践教学改革的主要内容，依托行业企业，校企合作、产学结合是高质量培养高职人才的有效途径。本着优势互补，校企"双赢"的原则，采取"请进来、走出去"等方式，选择装备水平高、技术岗位多、新技术应用广泛、管理规范的周边大、中型先进企业，建立长期稳定的校外实训基地，签订校企合作协议，明确双方的责、权、利。为真正发挥校外实训基地的功能，学校应主动为企业提供技术服务，解决技术难题，并聘请企业技术人员进行现场教学，企业为学校提供实训场所与便利条件（工作条件、生活条件），并与学校共同承担实训教学任务，校企紧密合作为高技能人才综合应用能力的培养提供了有效的保证。

第九章 现代职业教育体系的建设基础

《规划纲要》实施以来，我国职业教育的经费投入不断增加，发展规模稳步扩大，体系和结构循序调整，对促进社会繁荣发展、经济结构调整、产业转型升级和人民生活改善做出了贡献。然而，随着经济发展方式和产业结构调整速度逐渐加快，社会生产力的技术水平不断提高，职业教育的供需矛盾和吸引力不高等问题依然突出。一方面，高素质高级技能型人才严重短缺，低端技能人才培养过剩，难以满足产业升级的需要；另一方面，国家财政对职业教育的投入不断加大，但职业教育的吸引力依然不高。为此，在"十三五"规划期间，必须加快完善职业教育的法制体系，遵循市场运行机制，深化产教融合和校企合作的机制体制建设，深入推进职业教育的供给侧改革，消除职业教育的体制性问题、结构性矛盾和吸引力不足等问题，为社会经济发展方式转变、产业经济结构调整、提高人民大众生活水平、满足学习者的多样化需求等提供优质的教育服务。

第一节 职业教育对社会经济的贡献及发展困境

《规划纲要》发布与实施以来，我国职业教育的规模不断扩大，体系更加完善，结构趋于合理，为社会经济的发展提供了大量的人才资源。但是，随着社会经济转型速度加快，职业教育的深层次矛盾也日益明显，限制了职业教育的发展潜力。

一、职业教育对社会经济发展的重要贡献

1. 为学习者提供了就学机会

《规划纲要》实施五年以来，职业教育累计提供 24382.17 万个就学机会，其中，高等职业教育（专科）累计招生 1606.51 万，中等职业教育累计招生 3742.08 万，初等职业教育累计招生 2.93 万，职业技术培训机构累计招生 19029.44 万。2014 年，中等职业教育招生数为 628.9 万人，与普通高中招生规模大体相当，占高中阶段教育招生数的比例为 44.11%，已经成为普及高中阶段教育的重要力量；2014 年，高等职业教育招生数达到 337.98 万人，招生数占高等教育招生数的比例达到 46.9%，已经成为实现高等教育大众化的重要组成部分。

2. 搭建了人才培养的"立交桥"，为学生继续深造开辟了通道

《规划纲要》实施以来，逐步构架了纵向衔接、横向沟通的职业教育人才培养体系，为学生继续深造搭建了"立交桥"。一方面，通过高职分类考试招生、中高职贯通培养、课程学分管理等方式，逐步建立中、高等职业教育相互衔接的体系。2014 年，高职分类考试招生 151 万，占高职招生人数的 45%；另一方面，通过自学考试、成人高等教育、开放大学招生和普通高校推荐等方式，实现了职业教育和普通高校之间的沟通，为职业教育学习者转换教育类型提供了可能。

3. 培养了大量的高素质技术和技能型人才

《规划纲要》实施以来，职业教育为社会经济发展提供了大量人才资源，已经成为培养高素质技术和技能人才的重要教育类型。据统计，2010—2013 年职业教育累计培养 24336.04 万各类技能型专业人才，占新增就业人口的 60%，极大地提高了劳动者素质。其中，高等职业教育向社会提供 1084.45 万劳动力，中等职业教育向社会提供 3307.98 万劳动力，初等职业教育向社会提供 4.62 万劳动力，职业技术培训机构为社会提供 19937.84 万专业人才。近年来，中等职业教育毕业生的就业率保持在 95% 以上，高等职业教育学生毕业半年后就业率达 90%，就业对口率接近 76%，占加工制造、高速铁路、

城市轨道交通、民航、现代物流、电子商务、旅游服务、信息服务等行业新增从业人数的70%以上。

4. 为教职工提供了就业机会和专业技能岗位

据不完全统计，自《规划纲要》实施以来，职业教育系统年平均提供59.88万个面向各类教职工的就业岗位、41.11万个面向各类教师的专业岗位。其中，高等职业教育年平均为社会提供60.05万个面向各类教职工的就业岗位、41.40万个面向各类教师的专业岗位；中等职业教育年平均为社会提供118.18万个面向各类教职工的就业岗位、87.21万个面向各类教师的专业岗位；初等职业教育年平均为社会提供0.17万个面向各类教职工的就业岗位、0.15万个面向各类教师的专业岗位；职业培训机构年平均为社会提供49.22万个面向各类教职工的就业岗位、27.47万个面向各类教师的专业岗位。随着现代职业教育体系建设进程进一步加快，职业教育还将释放更多的职业岗位。

5. 为文化教育消费结构调整提供了新途径

2010年以来，国务院、教育部、财政部等中央部门，以及各省市自治区的地方政府越来越重视职业教育对现代经济社会的重要作用。在中央财政的引导下，各级地方财政持续加大对职业教育的投入，生均经费标准逐年增加，办学条件得到了极大改善，职业教育的办学特色和优势逐步显现，成为文化教育消费的重要增长极，优化了我国文化教育消费结构。在职业教育的投入机制中，政府的主体作用更加明显，全国各地基本都制定了生均经费标准，生均经费和生均公共财政支出不断增长，教育附加费用于职业教育的比例逐步落实，学费免除和学生资助政策覆盖面扩大。近年来，为了进一步提高职业教育基础能力，增强职业教育的吸引力，教育部和财政部在增加财政性教育经费增长的同时，还就职业教育发展中的关键领域和薄弱环节设立了系列专项项目，主要支持了职业院校基础能力建设项目、示范性学校建设项目、职业学校学生资助项目和综合奖补项目四类重大建设项目。但是，职业教育多元化的投入机制仍有很大的改革空间，社会力量举办职业教育的潜力还需要进一步激活，民办职业教育的主体地位还没有凸显。2010—2011年，中等职业教育的国家财政性经费投入年平均递增率为18.2%，国家财政性经费占中等职业教育总经费分别为71.3%和76.8%；同时期，民办中等专业学校的年办学经费为129023万元和128688万元，分别仅相当于公办中等职业教育同期办学经费的0.95%和0.79%。

二、职业教育在服务社会经济发展中存在的主要矛盾

经济新常态时期，现代职业教育体系建设的两大深层矛盾更加明显：一是职业教育人才供给的结构性矛盾，即社会经济转型升级所需要的高素质的高端技能和技术型产业人才严重短缺，而低端技能型产业人才培养过剩；二是职业教育经费投入的绩效性矛盾，即产业经济增速换挡过程中，国家财政承受较大的支付压力，仍然不断提高职业教育的经费投入，但职业教育的社会吸引力依然不高。

1. 职业教育人才供给的结构性矛盾

（1）职业教育人才供给机制掣肘

改革开放以来，我国的经济领域逐步与市场经济体制接轨，而教育领域还基本维持计划经济体制，导致职业教育的人才培养模式相对封闭。到目前为止，我国职业教育还没有在市场经济体制条件下形成深度融合的校企合作机制，人才培养的供需矛盾依然突出，不能紧密追踪产业的有机构成变化，从而引导人力资源多元分流、促进劳动力素质有效升级；不能及时将新产业、新工艺和新技术转换为专业人才培养方案和课程教学内容，不能很好地满足经济新常态下产业结构加速调整和社会经济发展方式快速转变的需要，难以引导产业人才从城市向农村、从工业向农业进行适度反哺，不能快速响应职业教育学习者升学、就业、转岗、换业、创新、创业等多样化的学习需求。

（2）职业教育人才供给能力薄弱

经济新常态下，职业教育人才供给能力薄弱主要体现在两个方面。一方面，当前我国的职业教育人才供给能力尚不能满足社会经济高速增长的需要。自十一届三中全会以来，中国经济发展的两大重要特征是持续高速增长和体量巨大，甚至有些年度还出现两位数的增长。尽管近年来受世界金融危

机余波效应冲击，我国的经济发展有所减速，但是依然是全球经济增速最快的经济体。2011—2015 年我国国内生产总值（GDP）平均增长速度为 7.82%；2014 年 9 月底，世界银行和国际货币基金组织按照人均 GDP 数据及"购买力评价"做调整排名，认为中国已经是世界最大经济体。我国产业经济的高速增长和巨大的经济体量，对产业工人的需求巨大。据统计，2011—2015 年平均就业人口数为 76961 万人；2015 年末全国就业人员 77451 万人，其中城镇就业人员 40410 万人。然而，由于我国职业教育的专业布局与产业布局结构的匹配度不高，以及近年来产业结构调整速度不断加快，而职业教育的专业调整速度相对迟缓，从而导致职业教育人才培养规格不能满足社会经济发展的要求。另一方面，我国职业教育还不能满足社会民生发展的深层次需求。随着城市化率逐年提高，我国社会人口、社会消费和居民需求特征出现了新变化。2011—2015 年，我国的城市化率从 51.27% 提高到 56.10%，第一产业人口逐渐向第二、三产业转移，城镇人口比例逐年增加，农村空心化、过疏化现象严重，社会劳动人口数量减少，人力资源流动频繁，社会出生人口和学龄人口下降，老龄化和社会抚养比增加；2011—2013 年，城镇居民和农村居民的恩格尔系数分别从 36.3 和 40.4 降至 35.0 和 37.7，社会消费和居民需求结构呈现多样化，交通、通信、医疗保健、文化、教育和娱乐等消费需求逐年上升，环境治理形势更加严峻。经济新常态下的这些社会变化，给职业教育提出了新的要求。然而，多年来我国过分强调经济总量和发展速度，职业教育的法律、制度和标准体系建设、教学和实训条件建设、课程设置、专业建设和师资培养等大多紧密围绕经济收益的短期效应展开，导致职业教育难以满足社会民生发展的深层次需求，也阻碍了职业教育满足各类学习者多样化、个性化学习的需求。

（3）职业教育人才无效供给过剩

随着历次产业经济调整政策的实施，我国国内生产总值构成开始大幅分化。据统计，自改革开放以来，我国第一产业比重不断下降，第三产业比重不断上升，并在 2012 年以 45.5% 的微弱优势超过了第二产业的 45.0% 的比重；2016 年第 2 季度数据显示，第三产业所占比重已经达到 52%，第二产业则为41%。近年来，产业结构调整和技术升级的步伐逐步加快，新技术、新工艺、新业态、新产业和新的经营管理模式不断涌现，短期内社会职业岗位的有效供给将会相对不足，劳动密集型产业供给的职业岗位将会不断淘汰并释放大量低端技能的产业工人，这些工人在经济新常态下属于无效的劳动力资源供给。此外，当前职业教育（尤其是学校职业教育）的办学模式相对封闭，难以按照市场经济的运行方式灵活调整专业和课程设置、人才培养和教学计划，从而导致职业教育不能满足社会经济的快速变革对人才的需求，必然造就大量新的无效的劳动力资源供给。这样，职业教育新、旧无效人才供给不断积累，就会造成教育资源和人才资源的严重浪费。

2. 职业教育经费投入的绩效性矛盾

（1）国家财政投入总量巨大，但社会吸引力依旧不高

近年来，国家财政对职业教育的投入力度逐年加大。2014年职业教育经费比2010年增长了42.2%，财政性经费比2010年增长了75.2%；2013年中等职业学校生均公共财政预算公用经费支出比2012年增长了20.2%；地方教育附加费用于职业教育的比例不少于30%的要求逐步落实。尽管如此，由于职业教育所涉及的职业岗位的薪酬待遇、社会形象和社会地位普遍较低，以及人力资源市场和公务员考试制度存在歧视性等原因，职业教育学习者的发展空间狭窄，导致职业教育的社会吸引力依然不高。从统计来看，2011年中等职业教育招生数为813.90万，而2015年则为601.25万，下降了25%。2016年，高等职业教育甚至"有相当数量的高职高专院校遭遇'零投档'"的现象。

（2）国家财政支付压力增加，但经费投入需求量更大

经济新常态时期遭遇"三期叠加"，"增长速度由超高速向中高速转换"已经成为既定事实，中国经济将"面临全球需求疲软造成的'下行压力'"，国家财政的支付压力必然增大。根据一般公共预算支出和一般公共预算收入的比值折算，2011—2015年我国的公共财政支付压力系数为1.05、1.07、1.09、1.08和1.16（具体计算过程请见附录），这就说明最近几年国家财政赤字有上升趋势，其中2015年中央财政赤字为11200亿元。可见，尽管国家教育财

政的投入呈现增长态势,但是从职业教育投入构成来看,国家财政投入比例非常大,而其他渠道的投入比例较小且呈现下滑趋势。可以预见,在未来一段时间内,国内生产总值增速必将持续趋缓,国家财政支付压力必然持续增大,未来期待国家财政加大对职业教育的投入似乎不太现实。

（3）免费制度实现全面普惠,但难以满足差异化发展

齐性化的职业教育免费制度与差异化的区域发展需求之间存在悖论。进入21世纪以来,党和国家把发展职业教育放置在突出的战略位置,并且非常关心家庭经济困难学生能否顺利接受职业教育。2014年,中等职业学校全日制"在校生中所有农村（含县镇）学生、城市涉农专业学生和家庭经济困难学生已享受免学费政策",占在校生的91.5%；同时,家庭经济困难和涉农专业的学生享受每年2000元的国家助学金,助学金覆盖率近40%；高等职业院校奖学金覆盖近30%的学生,助学金覆盖25%以上的学生。"十三五"规划期间,将进一步"逐步分类推进中等职业教育免除学杂费"。然而,职业教育免学费政策的实施效果并不充分乐观,不但在一定程度上阻碍了民办职业学校的结构优化,甚至还制约了职业教育免费制度公平性的初衷。

三、制约职业教育社会经济贡献度的原因

在经济新常态下,现代职业教育体系治理制度体系创新乏力和治理体制改革滞后是导致两大深层矛盾的重要原因。因此,在经济新常态下,必须积极完善现代职业教育治理体系,进一步释放改革的潜力和红利。

1. 治理制度创新乏力,不能满足发展需求

（1）国家层面宏观制度改革迟缓,制约现代职业教育体系价值导向

首先,国家分配制度和人力资源管理制度的改革不协调。长期以来,国家一直努力通过"增加居民收入在国民收入中的比例、劳动报酬在初次分配中的比例"等措施改革分配制度。然而,由于历史原因,编制内外和各类编制的劳动者之间在社会分配过程中形成了巨大的收益差异：各类编制的劳动者之间的收入分配、薪水和福利待遇、社会地位、能够支配和利用的教育资

源和社会资源等相差较大；尚未健全由知识、技术、管理等市场要素决定的报酬机制，劳动报酬在初次分配中占比偏低；编制类别造成的社会阶层之间的差距不断扩大，且具有较强的终身性，社会垂直流动的阻力较大。长此以往，就逐渐形成了不利于参与初次分配而有利于参与再分配的劳动者的社会分配制度，这就使得职业领域以工匠精神、职业精神和专业化发展为核心的职业文化传承遭受较大的阻力。面对这些问题，当前的职业教育不仅基本上无所作为，反而固化了社会阶层的差异，从而更加削弱了职业教育的社会吸引力。

其次，人力资源培养和职业资格认证存在"双轨运行"的局面。就目前来看，职业教育形式上的多元培养机制并没有在市场机制下形成良性互动的竞争和合作机制。教育部只能给管辖内的职业院校颁发学历证书，而人力资源和社会保障部则不仅可以向管辖内的技工院校颁发学历证书，还可以向全社会颁发职业资格证书，两大职业教育系统之间相对封闭并自成体系，且均在不同程度上将行业企业等劳动力的最终使用者排斥在人力资源培养体系的主体地位之外。然而，从社会化大生产角度来看，教育部门、人事部门和产业部门分别主要承担人力资源的培养、配置和使用职能；但是，截至目前，它们之间尚未形成良好的协调和制约机制，尽管后两者会对教育部门出台的人力资源培养制度和政策进行会签，但是它们并不对这些制度和政策的执行力进行背书，因此对它们也不具有强烈的自我约束力和协作合力。

最后，部分政策存在限制性，不利于职业教育发展。长期以来，对职业教育学生升学和转换教育类型的限制性政策、对职业院校升格的限制性政策，以及国家公务员选拔考试对职业教育学生的限制性政策等，在一定程度上削弱了职业教育的社会地位；对公共财政的公益性和社会资本的私有性认识不足，因而对民办职业教育的地位和盈利问题一直讳莫如深，限制了社会力量大规模举办职业教育。近年来，国家正在积极消除前期政策失衡对职业教育的不利影响，并通过大力改革降低制度性的办学成本和学习成本，逐渐放松职业教育学生的升学政策，逐步清理对民办教育的不利条款。

（2）职业教育基本制度供给疲软，制约现代职业教育体系发展需求

首先，职业教育的核心法制体系建设滞后。自1996年第一部《职业教育法》颁布以来，职业教育开始走上法制化的轨道。但是，随着社会经济变革逐步深入，职业教育与产业部门之间的关系已经发生深刻变化，《职业教育法》的很多条款已经不能适应当前发展形势，国家依法治教和跨部门协作治理职业教育显得力不从心，行业企业和中介组织缺乏全面举办职业教育和深层参与治理职业教育的法制基础，限制了职业教育产教融合、校企合作、工学结合等教育理念的深入实施。

其次，职业教育的周边法制体系强制力不足。近年来，《中等职业学校学生实习责任保险实施方案》（教职成司函〔2010〕8号）、《职业学校兼职教师管理办法》（教师〔2012〕14号）、《职业学校教师企业实践规定》（教师〔2016〕3号）、《职业学校学生实习管理规定》（教职成〔2016〕3号）、首批《职业学校专业（类）顶岗实习标准》目录（教职成厅函〔2016〕29号）等相继颁布，但是依然存在依法治理职业教育的空白区域。特别是，这些部委的规定尚未上升为成文的法律条款，法律强制性不足，执行监管困难大，既不利于政府在新时期依法治理职业教育，也限制了职业教育办学主体之间有序竞争并通过市场机制实现优胜劣汰。

（3）职业教育标准体系供给不足，制约现代职业教育体系有序竞争

首先，职业教育的标准体系不健全。尽管近年来颁行了《中等职业学校教师专业标准》《中等职业学校校长专业标准》《中等职业学校设置标准》等一系列标准，但是仍然不能构成完善的标准体系，如高等职业院校的设置标准、职业教育教师的建设和专业发展标准以及职业教育质量标准仍在酝酿当中。

其次，职业教育的标准修订进程缓慢。职业院校的专业教学标准正在相继颁布，各省级行政单位基本全部制定生均拨款标准，但是在经济新常态下，产业经济结构升级速度日益加快，而国民经济"可能会经历一个'L'形增长阶段"，财政支出压力必然增加，目前职业教育的经费投入"与职业学校

实际办学需求相比我国职业教育生均经费差距较大",因此职业教育的相关标准必须与时俱进进行修订。

2. 治理体制改革滞后,制约宏观调控能力

(1) 职业教育管理体制积弊依旧,制约市场机制发挥效力

改革开放以来,为适应社会经济发展的阶段性需要,国务院经过六轮较大规模的行政管理体制改革,逐步形成了基本适应社会主义市场经济体制的组织架构和职能体系,政府职能转变取得重要进展,国家在公共管理中的行政职能更加高效,产业经济部门逐渐按照市场经济规律运转。然而,教育部门与经济部门并没有实现同步化的体制改革,教育部门和产业部门之间原有的业务纽带断裂,教育部门在很大程度上依然按照行政级别进行建制,导致目前仍未形成基于市场经济体制的校企协作机制,职业教育积留已久的体制性问题还需要进一步通过改革以求解决。

(2) 职业教育举办体制相对封闭,制约内在的开放性需要

20世纪90年代末到21世纪初,中央各部门的职责进一步明确,除了原劳动部举办的院校外,其他各个部委的院校逐步划转给教育部门管理,政府围绕经济建设不断调整职能定位,产业部门与职业教育之间的隶属关系被打破,从而导致职业教育形成相对封闭的办学体制,既难以深入实施产教融合、校企合作、工学结合等职业教育理念,也难以从行业企业获得必要的教学资源,学生和教师得不到足够的生产性技能的专业训练,人才培养规格不能较好地满足产业经济发展的需要,造成了职业教育的质量问题和人才培养的结构性矛盾。

(3) 职业教育管理机制行政主导,制约双重调控耦合互动

经济结构决定了国家治理手段的取向。当前,我国依然处于社会主义初级阶段,国家经济结构中,全民所有制经济依然占据主导地位,除了流通领域外,社会大生产的其他环节还没有完全实现市场经济体制。政府对流通领域主要依靠法律体系和市场机制进行治理,但是对于产业部门的其他领域还主要依靠行政命令和政策进行干预。经济基础对政治和教育等上层建筑的规定性作用,导致教育部门依然按照行政级别来建立组织架构,并依靠行政命

令和教育政策实现治理,这就导致职业教育经费中国家财政性拨款负担很重。这样,在面临职业教育结构性矛盾的时候,政府依然只能采用行政手段进行干预,市场机制很难在职业教育治理中发挥有效作用,行政命令和市场机制有效结合的职业教育治理模式还没有完全实现。

第二节 职业教育面临的机遇和挑战

近年来,职业教育工作紧紧围绕着国家经济社会发展需求,按照服务全局、回报社会、推进改革、体现创新的工作思路,积极建设现代职业教育的体系,着力培养高素质技术技能型人才,取得了重要进展。然而,随着国际国内形势的变化,职业教育开始进入机遇和挑战并存的重要发展时期,必须准确把握战略机遇期的深刻变化,更加有效地应对各种风险和挑战,早日建成具有中国特色、世界一流的现代职业教育体系。

一、治国理政的全新布局对职业教育提出了新的发展要求

随着"一带一路""四个全面""转方式、调结构、惠民生""大众创业、万众创新""中国制造 2025""工业 4.0""互联网+""供给侧结构性改革"等新政逐步实施,国内经济结构快速升级,经济发展方式不断转变,同时经济增长速度有所放缓,对职业教育的发展产生了重要的影响。

1.我国的国际合作战略新布局要求职业教育必须树立国际视野

十八大以来,我国提出重点实施以"一带一路"为核心的一系列国际合作战略,上海合作组织开发银行和亚洲基础设施投资银行等国际性金融组织相继成立,人民币纳入特别提款权(SDR)货币篮子,并于 2016 年 10 月 1 日起执行,人民币被认定为第五大可自由使用的国际货币,迫切需要职业教育树立国际视野。首先,"一带一路"战略涉及 60 多个国家,数十个语种,

人口约 44 亿，经济总量约 21 万亿美元，需要职业教育紧密围绕战略的实施，调整人才培养格局，培养既精通业务，又熟悉外语，还了解当地社会文化和风土人情的复合型人才，发挥他们在各国交流合作中的"桥梁"作用。其次，我国的国际化步伐日益加快，需要职业教育加强国际交流，为产业输入国服务。中国实施"蓝海战略"由来已久，在亚洲、非洲、拉丁美洲、欧洲等海外投资结构越来越复杂，从资本构成上来看，既有中国独资产业，也有中外合资产业；从技术构成来看，既有铁路运输、通信网络、信息产业等技术水平较高的产业，也有服装、食品、木材加工和农业种植等传统产业，因此需要职业教育按照我国海外投资的结构，依托产业出海的机遇，为海外企业培养所需要的人才，为产业输入国培养所需要的专业技能人才，尤其要着力培养这些产业后续发展所需要的人才。

2. 我国的国内经济发展新战略要求职业教育转变发展重点

近年来，伴随世界经济和全球产业分工格局的巨大变化，我国经济发展方式和产业结构也发生了快速转变，"中国制造 2025""工业 4.0""互联网＋""转方式、调结构、惠民生""大人创业、万众创新""结构性改革""供给侧改革"等经济政策逐步实施，以机器人为代表的先进制造技术开始加速进入生产领域，社会经济领域的技术水平不断提升，为职业教育的体系建设和结构调整指明了新的方向。为此，习近平总书记在 2014 年 6 月就加快职业教育发展做出重要指示，强调职业教育是国民教育体系和人力资源开发的重要组成部分，是广大青年打开通向成功成才大门的重要途径，肩负着培养多样化人才、传承技术技能、促进就业创业的重要职责，必须高度重视、加快发展。李克强总理也多次提到"大众创业、万众创新"，不断地鼓励全民创业，破解就业难题，推动国内经济结构加速转型，重点向第三产业、高新技术产业和互联网领域发展，催生经济社会发展新动力。2015 年 12 月举行的中央经济工作会议，进一步阐明了新一届中央领导集体的治国理政方针，为当前和今后一个时期职业教育改革发展指明了方向。职业教育决定着产业素质，代表着民族品牌，关系着"转方式、调结构、惠民生"的国内社会经济改革的新布局，必须从服务治国理政的高度来明确定位，突出职业教育作为教育类型的基本属性，在更新理念、适应需求、科学统筹、运行有效、符合规律、突出特色、人民满意等方面取得新进展。

3.我国区域发展新战略要求职业教育加快发展步伐

为了改变区域发展之间的差异，我国提出了统筹城乡综合改革、区域经济一体化等多种区域发展战略，这些战略为职业教育提供了新的发展空间。首先，统筹城乡综合改革为职业教育体系改革提供了新的机遇。统筹城乡改革是推进国家治理体系和治理能力现代化的重大改革举措之一，它旨在促进城市和乡村、城市居民和农村居民、各种产业结构、各个社会部门之间协调发展、共同繁荣和共同进步。为此，必须研究职业教育在统筹城乡综合改革中的发展空间和定位，实现职业教育和社会经济的互动发展和有机融合。其次，京津冀协同发展和长江经济带联动发展等区域经济一体化改革为职业教育的横向合作提供了新的契机。为此，职业教育必须紧跟区域改革的步伐，根据区域产业发展需要调整人才培养结构、专业结构和办学模式，缓解区域人力资源市场的供需矛盾，推动贫困地区脱贫致富，缩小区域之间的发展差距；在人才类型上，要能够涵盖新型职业农民、中等技能人才、高等技术人才、高级研发与管理人才等；在行业领域分类上，要能够覆盖制造、物流、交通、贸易、环保、管理等行业，加快培养物流、交通、贸易、环保、管理等行业紧缺人才。

二、经济体制改革促使职业教育投入机制改革

1.经济增速趋缓，国家财政支付压力增大

要在2020年如期建成现代职业教育体系，必然需要大量的经费和资源投入，然而经济增长方式转变、经济结构调整加速、经济增速趋缓，已经成为新常态，这对政府财政投入职业教育的压力会越来越大。据统计，尽管我国国内生产总值和经济增速依然比较乐观，经济基本面长期向好，但是经济的增速则有较大幅度的减缓。2010—2015年，我国GDP增速分别是17.78%、17.83%、9.80%、9.50%、11.89%和6.90%，相比职业教育不断增长的规模而言，每年国家财政的投入均呈现增长态势。然而就整个职业教育

经费和资源投入的结构来看,国家财政投入占非常大的比例,而其他渠道的投入则呈现逐渐下滑的趋势,且所占比例较小。因此,在现代职业教育体系建设的关键时期,必须拓宽职业教育的投入渠道,运用市场手段建成多元化的投入机制。

2. 职业教育未来发展规模庞大,所需要的资源和经费缺口巨大

首先,教师资源缺口巨大,需要大量的教师培养和培训经费。就2013年的职业教育规模来看,独立设置的职业技术学院1321所、中等职业教育12262所、职业初中40所、职业技术培训机构112293所,当年度总计在校人数74136194人,当年度专职教师人数1579798人,生师比为46.93∶1,按照教育部规定的合格生师比18∶1测算,当年度的专职教师缺口相当大。尽管专兼结合的办法在一定程度上缓解了师资不足的问题,但是并不能从根本上解决问题。其次,按照《国家中长期教育改革和发展规划纲要(2010—2020年)》《关于加快发展现代职业教育的决定》(国发〔2014〕19号)、《现代职业教育体系建设规划(2014—2020年)》等文件规定,现代职业教育体系预设的蓝图是广义的职业教育体系,即能够"适应经济发展方式转变和产业结构调整要求、体现终身教育理念、中等和高等职业教育协调发展的现代职业教育体系,满足人民群众接受职业教育的需求,满足经济社会对高素质劳动者和技能型人才的需要"。可以预想,要建成现代职业教育体系所设想的规模,生均经费、日常经费、校舍基本建设经费、实习实训基地建设经费等多方面的经费需求缺口非常大,这必然给国家财政造成巨大的支出压力。

3. 市场经济体制逐步完善,但是社会投入还存在"瓶颈"

中国经济体制改革的方向是,深化经济体制改革,使市场在资源配置中起决定性作用,坚持和完善基本经济制度,加快完善现代市场体系、宏观调控体系、开放型经济体系,加快转变经济发展方式。市场经济体制和产权制度进一步完善,为社会资源的广泛配置提供了基础。首先,市场机制逐步健全,为职业教育经费和资源投入机制改革提供了新的方向。为此,国家需要根据经济体制改革的指向,在制订负面清单基础上,建设与市场机制衔接的

职业教育办学制度,建立公平、开放、透明和统一的职业教育准入制度,保障各类办学主体的权益,能够以平等的身份依法举办职业教育。其次,完善的产权制度给职业教育的经费和资源投入带来新的挑战。十八届三中全会提出完善产权保护制度的改革内容,为形成多元化的职业教育经费投入机制奠定了操作基础。因此,必须对现有职业教育的产权进行分类和确权登记,形成归属清晰、权责明确、监管有效的职业教育资产产权制度;要制定利于促进职业教育投入渠道多元化的法律和制度,确定各类产权、产权人以及产权部门的责、权、利,依此作为经费投入和利益分配的法律依据,确保各类资本准入和退出有法可依。

三、产业经济的结构变化要求职业教育升级和转型

1.产业经济的技术升级,促使职业教育体系升级

当前我国产业结构优化升级涉及三方面:一是推动培育战略性新兴产业,具体包括节能环保、新一代信息技术、生物、高端装备制造、新能源、新材料和新能源汽车;二是加快以制造加工为主的劳动密集型等传统产业转型调整,解决其产能利用率低、产能严重过剩、结构性矛盾突出等问题;三是大力发展服务业,特别是现代服务业,包括生产性服务业、消费性服务业、公用性服务业和基础性服务业,是战略性新兴产业的重要支撑;其中,生产性服务业是现代服务业的主体,包括现代物流业、交通运输业、金融服务业、商务服务业和信息服务业等。当前,我国产业结构优化升级遇到的问题主要是中高端技术人才短缺、创新能力不足、国际服务贸易比重低,这就要求职业教育深层次了解产业升级的新动向,及时提升办学层次,密切联系行业企业,不断深化教育教学改革,提高人才培养的质量,调整专业和课程结构,改革教学方式,尤其是要积极改进实训教学方式,积极寻求产业结构优化升级过程中的机遇。

2.产业经济的结构变化,促使职业教育结构调整

当前,我国产业结构重心已经基本完成由第一、二、三产业向第二、三、一产业的转换,并正在继续向第三、二、一产业结构转换,这个趋势与我国

劳动力的分布情况和流动情况相吻合。产业结构升级期间，农村大量剩余劳动力向城镇第二、三产业转移，而相比于第一、二产业而言，第三产业对劳动力吸纳的潜力较大，更能够促进产业结构与就业结构的协同发展。因此，要结合产业结构规划，及时调整职业教育的专业结构，针对第一产业，开展适应农业规模化发展和优势生态农业的职业教育和技能培训，促进农村劳动力的升级和农村剩余劳动力的转移；针对第二产业，升级职业教育的人才培养层次，大力培养职业素养高、技术技能水平过硬的高级职业人才，以适应高新技术产业、高科技含量产业的用工需求；针对第三产业智力性、创新性、战略性和环境污染少等特征，积极开展专业学位研究生教育，着力培养综合型、精英型职业技术人才。

3.产业经济发展速度趋缓，需要职业教育注重内涵发展

2015年，国民经济仍运行在合理区间，经济结构进一步优化，转型升级进一步加快，人民生活进一步改善。但是，国际形势更加错综复杂，经济下行压力不断加大，经济发展速度趋缓。因此，职业教育要适应社会经济发展新常态，使发展规模与产业发展速度相适应，着力加强供给侧结构性改革，走内涵发展道路，与产业行业紧密合作，及时调整人才培养方案，编制能够反映行业产业最新技术和生产工艺的专业结构与课程体系，引进行业企业的岗位用工标准，引入行业企业对人才培养质量的评价机制，与行业企业形成教师资源、实训资源等共享共赢局面，切实提高职业教育发展的质量。

四、新兴信息技术促使职业教育改革教学和管理模式

近年来，云计算、物联网、移动互联网、新一代移动通信等新兴信息技术快速发展，激发了科技和社会发展的需求潜力，促进了社会经济发展方式的转变，促进了产业结构的优化升级。新兴信息技术给职业教育的发展也带来新的生机，涌现出仿真实训、慕课（MOOC）、微课、远程教学等新的教学方式，以及各种信息管理系统，给职业教育的教学管理和评价、课程和专业建设、教学方式和教学组织形式等带来了极大的冲击。

1.新兴信息技术促使职业教育改革课程和专业建设模式

新兴信息技术改变了产业部门的分工秩序,部门内部的分工也更加细致,生产工艺、制造技术、生产分工、销售方式、组织管理方式等发生巨大变化,职业类型和职业岗位要求不断更新,促使职业教育必须根据产业内部分工和企业组织内部分工的情况,研究工作领域中对职业资格要求的最新变化,调整专业类型和专业结构,更新课程内容和课程结构,重新编制课程标准,改革人才培养方案、教学组织形式和教学制度安排。

2.新兴信息技术促使职业教育改革教学方式

新兴信息技术对教师的教学方式和学生的学习方式都产生了重要影响。在课堂教学中,多媒体技术可以将许多抽象的、难以用语言和二维图形表达的教学内容形象地展示出来;在实验实训教学中,计算机模拟和仿真技术为实验和实训节约了空间、时间和成本,且具有试误容错功能,给学生提供了重复实验和实训机会,便于巩固职业知识和职业技能。在学习过程中,运用云计算和移动计算技术,可以为职业教育的学习者提供多种在线学习资源,使学习者可以随时随地进行差异化和个性化的学习、在线作业,并参与教学评价;运用大数据技术,可以分析每个学习者的学习习惯、困难和不足,自主定制、分发个性化的学习内容和学习任务,促使每个学习者都能够实现自主学习和自主职业发展。

3.新兴信息技术改变了职业教育的管理模式

首先,新兴信息技术对职业教育的行政管理模式和教学管理模式提供了新的解决方案,促使职业教育的教务、学籍、学分、人事、财务、就业、教学质量评价等内部管理,以及校企合作机制体制建设等外部管理的信息化程度不断提升。其次,新兴信息技术为职业教育的资源管理模式提供了新的解决方案。当前,职业教育体系内部的资源和社会职业教育资源都比较分散,运用新兴信息技术可以建立区域职业教育资源配置系统,实现区域内职业教育资源的优化配置、调度和调剂。

4.新兴信息技术对职业教育的师资建设提出新要求

首先,新兴信息技术影响产业部门分工秩序,并使产业分工加速,分化出很多新的职业,产生了很多新的职业知识、新的工艺和新的生产技术,这就要求职业教育的教师必须通过下厂锻炼等继续教育方式,更新专业知识,提升专业教学技能和教学水平。其次,新兴信息技术促进了职业教育教学方式的改变,要求教师必须懂得运用这些新技术开发课程、实施教学、进行教学评价,以及与学生及其他利益相关者交流互动。最后,新兴信息技术影响了职业教育的教学管理方式,要求职业教育的教师能够适应信息化管理的新趋势,在线提交相关教学管理文件、在线分发和批改学生作业、在线评价学生的学习绩效等。

五、社会民生发展需要职业教育深层次改革

1. 城市化率和产业人口分布影响职业教育的布局结构

根据统计,2009—2015年城镇人口比例逐年增加,分别为48.34%、49.95%、51.27%、52.57%、53.73%、54.77%和56.1%,乡村人口比例则逐年降低;从2009—2015年中国经济活动人口数量和比例来看,第一产业人口逐年减少,第二、第三产业人口逐年增加。城市化率和产业人口分布情况给职业教育的发展提出了三个要求:其一,根据产业结构的发展趋势,调整职业教育体系的专业结构,提高面向第二、三产业的专业的比例;其二,根据产业结构升级的情况和行业产业对职业资格的最新要求,调整职业教育的人才培养方案,提升职业教育的层次、办学质量和办学水平;其三,针对第一产业,建设立体化的面向第一产业的职业教育体系,为第一产业的从业人员提供职业培训和职业教育,为从第一产业转移出去的劳动力提供转岗换业所需要的继续职业教育和职业培训;其四,根据产业结构调整和升级的情况,为各行各业岗位转换、职业转换、工艺革新、技术升级等提供多种形式的职业继续教育和职业培训。

2. 农村空心化对涉农职业教育发展的影响

在城市化率不断提升的过程中,常常会出现农村空心化的社会现象,其直接后果是耕地抛荒、农村常住人口减少、农村基础设施和公共服务运转困难、农村公共安全问题凸显、留守老人、留守儿童和留守妇女等社会问题并

发，严重影响了农村社会的繁荣和农村家庭的稳定。为此，职业教育体系应该进行以下三方面的改革，逐步建立农村技术和技能积累机制：其一，针对农村村落地理位置偏远、财政困难、经济薄弱、难以提供教育服务等情况，需要运用广播电视技术、现代信息和网络技术，尤其是移动网络技术，为当地的生产运行、产业升级、生活改善、进城务工等提供多层次、多类型的远程职业教育服务；其二，优化农村职业教育结构，突出职业与成人教育在农村教育中的地位；其三，通过加强农村教师的教育技术培训，推进农村（特别是偏远乡村）的教育信息化建设；其四，借助现代职业教育体系建设，继续推进城乡教育综合改革和综合治理，不断缩小农村和贫困地区与发达地区和城市的教育差距。

3. 人口流动和人口结构变化对职业教育招生和办学规模的影响

根据2009—2015年中国城镇、乡村人口比例和2009—2015年中国经济活动人口数量和比例的统计情况来看，社会总人口呈现出从农村向城市流动、从第一产业向第二和第三产业（尤其是第三产业）流动的趋势，这就要求职业教育在兼顾统筹城乡差别和三大产业发展差异的基础上，适当向城市区域和第二、三产业倾斜，尤其是要加大针对第三产业的专业建设。根据2009—2015年中国劳动人口比和抚养比来看，我国近年来的劳动人口比（15～64岁）和社会总抚养比基本维持稳定，而少儿抚养比逐年减少，老年抚养比逐年增加，这就说明未来一段时间内，学龄人口和劳动人口必然出现下降趋势，这就要求职业教育必须适当控制办学规模，挖掘职业培训的潜力，通过为劳动人口提供多种形式的职业培训，维持现有在校生规模和运营事业经费收入。

4. 社会消费需求对职业教育专业结构的影响

从2009—2014年城镇居民人均现金消费支出比例和恩格尔系数来看，我国城镇居民和农村居民恩格尔系数逐年降低，城镇居民的恩格尔系数高于农村居民的恩格尔系数，我国居民的生活需求越来越呈现多样化。因此，职业教育必须适应居民生活多样化的需要，为社会提供多种多样的职业教育服务，除了继续稳定与食品、烟酒相关的职业教育专业发展规模外，重点建设交通和通信、教育、文化和娱乐等方面的职业教育专业。

第三节　建设基础给予现代职业教育体系建设目标的启示

为了应对社会经济发展的新常态，必须依托国务院《关于加快发展现代职业教育的决定》（国发〔2014〕19号）、《关于发展众创空间推进大众创新创业的指导意见》（国办发〔2015〕9号）、《关于深化高等学校创新创业教育改革的实施意见》（国办发〔2015〕36号）、《中共中央关于制定国民经济和社会发展第十三个五年规划的建议》等文件的基本精神，在巩固前期发展成果的基础上，深化职业教育的供给侧改革，创新职业教育治理体系，加快职业教育体制机制改革，完善职业教育的法制体系，实现职业教育要素的最优配置，激发社会力量举办职业教育的潜力和活力，扩大国际教育合作和交流，最终促进职业教育与产业经济的良性互动，减少职业教育结构性矛盾，使职业教育能够更好地服务于治国理政新布局、服务于社会经济改革、服务于改善人民生活，不断提升职业教育的社会地位和社会吸引力。

一、深层矛盾更加凸显，治理体系改革亟待深入

在经济新常态时期，现代职业教育体系发展过程中凸显的矛盾及其引发原因具有内在的逻辑关系。因此，必须把握现代职业教育体系发展矛盾的主次关系，从而厘清进一步改革的总体思路。

1. 现代职业教育体系发展矛盾的逻辑关系

从外部关系来看，"现代职业教育体系实际上是以'环境—体系—主体'三大核心要素相互紧密耦合而成的共生系统，在这个共生系统中，有三个关系链：环境—体系、体系—主体和环境—主体"。其中，环境是现代职业教育体系发展的约束条件、存在依据和价值基础，它包括政治、经济、社会、

技术、法律和伦理等外在因素；主体是现代职业教育体系和社会经济可持续发展的重要人力资源，它包括各类职业教育的学习者和教师资源等受现代职业教育体系约束的内在要素。

从内部关系来看，现代职业教育体系是担负行政管理职能的职业教育治理体系、执行职业教育人才培养职能的各类职业教育机构以及职业教育的主体组成的复杂系统；在其内部也存在三个关系链：职业教育治理体系—职业教育机构、职业教育机构—主体、职业教育治理体系—主体。可见，主体是沟通现代职业教育体系内部和外部的重要纽带和关键要素。要解决现代职业教育体系发展过程中的矛盾，还需要继续分析这些矛盾的逻辑关系和主次地位，最大限度地促进职业教育主体的发展。

2. 现代职业教育体系深层矛盾的消解思路

从外部关系来看，现代职业教育体系存在三对矛盾关系：其一，现代职业教育体系与环境之间的供需结构性矛盾，即职业教育人才供给和社会经济发展对人才需求之间的结构性矛盾；其二，现代职业教育体系的服务供给与主体（尤其是学习者）发展需求之间的结构性矛盾；其三，主体（尤其是学习者）与环境之间的发展性矛盾，即职业教育毕业生的社会竞争力和可持续发展能力不足。

从内部关系来看，现代职业教育体系也存在三对矛盾关系：其一，职业教育治理体系与职业教育机构之间的供给的综合性矛盾，即职业教育治理体系的制度、法律、政策和标准等体系不完备、时效性不强；其二，职业教育治理体系与职业教育主体之间投入的绩效性矛盾，即国家财政对职业教育的投入巨大，但职业教育的社会吸引力依然不高，这是职业教育发展过程中积留已久的矛盾；其三，职业教育机构与职业教育主体之间的供需结构性矛盾。其中，外部关系中的前两个矛盾统属于供需结构性矛盾，它是现代职业教育体系发展过程中的根本矛盾，决定着职业教育的社会贡献、社会地位和社会吸引力等；内部关系中第一个矛盾，即职业教育治理体系的改革与职业教育发展需要之间的矛盾，是当前经济新常态时期职业教育发展过程中的主要矛盾。

综上分析，现代职业教育体系内部的三个矛盾是内因，它们对体系外部的三个矛盾具有决定性作用，而且，在经济新常态下，现代职业教育体系的主要矛盾影响其根本矛盾的发展趋势。可见，在经济新常态时期，必须解决现代职业教育体系内部的主要矛盾，才能很好地解决体系外部的根本矛盾和其他矛盾，最终才能促使职业教育的主体实现良性发展。具体而言就是，必须有效地消除职业教育治理体系与职业教育机构之间供需的综合性矛盾，才能解决体系内部的投入绩效性矛盾和体系内外的供需结构性矛盾，最终消解主体的发展性矛盾，实现主体可持续发展这个终极目标。

二、深化顶层机构改革，强化政府宏观治理能力

1. 创新中央部门合作机制，完善职业教育治理体系

按照2013年《第十二届全国人民代表大会第一次会议关于国务院机构改革和职能转变方案的决定》的精神，"以职能转变为核心，继续简政放权、推进机构改革、完善制度机制、提高行政效能"，在社会主义市场经济体制下，加快完善职业教育治理体系，为全面建成现代职业教育体系提供制度保障。

中央政府必须在职业教育的治理体系中起到领导作用。国务院要继续深化机构改革，创新中央部门的合作机制，协调中央政府、地方政府、职业教育机构、行业组织、社会中介机构等之间的关系，明确各自的职责和权力，建立和完善适应社会主义市场经济体制的职业教育治理体系；在国务院各部门职业教育联席会议制度的基础上组建相对独立的职业教育质量和标准管理局，作为专业化的职业教育质量和标准管理机构，与教育部门、人力资源和社会保障等部门并行协作运行，改变当前我国经济制度、劳动制度、教育制度之间相对分离的格局，统筹管理和协调规划全国职业教育的发展格局，行使国家职业教育标准体系建设、监督、实施、推广职能，以及为地方职业教育行政管理机构培养专业人才队伍等职能，向国务院直接汇报职业教育质量标准的实施情况，对社会公布核准的职业教育标准实施公报；继续推进部门之间的联席会议制度，完善职业教育顶层治理体系；进一步完善国务院领导下的地方为主、分级管理、社会广泛参与的协同治

理结构；发挥行业组织、企业组织和社会机构在职业教育治理中的积极作用。

地方政府要在职业教育的治理体系中起到主导作用。地方政府要依照国家职业教育标准管理机构的建制模式，分离职业教育行政管理机构的教育评估职能，建立相对独立的地方职业教育标准管理机构，依据国家职业教育质量和标准管理体系，建设、监督、实施、推广本地职业教育质量和标准管理体系，实施上级职业教育质量和标准管理机构下达的评估任务，向上级职业教育质量和标准管理机构汇报质量标准实施过程中的情况，对社会公布年度标准实施公报。各级政府在职责范围内宏观调控和统筹协调职业教育，指导本级职业教育质量和标准管理机构开展工作，为职业教育发展提供制度和政策保障，进一步促进"职业教育与其他各类教育协调发展，建立多渠道的职业教育经费筹措机制，组织动员社会力量举办职业教育"。

行业组织和社会中介机构要在职业教育治理中发挥积极作用。各级政府要出台政策，按照去行政化的要求，切断行政机关与行业组织和社会中介机构之间的利益链，建立符合社会主义市场经济体制的行业组织和社会中介机构的管理体制和运行机制，促进和引导行业组织和社会中介机构"以决策咨询、管理与服务的形式参与现代职业教育治理"，使其能够在职业教育机构和企业之间起到协调、监督作用。国家层面和地方层面的职业教育质量和标准管理机构，必须与各行各业展开密切合作，邀请行业企业的专家担任职业教育标准体系的制定者、实施者和评估专家，从教育行政体系中选拔和培养一批专门化的职业教育标准管理队伍，按照职业教育专业建设情况，组建质量标准管理人才库，定期向职业学校提供职业教育标准的解读、培训、咨询和指导实施等服务。

2.深入贯彻依法治教理念，理顺职业教育治理机制

深入贯彻依法治教理念，按照"统一领导、分级管理、职责分明"的原则，综合运用法律手段、经济手段和行政手段，挖掘"在国务院领导下，分级管理、地方为主、政府统筹、社会参与"的职业教育治理体制的潜力，形成适应经济新常态的职业教育治理机制，不断提升治理能力。

积极创新和完善职业教育综合治理体制，理顺职业教育体系内部各个部门之间的关系，促进职业教育和职业培训、职业技能与资格鉴定之间相互融通和衔接，在经费、资源、法律、法规、政策、标准、专业、课程、师资、实习实训、科研、信息等方面实现高度共享；理顺职业教育与社会各部门之间的关系，在就业创业、师资培养、协同治理、法律制约、资源配置、质量评估、教育督导、教学诊断等方面广泛吸收社会力量参与，促进职业教育结构的调整和优化，协调好资金投入和教育环境的建设，在校企合作、科研参与、办学合作、人员交流、组织制度、实施和监督职业教育法等各个层面建立长效机制。

全面理顺政府、学校、企业、学生、家长等多个利益主体的职责定位与行政、法律、市场、伦理道德等关系。政府主要承担总体发展和布局结构的规划、政策和制度供给、教育行为督导、教育质量评估和诊断、部门合作和协调、引导媒体广泛宣传、奖励办学先进和典型、资助和补偿弱势群体、培养和培训教师队伍、保障经费和资源投入，以及统筹运用行政手段、市场机制和法律制度，优化职业教育的发展环境，保证社会力量平等参与和举办职业教育等职责。教育机构行使产教融合、校企合作、专业和课程建设、教育和教学模式改革、就业和创业指导、职业资格和技能鉴定等职能。企业具有发展职业教育、按需分担投入资金等义务，突出行业、企业在职业教育治理体系中的主导位置，鼓励行业、企业或者其他社会力量以独立或联合等形式举办职业教育、设立冠名奖学金和助学金、落实劳动职业资格制度和劳动准入制度等。

努力构建和谐有序的竞争机制，积极引进世界银行、联合国教科文组织、经济合作与发展组织等国际组织、跨国公司、公司大学和媒体公司等境外教育服务机构，通过颁布教育改革咨询报告等形式，积极参与跨国、跨地区的职业教育治理，在职业资格证书和职业教育标准制定、基本能力建设、教育信息共享、教育科学研究、学术交流、远程教育和虚拟学习等方面开展多方位的合作，推进职业教育治理体系和治理能力的现代化进程。

3. 创新职业院校治理机制，激活社会资本办学潜力

根据社会主义市场经济的运行规律和运行特征，建设综合治理和现代法人治理并行的学校治理机制，继续完善"党委领导、校长负责、专家治学、民主管理、企业参与、社会监督"的职业学校治理结构，在现代职业学校章程建设、职业学校权力制衡机制建设、职业学校制度载体和运行规则建设等方面有所突破，"建立由行业、企业等社会各界人士参加的咨询委员会或理事会"，参与学校重大问题决策和发展规划；在治理体制、法律体系和政策工具的约束下，进一步改革办学体制，深化"政府主导、依靠企业、充分发挥行业作用、社会力量积极参与"以及公办与民办共同发展的职业教育办学格局，积极尝试公有制、股份制、混合所有制等多种所有制并存的办学方式，允许各类要素参与办学并获得合法回报，激励和支持社会力量和民间资本兴办职业教育，清除不利于民办职业教育的歧视性条款，创新民办职业教育办学模式，扩大职业学校的办学自主权，增强其自主办学和自主发展的能力，使职业学校在招生规模、专业设置、课程建设、学籍管理、教师聘用、经费使用等方面享有充分的自主权；积极扶持有条件的职业学校跨区域招生，与国内本地、异地职业学校联合办学，也可以开展跨国和跨境职业教育服务。

4. 同步优化产业和职业教育结构，提升服务于国计民生的能力

在经济新常态下，要鼓励制定新的区域社会经济发展政策，同步促进产业经济和职业教育的空间转移和结构优化，消除地区间经济、文化和教育等不平衡的发展格局，鼓励和扶持经济发达地区、中心城市大力发展技术密集型和资本密集型产业，同时促进这些地区的职业教育积极进行专业改造、专业升级，新建与这些产业配套的专业；帮助劳动密集型的产业逐步向中西部地区、农村地区和经济欠发达地区转移，同时促进这些地区的职业教育进行相应的专业建设和专业改造；加大职业学校和行业企业的合作，允许各地区在法制框架下自主决定职业教育的办学形式和办学规模，因地制宜开展专业和实训条件建设，不断扩大职业教育和职业培训的受益面，保证当地产业发展所需人力资源能够接受充分的职业技能训练，促进人力资源在产业之间和

产业内部的有序流动。在未来一段时期内，需要运用现代管理学的技术手段，积极研究社会经济的变化趋势，结合治国理政新布局，进一步落实现代职业教育体系的建设目标，形成更具体、更具有可操作性的改革任务，不断提升现代职业教育体系服务于国计民生的能力，积极应对城市化率不断提高、农村空心化现象加剧、人口流动日趋加速、社会需求极大丰富等趋势，为各级各类学习者谋职创业、转岗换业、个体的兴趣爱好等提供灵活选择职业教育和职业培训服务的机会。

三、深化基本制度改革，解决职业教育深层矛盾

积极深化国家职业教育基本制度改革，破解职业教育发展中因制度供给滞后而造成的深层问题，建立职业教育发展的长效保障机制，切实提高职业教育的质量，提升职业教育的社会地位。

1. 深化国家收入分配制度改革，提升职业教育社会地位

继续深化国家分配制度改革，"规范初次分配，加大再分配调节力度，调整优化国民收入分配格局"，缩小不同类型劳动者之间的收入差距，从而提升职业教育的社会地位，实现人力资本结构的优化发展，最终形成分配制度和市场价格机制良性互动的技术技能积累机制。首先，通过初次分配制度改革，使工资性收入向实现社会财富积累行业的劳动者倾斜，提高实体产业劳动者工资性收入，使其能够在技术创新驱动的产业结构调整中敢于担当；其次，通过税收制度改革，调节社会财富集聚行业劳动者的收入，使其在社会福利制度改革中承担更多义务和责任，能够为社会财富公平起到良好的调节作用；最后，消除由于分配不均衡而形成的隐性兼职和不良收入对职业精神带来的对冲效应，逐步树立工匠精神、职业精神和专业化发展等崇尚技能、崇尚劳动的职业文化，从而建立与经济新常态下供给侧结构性改革相适应的和谐而有序的收入分配新秩序，促进职业教育所培养的劳动力资源能够通过本职工作的劳动收入的积累，承受得起房地产等个人大宗消费和重大风险的冲击，实现幸福生存和持续发展的需要。

2. 加快职业教育制度体系改革，奠定职业教育治理基础

国家层面的职业教育制度，是职业教育的多元主体协作互动，实现治理现代化的基本规范和重要保障。就目前我国职业教育制度的建设情况来看，必须站在更宏观的层面，从体系化的角度设计职业教育制度，建立"国家有限宏观调控、市场自由竞争、行业企业主导"的职业教育制度框架；在这个制度框架下，还需要"建立相应的决策管理制度、教育培训机构体系、质量保障制度、经费投入制度、教师专业化发展制度、社会合作制度、技能工资匹配制度"、职业教育科研制度、职业教育改革绩效评估制度等职业教育的基本制度，以及建立产教融合和校企合作的法律与制度、国家职业资格框架、职业教育质量保障制度、职业教育分级制度、民间资本和社会资源参与和举办职业教育的制度等专项制度，解决职业教育发展重点和难点问题。

3. 尽快完善职业教育法律体系，确保举办主体合法权益

根据时代发展的需要，及时修订职业教育的法律体系，规范和保障民办职业教育、第三级教育、职教集团、社会资本对职业教育的投资和融资行为等，规范职业教育法的立法基准和立法语言，提升职业教育法的刚性、权威性和立法地位，从终身学习的角度明确现代职业教育体系的层次和结构，从责权对等角度明确界定职业教育的体制机制和相关利益者的义务与权利，增补产教融合、校企合作、顶岗实习、教师企业进修和专业化发展、办学基本条件、质量评估、职业教育科研、职业教育改革等法律条款，将职业教育纳入国家层面的法律、法规、制度或国家战略设计，为职业教育体系完善、经费和资源投入、校企合作、质量评估等提供法理依据。

4. 加速建设职业教育标准体系，促进学习者多元化发展

在经济新常态时期，要结合国际人力资源市场通行规则，加快研制职业教育标准体系，并建立标准体系的实施和保障机制，促进各类职业教育学习者的多元化发展。

首先，根据国际通行规则和国内社会经济发展需要，深化部际联席会议制度，加速构建国际人力资源市场认可的职业教育标准体系，制定职业教育标准体系的评估细则和实施细则，对办学条件、经费投入、教师评聘和人事

晋升、学生录取、教师专业能力、课程与专业建设、实习实训基地建设、图书馆和体育设施建设、教学绩效、后勤服务、学生学业成绩和职业技能等进行科学评价。

其次，深入分析我国产业用工传统以及用工趋势，协调教育、产业和人力资源等社会部门，制定与国际人力资源市场接轨的国家职业资格框架和职业准入标准，统筹职业教育的学历证书体系与职业资格证书体系，建立职业教育学历证书体系与职业资格证书体系双向沟通的通兑互换机制，为职业主体的职业生涯提供顺畅的转换途径。

最后，建立职业教育标准体系的实施和保障机制，促进现代职业教育体系建设的标准化程度。建立职业教育标准体系的制定机构及常设机构，根据职业教育的发展规划以及教育部门、产业部门和劳动人事部门联席会议的决议，研究、制定和修订职业教育的相关标准；建立职业教育标准体系的推广和实施组织，向职业学校以及相关组织和机构、社会公众宣传和培训职业教育的相关标准的内容和条款，指导其正确理解和运用这些标准；建立职业教育标准体系的认证、评价与仲裁机构，对地方教育行政部门、职业院校以及其他职业教育相关部门自行制定的职业教育相关标准的合理性、科学性和可行性等进行认证和评定，对第三方职业教育实施机构、地方教育行政部门、职业院校以及其他职业教育相关部门开展职业教育的资质进行认证和评定，对地方教育行政部门、职业院校等实施对职业教育标准的情况进行评价；对职业教育标准体系的实施和评价过程中出现的异议进行仲裁和协调。

四、深化投入机制改革，保障职业教育健康发展

在经济新常态下，要进一步理顺政府与市场、企业与学校等之间的关系，改革职业教育的投入机制，完善职业教育资源的市场调配机制，建立多种所有制形式的办学模式，增强国家财政的杠杆效应，逐步形成国家财政投入"保基本、促公平"，社会投入"促发展、出效益"的局面。在职业教育的法律和制度框架下，通过市场机制和行政手段实现职业教育的均衡化发展。

1. 改革财政投入机制，提高职业教育经费杠杆效应

积极优化职业教育投入机制，运用财政杠杆带动各个职业教育举办主体的投入力度，应对经济增速趋缓和财政投入压力增大的趋势，想方设法实现现代职业教育体系的建设目标。在保障职业教育经费投入总量的基础上，要坚持公共财政投入职业教育的公益性，发挥政府投资的主体作用和核心功能，完善职业教育经费财政保障制度，加大中央财政对欠发达地区和民办职业教育的转移支付力度；积极完善中央财政和地方财政在经费投入的配套政策，运用财政杠杆进一步拓宽职业教育经费的筹措渠道、优化经费结构，推动地方财政落实转移支付和经费配套的职责；通过税收激励、名誉激励、技术服务激励等方式，建立经费投入的激励机制，引导社会资金和民间资本的投入；按照股份制、混合所有制等形式，积极引入行业企业等社会资金和民间资本，激发社会力量举办职业教育的潜力；进一步完善政府、行业企业、社会力量等多元参与的经费资源筹措体系；发挥市场机制在职业教育经费投入机制改革中的积极作用，允许以各类要素参与职业教育办学，保护办学主体的产权和权益，引导民间资本和社会力量大举投入职业教育，形成公办和民办并举、股份制和混合所有制并存的多元化办学形式和办学格局；改革职业教育学生的资助机制，向最需要经济补助的家庭困难学生倾斜，提高补助机制的针对性；要尽快建立按照以人才培养结果为导向的经费投入政策，政府根据培养结果采购教育服务，确定职业教育经费投入额度；按照区域集约化模式优化职业学校的空间布局；建立经费绩效评价机制，建立职业教育经费督查和审计制度，提高职业教育财政性经费的使用绩效。

2. 优化资源配置机制，推进职业教育要素有序流动

强化政府对职业教育资源的宏观调控能力，切实履行发展职业教育的职责，优化配置职业教育资源，调整普通教育和职业教育的资源配置比例，促进职业院校布局和新型城镇化发展、区域建设的有机衔接；加强职业教育内部资源的管理，盘活职业教育内部资源，实现校际资源共享，提高职业教育内部资源的利用效率和集聚度，采用兼并、托管、联合等模式，促使职业教

育集约发展。

打破职业教育封闭式的资源管理模式，通过产教融合、校企合作，实现校企资源共享，提高社会职业教育资源的配置效率；通过与国际组织、境外机构以及国外知名教育机构合作办学，在信息、师资、设施、管理经验等多方面实现国际和境外资源的共享。

建立和完善职业教育资源配置的法律法规，确保市场机制的调节和配置功能，让职业教育机构成为职业教育的市场主体，真正拥有办学自主权，运用市场机制盘活职业教育资源，根据市场需求建立符合职业教育机构自身发展的资金运作机制，营造公平、共享、补偿的激励机制和法治、有序、良好的发展环境。

适应产业结构调整和经济社会发展，建立职业教育资源的保障机制；尊重各主体自主选择权，根据市场供求机制合理配置职业教育资源，健全职业教育资源的供求机制，提供社会所需要的职业教育服务；建立统一而开放的职业教育资源配置机制，清除职业教育资源市场壁垒，完善职业教育资源的竞争机制，加快形成自由流动、平等交换和公平竞争的现代职业教育资源市场体系；减少政府强制定价，确立劳动力市场人才聘用合理价格，构建职业教育资源的价格机制；建立信息披露制度，推动职业教育资源共享信息，完善职业教育资源的信息机制。

3. 盘活债务产能合作，积极承担国际教育责任义务

随着我国产业结构的调整，越来越多的中国企业会借助"一带一路"等国际产能合作战略走向国际市场，参与国际竞争和国际分工，不断向全球价值链上游迈进，承担越来越多的国际义务，为合作国家的经济建设和产业升级提供帮助。

"2016年上半年，中国企业海外并购总额达到1225亿美元，海外并购额超过德国（18%）和美国（12%），位居首位。"然而，由于合作国家教育水平以及技术工人的职业素养的限制，中国企业的售后服务负担较重，且在当地的后续发展也受到了约束。因此，要使中国企业进一步巩固国际市场地位和国际竞争优势，必须积极向海外输出职业教育。目前，我国与30多个

国家、十几个国际组织都有非常密切的国际交流和合作，建立了中德、中瑞、中荷、中意以及中国—东盟等一系列的合作平台。在经济新常态时期，需要继续利用这些交流机制，积极盘活国际债务，做好多边职业教育交流和合作。一方面，要利用国际债务转移机制，大力加强国内职业院校的内涵建设。具体而言，继续积极开展与欧盟国家、澳大利亚和美国等的职业教育合作，培养适合中国产业结构转型升级的职业教育师资和人才；积极引进优质的国际职业教育师资力量和国际职业教育资源，提升职业教育的基本要素水平；积极学习、引进、消化、吸收国际职业教育标准体系，借助国际专业认证的理念，改进职业教育专业的建设模式，确保人才培养质量不断提升，培养具有国际视野的高素质产业人才。另一方面，依托"一带一路"等国际产能合作机制，扩大沿线国家间教育领域互利合作和多边交流，承担更多的国际教育责任和义务。具体而言，依托国际合作机制，采用国际和国内标准相结合的方式，以国际标准为主、国内标准为辅，建立独资的墨子学院，或者与当地院校联合建立墨子学院，结合中国企业的发展以及当地产业经济的发展，为合作国家培养职业教育师资和职业教育人才，培训技术工人，将海外输出的技术本地化，形成中国产业技术可持续发展的长效保障机制，形成中国企业与当地社会共赢发展的局面。

第十章 现代职业教育体系的结构框架

现代职业教育体系的内涵决定了其建设目标的实质,而现代职业教育体系的结构框架则界定了其建设任务的范畴,它包括建设任务的幅度和深度。其中,建设任务的幅度是指建设任务在横向分解逻辑上的数量;建设任务的深度是指建设任务在纵向分解逻辑上的层次,二者相对独立且相互联系。据此,可以确定现代职业教育体系建设的横向目标和纵向目标。

但是,殊为遗憾的是,现行官方文件和已有研究并没有认真探讨过现代职业教育体系的结构框架,以至于在改革实践中难以确定究竟哪些任务需要完成且必须完成,哪些任务需要先于其他任务完成,哪些任务需要达到何种程度等。比如,教育部提出的建设现代职业教育体系"三步走"战略目标,其中第一步是2011—2012年实现中高职的"十个衔接",这"十个衔接"是否达到项目管理理论中工作分解结构的"百分之百原则","十个衔接"之间是否存在先后顺序的逻辑要求,每个衔接究竟需要达到什么程度即可认为实现了改革目标,等等。以此类推,其他两步建设目标同样显得非常粗疏,难以操作和执行。因此,很有必要在现代职业教育体系内涵研究的基础上,进一步研究现代职业教育体系的结构框架。

第一节 现代职业教育体系的边界

现代职业教育体系的结构框架是由现代职业教育体系的外延决定的。"外延"在"逻辑学上指一个概念所确指的对象的范围,例如'人'这个概念的外延是指古今中外一切的人"。顾名思义,现代职业教育体系的外延就应该是现代国际和国内一切类型的职业教育体系。但问题是,现代职业教育体系的边界具有模糊性,如究竟是否应该将"新建本科院校纳入现代职业教育体系"等问题,的确值得深思。

一、现代职业教育体系边界的内涵

为了使研究的问题更加明确,在研究现代职业教育体系建设目标时必须首先明确其边界。边界(boundary)是指"系统与环境的分界面(interface)的或假想界限"。一般来说,系统的边界应该是明确的,比如国界。但是,由于有些系统过于复杂、开放或者过于抽象,如概念系统、学科体系等,实践当中常常会难以精确定义其边界究竟在哪里,因此常常使用最优界面或者假想界面代替真实的界面。

现代职业教育体系是一个非常开放的系统,它经常跨越边界与环境发生人员、物质、能量和信息等的交换,对其边界识别就会变得更加困难。但是,不管怎样,必须坚持一个原则,那就是现代职业教育体系与环境是"内外有别"的,这就是说属于现代职业教育体系内部的组成部分(元素或者子系统)与不属于现代职业教育体系的其他事物之间有着本质的不同。现代职业教育体系的内部元素或者子系统对现代职业教育体系的整体性有确定性的影响,而属于环境中的事物只对现代职业教育体系有偶然性的影响。这是区别现代职业教育体系内外以及确定其边界的相对标准。

二、现代职业教育体系边界划分的理论借鉴

为了更加形象地理解现代职业教育体系的外延,需要形象地引入大陆架的概念。根据1958年签订、1964年生效的《大陆架公约》(*Convention on the Continental Shelf*)第一条的规定,"大陆架"是指"(a)邻接海岸但在领海以外之海底区域之海床及底土,其上海水深度不逾二百公尺(注:二百公尺,即200米,此处为了尊重原文,未作修改),或虽逾此限度而其上海

水深度仍使该区域天然资源有开发之可能性者;(b)邻接岛屿海岸之类似海底区域之海床及底土"。1982年通过、1994年生效的《联合国海洋法公约》(*United Nations Convention on the Law of the Sea*)进一步界定,"大陆边包括沿海国陆块没入水中的延伸部分,由陆架、陆坡和陆基的海床和底土构成,它不包括深洋洋底及其洋脊,也不包括其底土"。据此,可以图示大陆海岸、陆架、陆坡、陆基以及公海之间的关系。

对于与社会经济的发展和人的发展密切联系的现代职业教育体系来说,其边界犹如没入海水的陆基,很难确切判定其末端究竟在什么地方。如此一来,很多时候仅仅是出于研究的需要、政策执行的需要、维护传统的需要或者认知水平的限制而进行人为的规定。在此,为了研究的需要,以及兼顾政策执行、维护传统和实现改革目标等需要,特借用《联合国海洋法公约》的相关规定,将现代职业教育体系与大陆架区域进行类比研究,即现代职业教育体系的本体相当于海岸陆地,现代职业教育体系的延伸体相当于大陆架和大陆坡,现代职业教育体系的边界相当于陆基,海洋相当于社会经济系统。

三、现代职业教育体系边界划分理论的重构

1. 现代职业教育体系的横向边界

随着我国政治、经济、教育等体制的不断改革,社会各部门之间以及部门内部的劳动分工和权益分化越来越精细。实际上,教育自从政治、经济等部门中逐渐脱离并独立以后,教育和经济就日渐成为相对封闭的社会子系统。随后,各自又不断扩张和膨胀,形成规模越来越巨大、结构越来越复杂的系统,从而形成一套相对独立的自营体系和自养机制,从此二者的沟通越来越有限。这种社会子系统的分化或者分工,既是社会系统结构分化的过程,同时也是其权益的分化和重新分配的过程。社会子系统获得重新分配的权益后,就会非常珍视所获得的权益,甚至于会因此而走上极端,不愿意和其他社会子系统分享或者共享,事实上,从权益的起源来看,过分珍视现有权益就意味着会不断丧失原有的权益。

尽管如此,在社会化大生产日趋发达的商品经济时代,社会各子系统的高度分化并未能够使各子系统重新成为完全自给自足的封闭系统。恰恰相反,正是在社会化大生产的过程中,社会各子系统才产生了相互合作的需要。这也就是说,从社会化大生产这个宏观背景和宏大的关系链条上来看,各个社会子系统仅仅是社会大生产链条上的一个环节而已。从广泛的意义上来看,在社会各子系统当中,经济和文化(教育)系统均承担直接的社会大生产,而思想(意识)、政治等系统则承担间接的社会大生产。其中,在直接的社会大生产中,经济系统主要承担物质的社会大生产,并且是其他子系统存在和发展的基础,文化(教育)系统则主要承担精神的社会大生产,包括人才(人力)资源的生产,这两大直接的社会大生产系统通过市场交换来实现,并依靠思想(意识)、政治等间接的社会大生产系统负责协调和领导。在劳动力市场这个平台上,人才供需矛盾又迫使两大直接的社会大生产系统不得不展开合作,而人才供需活动得以持续的真正原因就在于社会大生产。

然而,从社会系统整体上来看,教育、经济和政治等社会子系统实际上都是处于人才生产和再生产链条的不同环节上的教育者,它们仅仅是在这个生产过程的不同环节享有自己的教育权益而已,只不过其教育权益存在多寡而已,即它们有的享有公共教育权,有的享有准公共教育权,有的则享有私有教育权。因此,可以通过社会大生产理论和教育权益的属性来统一经济部门的物质大生产和教育部门的精神大生产,使之形成一个相对独立又相互联系的教育权益连续体。

需要注意的是,从权益演进的历程来看,社会大分工的过程实际上就是全社会范围内组织之间集体权益的分配、转移和托管的过程。在这个过程中,同时存在组织内部分工的过程,因此也存在组织内部个体权益的分配、转移和托管的过程。仅就教育权益演进的历程来看,它实际上是全社会的教育权益逐渐向特定的组织分配、转移和托管的过程,这个过程表现出社会教育权从公共性向私有性、垄断性、完全性、托管性转化的趋势,即公有性向私有性转化、开放性向垄断性转化、兼有性向完全性转化、兼有性向专业性转化、共管性向托管性转化。就广义上来说，现代社会的企业职业培训、社会职业培训和学校职业教育均属于职业教育范畴，其差别的实质不在于场所的不同，而在于社会赋予这些组织的职业教育权益的性质不同，如学校职业教育行使的是社会托管的公共教育权，企业内的职业培训行使的是企业自身的私有教育权，社会职业培训行使的是社会托管的私有教育权，社区等社会公益组织的职业培训是组织自身的公共教育权。而就学校职业教育内部而言，各级职业教育尽管行使的都是社会托管的公共教育权，但其差别的本质不在于人为制定的等级差别，而在于这类型组织所能行使的职业教育权利的层次和类型不同。比如，学校职业教育内部的公立职业教育和私立职业教育的差别在于，前者完全享有社会托管的公共教育权，后者则既享有社会托管的公共教育权，又享有社会托管的私有教育权，如校企合作中企业为学校承担的职业教育实际上行使的是学校委托的公共教育权。可见，根据教育权的性质以及层次和类型，可以作为划分现代职业教育体系类型和层次的重要依据；更重要的是，这个依据在划分过程中是始终如一的，不会因为受教育对象的年龄、教育实施的场所、教育实施的机构而产生混淆。

综上所述，从现代职业教育体系的横向结构来说，直接或者完全行使公共职业教育提供权、公共职业教育管理权、准公共职业教育提供权、私有职业教育提供权、间接行使准公共职业教育管理权的机构和为了行使这些权利而制定的规则，均属于现代职业教育体系的范畴；其中，私有职业教育提供权是现代职业教育体系本体的临界点，而与职业教育相关的研究机构、中介组织、传媒与出版和教育慈善等机构是现代职业教育体系的延伸体。

2. 现代职业教育体系的纵向边界

探讨现代职业教育体系的纵向边界的目的主要在于界定学校职业教育的层次。众所周知，以蒸汽机使用为标志的第一次工业革命要求劳动者具有小学文化程度；以电气化为标志的第二次工业革命要求劳动者具有初中文化程度；以原子能、电子计算机、空间技术和生物工程的发明和应用为主要标志的第三次工业革命要求劳动者具有高中文化程度并受过职业化训练；以信息化为标志的现代工业革命提出了高等教育大众化的要求，要求越来越多的人受过专门的高等教育训练，而且教育的层次也在不断提高。这个发展脉络基本上清晰地描绘了职业教育的层次不断高移的变革历程。在我国，由于地域辽阔，生产力发展极不均衡，大致呈现由东向西梯次递减的趋势，学校职业教育也因此出现了初、中、高三个等级并存的局面。自 2008 年全球金融危机以来，我国社会经济的有机构成进一步提升，专科层次的职业教育已经不能满足我国经济发达地区产业结构的发展，职业教育继续高移已是大势所趋。尽管国家层面仍然没有全面放开高等职业院校升格为本科院校，但是早已经有学者通过对比普通教育体系的办学层次，提倡职业教育的体系应该在层次上与普通教育体系平齐。事实上，已经有多所专科层次的高等职业院校升格为本科层次的高等职业院校，而教育部已在酝酿将新建本科院校归并到高等职业教育体系。应该说，这个倡议和行动是非常有预见性的，但是问题在于，社会经济的有机构成是否已经迫切需要更高层次的职业教育人才，以及现有的产业能否提供足够的职业岗位以便容纳这些高层次的职业教育人才，比如本科、硕士甚至博士层次的职业教育人才。如果回答是否定的，那么就会造成职业教育资源的严重浪费，与其如此，毋宁借助普通高等教育的专业人才培养体系培养这些人才。这个思想在 2011 年的《国际教育标准分类法》已经体现出来，它将大专层次的高等职业教育以后的、既有职业教育特征又有学术教育特征的高等教育，称作专业教育（professional education）。可见，在现阶段，应用性本科或者新建本科及以上层次的高等教育其实不宜被划归到现代职业教育体系，而应该作为当前现代职业教育体系的边界。当然，随着我国社会经济有机构成的平均水平进一步提升，本科层次职业教育人才的社会需求率必然将继续上升，这时候再将现代职业教育体系的边界上移才是适宜的考量。可见，现代职业教育体系的边界实际上是动态的。

为了佐证上述观点，这里需要继续探讨一下应用型本科与高职高专的区分度问题。就外在区分度来看，应用型本科大学培养的是助理级别职称的预备人员，他们需要具备沟通工程师和技术人员之间的专业素质，在生产过程中起到"桥梁"的作用。就内在区分度来看，应用型本科大学的类属特征就是"应用性",即主要是密切结合当前社会经济的发展需求,对已有知识和技术进行横向整合和物化,而研究型大学则在于创造新知识和开发新技术,普通的教学型本科大学重在通用性和系统性的知识与技术的应用,高职高专重在专业知识和专业技术技能的应用。这就是说,相对于教学型本科大学来说,应用型本科大学所传授的知识和技术技能的幅度较宽,知识深度、技术层次和技能的熟练度要求均较低,而相对于高职高专而言,应用型本科大学所传授的知识和技术技能的幅度较宽,知识深度和技术层次的要求较高,技能的熟练度要求较低。这就要求应用型本科大学所培养的人才必须能够在生产实践中解决具有一定复杂程度的问题,完成需要较多的专业知识和技术的工作任务,因此他们是复合应用型人才。综上所述,应用型本科大学的人才培养目标定位主要是复合型、应用型的初级工程师;而高职高专培养的是各个产业部门所需要的产业工人中的技术员。

四、现代职业教育体系边界的确定

从直观上看,需要从四个维度进行综合考察来确定现代职业教育体系的边界,即职业和职业教育发展趋势、边界的内涵、现代职业教育体系边界划分的理论以及政策导向。

首先,通过职业和职业教育发展趋势的研究表明,现代职业教育理应能够适应货币资本和人力资本的有机构成不断提升的要求,即既能够满足经济发展方式转变和产业结构调整带动的货币资本的有机构成变化的需求,又能够满足各类从业者为了适应货币资本有机构成提升而接受职业准备教育和职业继续教育的需求。通俗地说,现代职业教育体系既要能够满足经济发展方式转变和产业结构调整(社会经济有机构成的变化)对高素质劳动者和技能型人才等产业工人的多样化需要,又要能够充分满足各类主体在职业生涯发展过程中多元化的学习需要或者接受职业终身教育的需要。

其次,通过对边界的内涵研究表明,现代职业教育体系内部的组成部分(元素或者子系统)与不属于现代职业教育体系的其他事物之间有着本质的不同。现代职业教育体系的内部元素或者子系统对现代职业教育体系的整体性有确定性的影响，而属于环境中的事物只对现代职业教育体系有偶然性的影响。

再次，通过对现代职业教育体系边界划分理论的重构表明，现代职业教育体系的本体应该界定为直接行使职业教育共有权的机构，其延伸体为直接行使职业教育准公共权的机构，其边界截止点为直接行使职业教育私有权的机构。

最后，从《规划纲要》等政策的导向以及《职业教育法》来看，现代职业教育体系的确是指大职业教育体系，但不是泛职业教育体系，即能够与其他教育良好地衔接和沟通，而不是替代其他教育类型，如幼儿教育和基础教育的职业教育功能在于"启蒙"，学校职业教育、社会培训的职业教育功能在于"定向"，企事业单位培训的职业教育功能在于"继续提升"或者"补偿"；它们之间的差别在于"职业定向性"的大小。职业教育的特色、本质属性、类型和层次不是由职业教育"信马由缰"地自由决定的，而是由社会经济的有机构成水平来决定的，即职业教育究竟应该是学历导向还是职业资格导向，究竟提供哪些专业类型，是否应该提升到本科甚至更高层次，取决于其外部环境，主要是指经济的技术构成或者有机构成。同理，现代职业教育体系的边界究竟"放在"哪个位置，不是某个人决定的，也不是职业教育决定的，而是由社会需求决定的，如社会人才观和国家的人才管理制度。由于社会需求是动态的，社会观念是变化的，因此现代职业教育体系的边界也是动态的。

从实质上来看，现代职业教育体系边界的界定，需要从另外四个维度进行综合考察，第一是社会部门横向分工；第二是教育部门的横向分工；第三是职业教育部门的纵向分工；第四是职业教育学习者生涯的发展。其中，社会部门的横向分工就是指上文中现代职业教育体系的横向边界，教育部门的横向分工就是指职业教育和普通教育的分野，职业教育部门的纵向分工就是指上文中现代职业教育体系的纵向边界，职业教育学习者生涯的发展是指除了职业启蒙教育外的职业人员的整个职业生涯中的职业教育。这四个维度中需要进一步定义的就是职业教育在教育部门的横向分工。按照现在的情况，职业教育培养的是各个产业部门所需要的产业工人，包括在生产、管理、服务的一线操作工人和技术员。

第二节 现代职业教育体系的本体

一、现代职业教育体系本体的内涵

在此，"本体"不是指其哲学意义，而是特指"主体"，即"机器、工程等的主要部分"，英文即"main part or body（of a mathine, project, etc）"。根据上述对职业以及职业教育内涵演进情况来看，现代职业教育体系的本体不能仅仅限定在学校职业教育，但是也不能用泛指的职业教育作为现代职业教育体系的本体。但是，根据系统科学视野下对现代职业教育体系的分析，既然是"体系"，那么它必然涉及这个系统的组织层、表现层、规则层以及环境层四个层面。很显然，环境层绝对不是系统的主体，只有组织层、表现层、规则层才是现代职业教育体系的主体。但是，问题在于，究竟职业教育的组织层包括哪些部分？这就需要事先确定一个比较合适的标准或者依据，然后才能确定现代职业教育的本体。

二、现代职业教育体系本体的界定依据

大致来看，现代职业教育体系本体的界定依据有法律依据、经济依据、学理依据和边界依据四种。其中，法律依据是根据职业教育的相关法律对现代职业教育体系的本体做出的人为规定，它是现代职业教育体系的内部依据；经济依据是根据外部经济对职业教育的需求对现代职业教育体系本体所做出的理性判断，它是现代职业教育体系的外部依据；学理依据是根据国内外职业教育体系的历史进程和发展趋势、社会经济发展需求、学习者个体发展需求、职业教育体系和其他教育体系的共生态势等多种因素，是对

现代职业教育体系的本体做出的理想判断，它是现代职业教育体系的理论依据；边界依据就是根据上面所述的社会部门横向分工、教育部门横向分工、职业教育部门纵向分工以及职业教育学习者生涯的发展四个维度确定的现代职业教育体系的边界，从而确定其本体，它是现代职业教育体系的实践依据。

1. 法律依据

法律依据是根据职业教育的相关法律对现代职业教育体系的本体做出的人为界定，但是，从某种意义上来说，这种国家层面的法律界定仅仅具有非常轻的权威性。由于职业教育的相关法律实际上也是职业教育体系的规则层，因此它是现代职业教育体系自身的内部依据。根据1996年施行的《职业教育法》，职业教育体系的主体的各个层次分别被做了以下界定：

第一，职业教育体系组织层的规定。职业教育的提供者为各级各类职业学校教育和各种形式的职业培训，并明确规定不包括国家机关实施的对国家机关工作人员的专门培训。此外，虽然没有对教育部门为教师提供岗前培训和在职进修、军队人员的干部培训以及社会提供的非职业类型的培训，如舞蹈等文艺、休闲和娱乐性质的培训等进行规定，但实际上已经被排除在外。对于职业学校教育，该法规定了初等、中等、高等职业学校教育三个层次，并规定由初等职业学校、中等职业学校、高等职业学校、普通高等学校以及按照教育行政部门的统筹规划可以实施同层次的职业学校教育的其他学校实施。对于职业培训，该法规定包括从业前培训、转业培训、学徒培训、在岗培训、转岗培训及其他职业性培训，并可以根据实际情况分为初、中、高三个等级。在职业培训的机构方面，该法规定职业培训机构、职业学校以及其他有能力的学校或者教育机构可以实施。其中还特别规定，企业可以单独举办或者联合举办职业学校、职业培训机构；事业组织、社会团体、其他社会组织及公民个人可以按照国家有关规定举办职业学校、职业培训机构；境外的组织和个人可以在国务院规定的范围内在中国境内举办职业学校、职业培训机构。职业教育的管理者是国务院教育行政部门、劳动行政部门和其他有关部门、县级以上地方各级人民政府等。对受教育对象没有作特别规定,但是特别提出了妇女和残疾人这两类职业教育对象。此外,还对师资以及教学场所、设施、设备、办学资金和经费来源等物质条件进行了规定。

第二,职业教育体系表现层的规定。《职业教育法》认为职业教育的功能在于"提高劳动者素质,促进社会主义现代化建设,促进经济、社会发展和劳动就业"。

第三,职业教育体系规则层的规定。《职业教育法》的母法是教育法和劳动法,职业教育体系的其他制度保障还包括学历证书、培训证书和职业资格证书制度以及教师资格制度等。

以上规定看似非常完善,但是由于法律体系的相对稳定性,这种内部规定总是会滞后于外部环境的发展,尤其是近年来经济的有机构成逐渐提高,促使职业教育的层次不断高移,以至于对高等职业教育的认识开始发生变化,如俄罗斯提出了比高等职业教育层次更高的大学后职业教育。可见,法律只能规范法律颁布当时的职业教育体系的主体,而对法律颁布后的职业教育的主体或者说未来的职业教育的主体的预见和约束力不强,因此还需要从社会经济的发展来探讨现代职业教育体系的本体。

2. 经济依据

近年来,随着国际间对资源、技术和人才竞争的态势不断加剧,我国必须调整在国际产业链中分工的地位,于是国务院多次强调要加快经济发展方式转变和产业结构调整的步伐,其形象的说法是产业升级,实质则是提升产业经济的技术构成,其根本则是提升劳动力的素质或者说提升人力资本的有机构成,这正是建设现代职业教育体系的经济依据。于是,《规划纲要》对现代职业教育体系的主体进行了较为宏观的界定,具体如下:

第一,在组织层方面,《规划纲要》规定了"学校教育与职业培训并举,全日制与非全日制并重"的办学体制架构。其中,"学校教育与职业培训并举"是对1996年颁行的《中华人民共和国职业教育法》的传承,"全日制与非全日制并重"是对现有职业教育体系的突破。此外,还鼓励行业组织和企业举办职业学校。可见,《规划纲要》基本上沿袭了1996年《职业教育法》的规定,除了"建立健全政府主导、行业指导、企业参与的办学机制"外,在组织层并无太大的突破,如高等职业教育是否需要继续高移?新的办学机制中行业协会等中介组织应该以什么身份纳入现代职业教育体系?《规划纲要》均未能做出回答。

第二,在表现层方面,《规划纲要》提出职业教育"推动经济发展、促进就业、改善民生、解决'三农'问题、缓解劳动力供求结构矛盾"等社会经济功能,以及"体现终身教育理念、满足人民群众接受职业教育的需求"和"适应经济发展方式转变和产业结构调整要求,满足经济社会对高素质劳动者和技能型人才的需要"的双重价值。

第三,在规则层方面,由于千呼万唤的新职业教育法仍然没有面世,现代职业教育体系建设的法律依托仍然是1996年《职业教育法》。此外,亟待建立的职业学校基本办学标准、校企合作办学法规、职业教育质量标准、统一的国家职业资格框架、职业教育教师资格制度、实习实训(尤其是顶岗实习)等法律依旧停留在学术讨论范围内。

可见,当前所讲的"现代职业教育体系"主要是基于现代产业的视角,是通过促进职业教育与产业结构相互协调,提高其服务于现代产业和经济发展的能力,强调的重点在于发挥现代职业教育体系的经济功能。但是,《规划纲要》作为纲领性文件,并没有详细界定现代职业教育体系的主体,甚至还有不完善的缺憾。为此,教育部期望通过制定《现代职业教育体系建设规划(2014—2020年)》(教发〔2014〕6号)来进行补充。

3. 学理依据

学理依据实际上是通过学术层面的考察,在传承历史、立足现在、面向未来的基础上,把握社会经济发展和学习者个体发展双重价值追求,从而建立现代职业教育体系的理想模型。因此,需要在融合法律依据和经济依据的基础上,进行必要的补正。

第一,在组织层方面,需要重新界定职业教育提供者的外延。除直接提供职业教育和职业培训的机构以及各级职业教育行政管理机构外,从事职业教育活动或者纳入校企合作体系的企业、职业教育的研究机构、职业教育学会以及从事职业教育服务的社会中介组织、行业协会、企业协会以及职业教育的传媒机构等，均应该纳入职业教育体系中。在层次上来看，1992年颁布的《俄罗斯联邦教育法》中采用广义的"职业"概念，并将大学教育统称为大学后职业教育似乎不可取，而2011年版的《国际教育标准分类法》中将高等职业教育以上的直接衔接的教育类型称之为专业教育（professional education）则比较科学。究其原因，第一是保证了高等教育的等级特色，避免质量滑坡，第二是突出了职业教育升级的路径，避免滑入高等学术性教育（academic education）的歧途。

第二，在表现层方面，《规划纲要》的规定可以作为现阶段现代职业教育体系建设的依托。

第三，在规则层方面，除了上述两个依据中的法律和制度外，还需要注意各个法律之间的体系化设计，使它们之间能够相互配套。如在校企合作过程中，国家的税收制度与校企合作促进法之间的配套，顶岗实习制度与劳动法、劳动保护法等之间的配套。

4. 边界依据

从社会部门横向分工维度来看，其本体的边界止于直接或者完全行使公共职业教育提供权的行业企业培训；从教育部门的横向分工来看，其本体的边界止于直接或者完全行使公共职业教育管理权的学校职业教育，在层次上最高截止到高等职业教育；从职业教育学习者生涯的发展来看，其本体的边界是指除了职业启蒙教育外的职业人员的整个职业生涯中的职业教育。

需要注意的是，上述四种依据之间并非排他关系，也不具有绝对性，它们是相互借鉴和补充的关系，在具体运用时需要根据实际情况来选择。在本研究中，主要采用边界依据来定义现代职业教育体系的主体、延伸体和边界。

三、现代职业教育体系本体的组织层

组织层就是系统的物理结构，即系统论中的物理层。这个层次主要探讨现代职业教育体系的规模、结构、模式、层次、类型、比例、要素以及内部子系统等。

1. 规模

按照字面意思，规模是指"（事业、机构、工程、运动等）所具有的格局、形式或范围"。在此，规模是指现代职业教育体系本体的组织机构及其所包含的人、财、物总体数量，它受一个时期某个国家（或地区）的人口发展指数和社会经济的有机构成等因素影响，并在某种意义上标志着该国家（或地区）的职业教育体系的发达程度。其中，人口发展指数是评价一个时期内某个国家（或地区）的"人口数量、素质、结构和分布的变化及其相互关系的发展变化，以及人口与经济、社会、资源、环境之间的互动关系变化"的综合指标；社会经济的有机构成则是指在按照产业结构测算的、由资本的技术构成（技术类型和技术层次）决定，并反映技术构成变化的资本价值构成。

从国际范围来看，职业教育学生规模是一个最为常见的评价职业教育规模的综合指标，它可以采用职业教育注册学生人数占该层次所有教育类型注册学生人数的百分比 VAER（Vocational All Enrolment Ratio）和职业教育毛入学率 VGER（Vocational Gross Enrolment Ratio）进行评价，前者说明了职业教育和全部教育之间的比例关系，后者说明了职业教育注册学生人数和适龄人口数量之间的比例关系。从国内来看，职业教育办学规模是一个更为常见的评价职业教育规模的综合指标，它可能涉及考评时间段历年的职业学校数量、教学行政用房面积、占地面积、校舍建筑面积、教学科研设备值（仪器设备值）、图书数量、专业开设数量、课程开设数量、实习实训基地数量、招生人数、在校生人数、毕业生人数、教职工总数、双师型教师数等指标的总数或者生均比例数。

2. 结构

结构可以指称抽象物或者实体物的"各个组成部分的搭配和排列"。"教育系统结构一般由体制、层次、种类、形式、地区、目标、教学、管理和教育思想等基本部分所构成，而每个部分，又由各自相应的要素所组合"。这样就会有体制结构、层级结构、种类结构、形式结构、地区结构，等等。

但是，由于分类标准的差异，现代职业教育体系本体的结构在此主要是指组成现代职业教育体系本体的各类和各层次职业教育的比例构成，其次是指地区结构、专业结构、课程结构、师资结构、资金投入结构等表层结构。通过解读《规划纲要》，其中提到"面向人人、面向社会；中等和高等职业教育协调发展；专业设置与经济社会发展需求相适应；健全多渠道投入机制；坚持学校教育与职业培训并举，全日制与非全日制并重；加强'双师型'教师队伍建设；建立健全技能型人才到职业学校从教的制度；加快发展面向农村的职业教育；推进职业学校专业课程内容和职业标准相衔接"，这就说明《规划纲要》对现代职业教育体系建设的结构目标主要是指生源结构、层次结构、类型结构、形式结构、专业结构、课程结构、资金投入结构、师资结构、区域布局结构等。

3. 模式

一般来说，"模式"是指某种事物的标准形式或使人可以照着做的标准样式。在系统科学中，"模式"常用以"说明系统的一种整体或宏观的时空结构"，它是"系统的相互关系的总和，或结构的一个子集，或一种具体形式"。实际上，模式就是系统结构要素在时间或空间上的排列组合方式，它有系统空间上的重复结构、系统时间上的重复结构、时间与空间上的重复结构三种类型。目前在世界职业教育领域比较著名的职业教育模式有"以德国为代表的双元制模式、以加拿大和美国为代表的CBE模式、以澳大利亚为代表的TAFE模式、英国的BTEC人才培养模式"、日本的企业内培训、新加坡的教学工厂等。事实上，现代职业教育体系从宏观到微观均有多种层次的模式，如管理模式、办学模式、人才培养模式、教学模式，等等。不过，《规划纲要》中主要是指"实行工学结合、校企合作、顶岗实习的人才培养模式"。

4. 层次

现代职业教育体系层次的问题在上述"现代职业教育的分层问题"中已经有所探讨，在此再做进一步的补充。

"层次"是指"同一事物由于大小、高低等不同而形成的区别"。在教育领域，教育层次实际上就是指教育等级。2011年版的《国际教育标准分类法》中，等级的概念反映了一个教育课程内容从基础到综合的复杂程度和专业程度。

就目前来说，我国的职业教育和职业培训均有初、中、高三个层次，它们实际上存在一定的结构和比例关系。不过，在此探讨的不是这个意思，而是指学校职业教育的层次究竟应该高到什么程度以及各个层次间的衔接问题。就职业教育层次高移的问题，学术界的观点一般是通过与普通教育体系的对比后认为，需要建立与之齐头并进的职业教育体系，即构建"多科性或单科性职业技术性或技能型专科学校或学院：专科（副学士学位或文凭）→职业技术本科（学士学位或文凭）→职业技术硕士（学位或文凭）或进入专业硕士"高等体系，不过在具体实践上各种途径有所差别。为此，教育部的官员也曾提出，"探索本科层次职业教育人才培养途径，重点培养复合型、应用型人才；探索高端技能型专业学位研究生的培养制度，系统提升职业教育服务经济社会发展的能力和支撑国家产业竞争力的能力"。目前，已经有多所高职院校在这种鼓噪声中升格为本科层次的职业大学。不过，需要指出的是，学者和教育部官员的这种提议可能并非建立在对社会经济的有机构成的理性分析基础上，而是对发达国家本科层次的专业教育（professional education）的误解。这是因为，比较教育的研究人员将"professional"也翻译成了"职业"。事实上，在2011年版的《国际教育标准分类》（ISCED 2011）中文版中"professional education"被翻译为"专业教育"，它在横向上与学术高等教育并列，纵向上与职业教育（vocational education）衔接，而职业教育（vocational education）的学历层次最高仅是专科层次。此外，从当前国际通用且由联合国教科文组织定义的职业教育（Technical and Vocational Education and Training，TVET）名称来看，它的确不包括专业教育（professional education）。再从高等教育的类型上来看，专业教育（professional education）培养的人才和学术教育（acdemic education）培养的人才对职业教育专科层次的人才具有极强的替代性，尤其是在我国人才高消费有增无减的情况下，一味地拔高专业教育的层次毋宁精准定位其人才培养的目标。可见，在当前以及未来一段时间内，现代职业教育体系的层次问题主要不是职业教育层次是否应该继续高移的问题，而是本着以人为本的理念解决各个层次的职业教育之间相互衔接的问题，前者是由社会经济的有机构成的变化逐渐缓慢演进的自发形成过程，后者则是由政治调控而致变的快速奋进的自觉决策过程。

5. 类型

现代职业教育体系类型的问题在上面"现代职业教育的分类问题"中已经有所探讨，在此仅做进一步的补充。根据现代职业教育体系边界和主体的界定，如果根据《规划纲要》中"体现终身教育理念；坚持学校教育与职业培训并举，全日制与非全日制并重；加快发展面向农村的职业教育"等要求，现代职业教育体系主体的类型可以根据学习者生涯发展维度来分，包括职业准备教育和职业继续教育，但是在现代职业教育体系设计的时候，要注意与职业启蒙教育（或者说基础教育）的衔接口径；从形态上来说，包括学校职业教育和职业培训；从学制来看，包括全日制和非全日制两类；从地域上来分，有农村职业教育和城市职业教育两部分。除此之外，还可以按照举办主体、学习对象（性别、年龄等）、经费构成、隶属产业部门、人才培养目标、办学类型、专业科类或者院校类型等进行分类。现代职业教育体系建设的过程，是体制内外不断探索的过程，因此在国家法制框架内，应该允许多种类型的职业教育共同发展，鼓励"不拘一格"地探索多种办学形式。

6. 比例

"比例"实际上并不是一个独立指标，它需要与层次、类型、要素等指标配合起来才能使规模、结构等指标更加具有可以比较的意义，如通过计算学生和教师的比例获得生师比；通过测算中等职业教育和高等职业教育之间的比例，可以判定中高职协调发展的程度等。

7. 内部子系统与要素

现代职业教育体系是一个多要素、多层次的复杂系统，这些要素会按照某种规则组合起来形成一定的功能系统，以便按照体系发展的目的源源不断地补偿、调节或者配置必要的人员、资本、物质、信息等要素，从而达到维系这个系统的繁荣和发展的目的。因此，在这个复杂系统内部还存在着多个子系统。按照业务的流程来划分，包括教师教育体系、人才培养体系、教育行政与管理体系、教育投资体系、评估评价与督导体系、招生与就业体系、内部的科研和决策支持体系等。

由于汉语言缩略语的特点，"要素"可以被理解为构成事物的必要因素或者主要元素，在此是指构成现代职业教育体系主体的主要元素。在系统论中，元素是"系统中存在着能够相互区别的实体"。在此，现代职业教育体系主体的要素主要包括人的要素和物的要素两类。就人的要素来说，主要是指职业教育的学习者和教育者。就目前改革的导向来看，职业教育的学习者已经不再特指学校职业教育中的学龄人口，还包括其他多种有职业教育学习需求的大众，如新型农民、进城务工人员、转岗换业人员、退伍复员军人等。对于教育者来说，特别强调"双师型"教师建设和引进行业、企业或者社会上有专门技能的人员担当实践教学的兼职教师。就物的要素来说，主要包括教育经费和其他物质资源两部分。就现代职业教育体系建设的目标来看，教育经费的改革重点在于"健全多渠道投入机制，加大职业教育投入；鼓励企业加大对职业教育的投入；逐步实施农村新成长劳动力免费劳动预备制培训；逐步实行中等职业教育免费制度，完善家庭经济困难学生资助政策"等层面。就其他物质方面，改革的重点是"加强实训基地建设，提升职业教育基础能力"。

四、现代职业教育体系本体的表现层

表现层与组织层的实体性、内敛性和稳定性不同，它具有非实体性、外发性和创造性，因而是系统创造力和内在发展动力源泉。按照严格的系统论解释，系统的结构和形态属于一对范畴，系统的功能和目的属于另一对范畴，其功能和目的则是通过系统的行为得以表现出来的。总的来说，"目的是行为的方向和指南，指向预期功能；功能是行为和目的的可能结果；行为是目的和结果的执行过程"。此外，行为的结果最终会以某种水准或者整体绩效呈现在公众面前。因此，这个层次主要探讨现代职业教育体系主体的目的、功能、行为及其结果的水准或者整体绩效四个方面。可见，表现层就是系统在运行过程中通过行为所表现出来的目的性和功能性，与管理学中所说的行为层有相似之处。

1. 目的

现代职业教育体系本体的目的是其存在的理由和动力学特性之一，它由系统及其环境共同决定。狭义的教育目的是某种类型教育的人才培养的总体要求；广义的教育目的是指不同层次的教育活动所能达到的预期结果的集合，其结构层次依照上下位次关系分别为教育目的、培养目标、课程目标、教学目标等。对于现代职业教育体系本体来说，既存在共同的教育目的，也存在各级各类职业教育的教育目的，前者追寻的是类属定位，后者追寻的是个性特色。根据我国现行的《教育法》和《职业教育法》，现代职业教育体系本体的教育目的应该是"培养一大批有一定科学文化基础和较强综合职业能力的，德、智、体、美等全面发展，在生产、技术、服务、管理等一线工作的各级各类专门人才"，以此还可以继续确定现代职业教育体系本体范围内各级各类职业教育的目的。不过，教育的目的必然负载着一定的教育价值观，或者是社会本位的教育价值观，或者是个人本位的教育价值观，它们之间的张力和冲突成为历次教育改革的动力，左右着教育目的和教育改革的总体方向。此外，如上所述，环境也是制定教育目的的重要因素，所以随着时代的发展，教育目的也在不断更迭。事实上，外部环境，尤其是社会经济的发展，主导着人们的教育价值观，从而影响了教育目的的制定。就目前来看，社会经济的有机构成发生了巨大变化，生产方式的变革必然促使职业教育的目的进行必要的调整，即在以人为本的前提下不断为经济社会的发展培养高素质劳动者和技能型人才。

2. 功能

功能是描述系统行为对与环境的某种影响的重要概念。系统的任何行为都会对环境中的事物（即系统的功能对象）产生影响。其中，由系统的行为所引起的且有利于其功能对象生存和发展的作用或者贡献，称之为系统的功能。直言之，功能是系统行为所产生的效能、效果、有利作用、价值等，它是系统创造力的外在表现。其中，价值是系统行为所具有的主观色彩的特定功能。以此类推，教育功能就是教育对社会和主体的发展所产生的有利的作用和影响，因此而言，教育的功能包括个体功能和社会功能两大类。又由于社会是多层次的复杂系统，因此教育的社会功能还有政治、经济、文化以及其他社会功能。同理，现代职业教育体系的主体也具有教育应该具有的普遍功能，但由于现代职业教育体系的特殊性，如人才培养规格等，从而使其具有其他教育体系不可替代的特殊意义。具体来说，目前对现代职业教育体系主体功能的期待就是"推动经济发展、促进就业、改善民生、解决'三农'问题，缓解劳动力供求结构矛盾；面向人人、面向社会，体现终身教育理念，满足人民群众接受职业教育的需求"。

3. 行为

按照确定性程度来划分，系统的行为包括确定性行为和随机性行为两大类。对于教育系统的行为来讲，多数学者集中在人才培养、科学研究、社会服务或者文化传承四个层面，但是这些行为的权重差异却很少有人探讨过。对于职业教育来说，尽管或多或少也会表现出以上几种行为，但是各种职业教育类型之间以及职业教育各层次之间毕竟存在着分工上的差别。可见，现代职业教育体系本体的行为存在主次之分。据此，可以将这些行为划分为第一行为系统（the first behavioral system）和第二行为系统（the second behavioral system），前者是指为了实现人才培养而表现出来的行为，如教育教学等，后者则是指为第一行为系统服务和辅助的行为，如科学研究、社会服务、文化传承。

4. 水准

水准亦即水平，它是指系统的行为结果所达到的程度。水准与目的有所不同，水准是系统的行为结果实际达到的程度，目的则是预期行为结果。系统行为结果究竟能够达到什么程度，受内部条件和外部环境的制约。就内部条件来说，教师和学生是最重要的主体，因此现代职业教育体系的本体必须能够体现这两种主体的快意生存和自由发展的需求。就国内的外部条件来说，国内社会经济的有机构成是现代职业教育体系建设的重要依据，因此现代职业教育体系的本体必须能够体现对社会经济的有机构成的适应性。而就国际的外部条件来说，我国的职业教育理念和模式基本来自于国外，这与我国作为一个负责任的经济大国的地位极不相称，因此现代职业教育体系的本体能够体现我国的职业教育对世界职业教育的贡献和责任。总之，现代职业教育体系本体的水准必须以人为本，体现终身教育理念，适应社会经济有机构成的变化，凸显中国特色，达到世界先进水平。

五、现代职业教育体系本体的规则层

规则层就是系统的运行规律或者约束规范。在此，规则层并不仅仅包括系统的运行规律或者约束规范，还包括规范法则和社会学法则两大主体，其中意识形态、风俗习惯等也是必要的组成部分。

1. 政策和制度

一般来说，政策是政治集团为在一定时期内实现自己所代表的阶级或者阶层的利益与意志而制定的行动准则，它包括法律形式的政策和非法律形式的行政命令。职业教育政策包括"由全国人大、中共中央、国务院、相关部委以及地方政府颁发的、以正式书面文本为表现形式的各种职业教育法规性文件"以及按照这些文件制定的实施细则，如具体的策略和措施，其大致形式有法律法规、标准体系和行政命令三类，它们是我国职业教育"行政管理体制、办学体制、人才培养模式、院校建设、师资培养"、经费投入、发展规划、职业资格、质量标准等方面的重要保障。需要注意的是，策略和措施实际上是按照法律、制度、文化传统等规则制订的行动方案。这些政策的制定主要基于三个视角，即经济视角、社会公平视角、社会转型或变革视角。"经济视角主要从效率、效力、问责机制、吸引力、适应性和反应性等角度探讨职业教育的发展；社会公平视角关注通过职业教育应对社会发展面临的不公平及排斥问题；在这两个视角的基础上，国际社会又提出了职业教育的社会转型或变革视角，主要关注从推动终身学习、促进社会创新和可持续发展及人类幸福生活的角度发展职业教育。"这三个视角是我国现代职业教育体系主体建设的重要参照。

在此,制度是"要求大家共同遵守的办事规程或行动准则"。因此,现代职业教育制度是指在市场经济条件下约束职业教育利益相关者(政府与教育行政部门、职业院校、行业企业及其协会、职业教育学习者、学生家长等)的行为的一系列规则的总和。它可分为三个层次:第一是职业教育的本体制度,主要指国家宪法中确立的有关职业教育活动的具有普遍性的、刚性的基本规则,它是其他职业教育制度的准则。第二是职业教育的具体制度,主要指约束职业教育特定行为模式和关系的行为规则,是职业教育本体制度在教育体制、学制、教育管理制度、教育评价制度、招生与考试制度以及各种有关职业教育的成文法、习惯法、教育政策法规等各方面的具体表现;它还可以包括中央政府和地方政府出台与职业教育相关的条例、决定、暂行规定、细则、试行办法等;以及职业学校制定的学生守则、教师职责等各种规章、制度和章程。第三是职业教育活动的伦理道德规范。

政策和制度既有联系又有一定的区别。其联系在于:第一,外在形式上的重叠,均包含宪法、法律和法规;第二,功能的共同性,都是调节和规范人类社会关系以及社会行为活动的重要手段;第三,适用的互补性,在调节和规范人类社会关系以及社会行为活动的过程中,制度与政策具有功能上的互补性;第四,作用的冲突性,如政策与风俗、习惯等这些非正式制度可能会有相互冲突,如火葬政策与土葬风俗。其区别在于:第一,两者产生的途径不同,制度可以由内在途径经过长期经验的积累自发演化而来,也可以由人为设计自觉产生,而政策只能由政策主体人为设计出来;第二,政策和制度的稳定性不同,相对而言,其稳定性可以按照"内生制度—法律法规(同属外生制度与政策)—政策"的顺序排列;第三,政策与制度的实施机制不一样,除极少数符号性和象征性政策(如说普通话)外,绝大部分政策都要依托国家暴力机关付诸实施,而制度的实施大致可分为依托国家暴力机关付诸实施并与政策相重叠的宪法、法律、法规,依靠集体利益减损来执行的团体章程和个体协议,依靠集体意志的道德制裁实施的风俗、习惯、礼貌等内生制度三种情况;第四,政策与制度调控的范围不同,政策比制度的调控时间短，制度比政策的调控范围广。

2. 建设理念和指导思想

建设理念是指建设现代职业教育体系本体的理想的、永恒的、精神性的普遍范型，指导思想则是在建设现代职业教育体系本体的过程中，人脑中占有压倒优势的、指导性的想法。当前，现代职业教育体系本体的建设理念应该是以人为本和终身教育；指导思想应该是邓小平理论、"三个代表"重要思想和科学发展观。

3. 理论体系

理论体系，是"对某一领域或现象在联系实际中推演出来的概念或原理，从而综合和抽象出这一现象的性质、特征、范式等形成的知识体系"。对于现代职业教育体系本体来说，其理论体系有两个宏观层次：第一是建设现代职业教育体系的理论和理论体系，即顶层设计的理论体系；第二是现代职业教育体系主体功能有效发挥的理论体系，如现代职业教育和教学理论等。

4. 社会传统和文化观念

社会传统和文化观念是现代职业教育体系本体的隐性规则，尽管可能看不见、摸不着，但是它们却实实在在地影响着现代职业教育体系的建设，如我国轻视职业教育的传统观念。因此，必须通过现代职业教育体系的建设，积极地将工业文化引进职业教育，达到移风易俗、尊重职业教育和遵守职业伦理等目的。

六、现代职业教育体系本体的间介层

1. 间介层的内涵

间介层在此是指现代职业教育体系本体内部的组织层、表现层和规则层三者之间交叠的部分，这个部分之间的边界比较模糊，很难分清楚究竟归于哪一个层次，它们之间的组合会形成复杂的内部关系，即内部机制，而组织层和规则层的交叠则会形成体制。

2. 内部机制

职业教育的机制是指职业教育体系与环境、职业教育体系与政府、职业教育体系内部各个子系统和要素之间的相互关系及其运行方式。其中，职业教育的内部机制是指职业教育体系与政府、职业教育体系内部各个子系统和要素之间的相互关系及其运行方式，是内部关系问题，主要有政府与职业教育体系之间、职业教育类型之间、职业教育层次之间、要素之间四层机制，如政府—职业教育提供机构之间的行政管理和拨款机制、学校职业教育—职业培训之间的沟通机制、中等职业教育—高等职业教育之间的衔接机制、教师—学生之间的培养机制、学校—教师之间的校本专业发展机制、学校—教师—学生之间的学校管理机制、质量保障机制等。

3. 内部体制

职业教育体制是由职业教育机构体系和相应的规则体系所组成的结合体或统一体。现代职业教育体系本体的体制大致由五个层次的子体制系统所组成：第一是由职业教育的行政与相应规则相结合而形成的职业教育行政体制，如投资体制；第二是由职业教育实施机构（职业学校和职业培训机构）与相应规则相结合而形成的职业学校教育体制和职业培训体制；第三是由职业教育实施机构的内部管理机构与相应的规则相结合而形成的职业学校管理体制和职业培训管理体制；第四是职业教育实施机构的教学机构与相应的规则相结合而形成的人才培养体制和教学体制；第五是职业教育实施机构之间与相应的规则相结合而形成的举办体制、办学体制，如校企合作办学体制。

第三节 现代职业教育体系的延伸体

一、现代职业教育体系延伸体的内涵

现代职业教育体系延伸体是指在现代职业教育体系的边界内除去现代职业教育体系本体的部分，它行使的是不完全性的、间接的教育权和准公共教育管理权，是现代职业教育体系本体的必要组成部分。

二、现代职业教育体系延伸体的外延

1. 现代职业教育体系延伸体的组织层

现代职业教育体系延伸体的组织层主要包括社会上独立的职业教育研究和决策支持机构（如职业教育学会等）、社会中介组织（如行业企业协会）、职业教育传媒机构（如职业教育出版机构、杂志或者其他媒体等）、社会上独立的评估评价与督导机构等。

2. 现代职业教育体系延伸体的表现层

现代职业教育体系延伸体的表现层的目的在于辅助现代职业教育体系主体功能的顺利实现，其功能在于提供第三方的研究报告、改革建议、招生、就业和专业建设等信息、指导教学模式和课程改革、协助实现校企合作、宣传职业教育成果以增强职业教育的吸引力、交流职业教育经验和研究成果、出版教材等。

3. 现代职业教育体系延伸体的规则层

现代职业教育体系延伸体的规则层主要是指现代职业教育体系延伸体的组织层所涉及的机构制定的与职业教育有关的规章、制度、政策建议、研究报告、行业职业资格、评估标准等。

第四节　现代职业教育体系的环境层

环境层是描述系统的基本参量之一，它"是与系统组成元素发生相互影响、相互作用而又不属于这个系统的所有事物的总和"。职业教育的环境层实际上是由各种各样与职业教育发生关系的系统组成的集合。

一、外部机制

职业教育的外部机制是指职业教育体系与环境之间的相互关系及其运行方式，是外部关系问题，它解决了职业教育体系与环境之间的输入和输出关系，主要有政府—劳动力市场之间的引导机制、政府—行业企业之间的激励机制、职业教育—劳动力市场（就业）之间的适应机制、职业教育—行业企业之间的合作机制、政府—劳动力市场—行业企业—职业教育之间的协同机制、职业教育—其他类型教育之间的衔接机制（如招生）、沟通机制和竞争机制等。

二、外部子系统

职业教育环境层的外部子系统是指职业教育行为的外部功能对象，主要包括经济部门（特别是行业企业及其协会）、劳动力市场以及其他不属于职业教育体系的教育类型。

第十一章 现代职业教育对治理体系现代化的积极作用

"十年树木，百年树人"，教育是民族振兴和社会进步的重要基石。坚持把教育放在优先发展的战略地位，是我国现代化建设的一个重要指导思想。党的十八大在谈及"努力办好人民满意的教育"的内容中，明确指出要"加快发展现代职业教育。"十八届三中全会强调要"加快现代职业教育体系建设，深化产教融合，培养高素质劳动者和技能型人才"。十八届五中全会通过的《中共中央关于制定国民经济和社会发展第十三个五年规划的建议》中指出，"建设现代职业教育体系，推进产教融合、校企合作。"同时，他还强调指出，要"牢牢把握服务发展、促进就业的办学方向"，体现了中央领导集体对职业教育工作的高度重视和关怀。

我国经过几十年的持续快速发展，要想跨过这个坎，就需要在继续发挥后发优势的基础上，需要创造自己在新时期新阶段的先发优势，依靠科技创新打造竞争新优势，从而提升自身在国际产业价值链条中的位势。近年来，伴随着我国社会的快速转型，产业结构也在不断地优化升级，对劳动力的需求也是逐渐向着高端方向发展，如有着更高附加值的技术用工转变。纵观很多发达国家走过的历程发现，经济结构的调整往往与人才结构的调整同频共振、相互倚重。我国当下正在推行的创新驱动发展战略，对劳动力的整体素质、人才结构都提出很高的要求，劳动力的升级提质也需要与国家整体战略去进行同步调整、与之匹配，而职业教育作为培养人力资源开发的重要组成部分，对此责无旁贷。

中央领导对职业教育工作做出的一系列安排和部署，实际上也提出了一个事关全面治国理政的重要问题，其理论和实践意义已经远远超出职业教育本身范围。十八届五中全会通过的《中共中央关于制定国民经济和社会发展第十三个五年规划的建议》中指出，优化教育机构体系是不断提高教育质量的重点所在。首先，"需要是建设现代职业教育体系。推进'产教融合、校企合作'，推进现代学徒制试点、集团化办学、校企一体化办学、'双师型'教师队伍建设，推进终身职业技能培训制度，培养数以亿计的高素质劳动者和技术技能人才。其次，优化学科专业布局和人才培养机制。适应国家和区域经济社会发展需要，鼓励具备条件的普通本科高校向应用型转变，重点扩大应用型、复合型、技能型人才培养规模。"这些论断为今后职业教育的快速健康发展提供了思想武器和行动指南，为职业教育更好地为国家治理现代化提供积极作用指明了方向和重点。

第一节　发展职业教育与保障政治稳定

进入21世纪以来，我国职业教育得到持续快速发展，在促进社会公平、改善民生、维护稳定方面发挥了重要作用。职业教育作为面向人人的教育，为很多有志于走技术技能成才道路的青年学生提供了实现自己理想、顺利融入社会的机会和可能。据调查，很多职业院校学生的家长对孩子接受系统的职业教育有着非常务实理性的目标诉求，其出发点大都是盼望孩子能够通过几年的系统学习，丰富知识，开阔眼界，提高涵养，可以学到真本事，在走向社会的时候，自食其力，自力更生，独立自主地走好自己的人生路。对孩子的期望大多是基于能够自食其力、勤劳勤勉的一位普通劳动者，这代表着广大民众最为朴素的心声。这些理念有利于广大毕业生以更加平和的心态融入社会，从基层做起，脚踏实地、一步一个脚印地投身国家和社会的建设中去，有利于从根本上夯实社会稳定的民意基础。此外，国家从2007年秋季开始，正式推行"中职教育国家助学金"制度，为中职学校大部分农村学生和贫困学生提供每人每年1500元的国家助学金，这对中低收入家庭来说，是一场"及时雨"。一定程度上讲，这是国家为广大普通民众提供了较为适合对路的公共服务，为切实减轻群众负担、普通家庭子女通过职业教育实现社会流动创设了较为公平的机会和条件。今后还需要政府继续以促进公平公正为要求，发挥政府保基本、促公平的重要作用，为来自基层群众的子女提供更多更好公平的接受职业教育的学习机会，享有同等的接受职业教育的权利，在同等的社会规则面前进行公平竞争。同时，政府需要继续加强对城乡间职教资源的统一调配，对地区之间进行相互帮扶，确保职业教育在解决"零就业"家庭中持续不断地发挥重要作用。这样很多接受职业教育的学生能够承载着很好的希望去积极进取，人心思稳，人心思进，对未来有着更为理想的期许，增加对社会发展目标的政治认同度，促进社会的和谐发展。这样，职业教育就会起到很好的政治稳定器的作用。

在职业教育发展的实践中，存在着"应然"和"实然"的反差。国家层面，从年年上演的就业季大战和技术技能型人才严重短缺问题出发，出台了一系列配套推进职业教育的制度、政策、法规等举措，彰显了越来越重视职业教育的决心，从理论上讲应该是有很好的发展空间和前景的。但由于观念的影响深刻久远，一旦某种观念融入我们的思维深处，演变为一种思维定式，融入我们的文化当中，但观念层面上一直受到"学而优则仕""有科无技""述而不作"等文化观念的影响，造成了事实上对职业教育事业发展空间的不公。人们往往"从实用主义视角来分析职业教育的功能，关注的是它的经济功能和社会功能，淡化了职业教育的政治功能、科技功能和文化功能，忽视甚至轻视职业教育对人的全面发展的功能。"杨金土先生认为："促进人的发展是教育的第一价值，职业教育的发展使整个教育的第一价值得到提升。"在职业教育的诸多价值中，经济价值是外在的、表层的，社会价值是中间层的、核心的价值，而人的价值才是最为本原性的、最根本的价值。。

教育作为改变个人命运最重要的手段，在发挥其重要作用的过程中，需要秉持好公平原则。通过对教育资源进行合理配置，既符合社会发展和稳定的要求，也符合社会成员对个体发展的需要，这其中包括：人人享有平等的受教育权利，接受相对平等的受教育机会，以及教育成功机会和教育效果相对均等。"教育公平是机会公平的关键。教育资源配置不合理，导致受教育机会不平等，使得一部分人面临由此带来的一系列不公平。"美国心理学家霍华德·加德纳在20世纪80年代提出了多元智能理论，他认为，智力是由相对独立、相互平等的八种智力构成的，即"音乐智能、身体—动觉智能、逻辑—数学智能、语言智能、空间智能、人际智能、自我认知智能和自然智能。"这些智力是"同等重要的，不存在高级与低级、先进与落后之分，是全人类都能够使用的学习、解决问题和进行创造的工具。每个个体都具有这八种智力的潜能，只不过在每种潜力上表现不同而已。"由于每个人多元智力表现迟早、表现领域程度和水平不同，也就存在了一定的差异性。也可以说，人人都有在某个方面特有潜质，有能够发挥出个人才能的领域。教育一定程度上就是善于在学习实践中发现和拓展学生们某方面的优势智能，扬其所长，然后带动其他方面潜能的拓展，促进整体潜能的不同发展和提升。多元智力理论所揭示的真理就是人人都是可塑之才，只是闪光点不同而已。只要方法对路，能够及时发现学生们擅长的领域，及时给予他们合适的空间和机会，每个人都可以得到最适合自己潜能的发展。这种拓展已经远远超越了以往传统的语言—数理逻辑能力的智力观，认为仅仅凭借一方面的高低去评估判断学生优劣，是对学生最大的不平等。现实中发现，很多职业院校的学生在创新创业能力、动手操作能力、社会交往能力和心理承受能力等方面有很大的潜质，以往的高考试卷一个标准"一刀切"的做法存在一定的局限性，并没有完全把学生的其他能力测试出来。近年来，国家逐步推行开的技能型高考模式，为多元化人才成长提供了一个较为客观公正的人才选拔培养渠道，通过高考制度的改革，我们可以为选择职业教育的学生找到最佳的成才成功之道，接受职业教育，发现自身的闪光点，依然可以找到一条符合自身实际的成才成功之路。即人无全才，人人有才，只要能够找到适合自身智力特点的路子，每个人都可以成才，做最好的自己。在接受系统职业教育之后，很多高职高专毕业生普遍认为自己在"人生态度、进取心、包容精神、公益心、责任感、法纪观、健康观、成才观等方面有很大的进步和提升。"他们在接受适合自身职能特点的教育过程中，逐渐提高实践智慧，悟得隐性知识，为以后的社会实践打好基础，以自己的潜在优势和实际能力赢得社会的尊重和认可，为更好地营造"崇尚一技之长、不唯学历凭能力""三百六十行，行行出状元"的氛围做好示范，为实现更广泛意义上的社会公平和正义奠定坚实的基础。从每个人内心深处都能够真正在社会上找到适合自己的发展道路，积极融入社会，拓展个人素质、用自己的优势去服务于现代化建设，这非常有利于人们的社会认同感、增进社会稳定的因素。

第二节 发展职业教育与改善民生

就业是民生之本，通过接受职业教育，掌握一定的技能实现帮助顺利就业，融入社会，职业教育成为解决民生问题的一个法宝和调节器。据统计，在"十一五"以来，我国年均新增就业人口中有"近1000万是职业院校的毕业生；全国技能劳动者占到当年就业人口的比例从12.8%提高到18.4%。中职毕业生年均就业率始终保持在95%以上，高职毕业生保持在90%以上，就业情况呈现出多元化、渠道多样、实体经济供不应求、区域差距明显缩小等特点。研究表明，职业教育招生数占比每上升一个百分点，第二、三产业吸纳就业的比重就上升为0.5个百分点。"

我国是人口大国，就业问题也始终存在。《国民经济和社会发展第十三个五年规划纲要》指出，"实施更加积极的就业政策，创造更多就业岗位，着力解决结构性就业矛盾，鼓励以创业带就业，实现比较充分和高质量就业。"随着我国经济进入中高速增长阶段，就业的宏观环境也开始发生了很大变化，就业形势又面临着新的形势和考验。从2012年起，我国劳动年龄人口的总量开始呈现逐步下降趋势。2013年16—59岁的劳动年龄比2012

年下降了244万，2014年比2013年下降了371万人，2015年底劳动年龄人口为91096万人，比上年末减少487万人。在全面放开二孩儿生育政策的实效显现之前，这种劳动年龄人口下降的趋势将持续一段时间，就业总量的矛盾相比较以前将有所缓解。但总体上看，就业总量的压力依然不小。2013年劳动年龄人口将近9.2亿人，预计到2030年以前，劳动力规模始终保持在8亿人以上。与此同时，在国际金融危机深度影响下，随着经济发展方式转变、产业结构调整、技术革新步伐的持续加快，劳动力供求不匹配的结构性矛盾依然非常突出，表现在以下几个方面：在失业与下岗人员劳动技能、技术水平与市场岗位需求的不适应、不匹配，"就业难""招工难"和"技工荒"和高校毕业生及部分人员就业难并存，越加明显。近年来，随着企业经营运转状况的好转，很多企业在招聘新员工时候更加务实理性。那些学历适中、能力突出、肯吃苦耐劳、职场适应能力快的人才，是企业最看重、产业转型最适合、社会发展最期待的人才。社会上要有多元的价值坚守，不管在哪个年代，培养人才，同样也是高校的使命和职责。

2013年5月，麦肯锡全球研究院发布《一个价值2500亿美金的问题：中国能否填补技能缺口》的报告，该报告指出，"企业如果以低技能员工弥补缺口，可能影响生产率或者产品和服务质量变得更差。有些公司可能因为空置这些岗位不得不推迟发展或扩张计划。"随着新技术、新产业、新业态不断涌现，产业优化升级对各类人才尤其是技能型人才的需求会进一步增加，但技能型人才供给存在很大的缺口和不平衡，影响到产业的升级换代。"技能型劳动者仅占就业人员的19%，高技能人才数量还不足5%；技能劳动者的求人倍率一直在1.5：1以上，高级技工的求人倍率甚至达到了2：1以上的水平。"近年来，随着中西部经济发展的提速，技工紧缺现象呈现了从东部沿海到内陆地区的扩散态势，从季节性缺人到经常性的缺人。近年来高校毕业生虽是持续增加，但创新能力和专业技能、技术水平相对较弱，学非所用、用非所学，这也反应出了另一面的就业结构性矛盾。此外，受各种不确定因素影响，经济下行压力不减，小微企业失业人员技能与市场岗位需求不相适应，再就业难度增大。同时，部分年龄大、知识储备不足、技能偏低的农民工等传统产业工人失业风险增加。以上都是现实中存在的就业结构性矛盾的种种表现。而继续广泛开展职业教育和培训，大力提升各类劳动力的就业创业能力能在一定程度上发生的可能。因此，职业教育在我国经济社会发展中将拥有更加重要的位置。通过对处于相对弱势的就业困难群体进行必要及时地帮扶，提升其自身的素质和职业技能，为他们真正融入社会提供机会和可能，可以有效拓展他们的就业生存空间。

《2012中国高等职业教育人才培养质量年度报告》显示，2011年全国高职学校毕业生中，有12.7%来自贫困地区，22.2%来自西部地区，16.2%来自民族地区。从2010—2012年，高职教育为全国850万个家庭培养了第一代大学生，通过就读逐渐改变了学生本人及其家庭的命运。以上三类地区的高职学生中，23%在本市入学，83%在本省入学。对于来自这些地区的百姓来说，高职教育不但寄托着他们全家提升经济收入与社会地位的梦想，还可以实现孩子们在家门口上得起学的愿望。通过接受系统的高职教育，学生们的乐观态度、积极、关注社会、包容精神方面得到了提升。这些学生的成长成才历程会产生很大的传导示范效应，提升技术水平，实现顺利就业、成功再就业，更好地改善生活质量和品位，这就为社会和谐稳定无形中增添一份正能量。

我们可以从"十二五"期间职业院校的发展来分析职业教育对民生的意义。这五年期间，职业院校每年输送近1000万技术技能人才，开展培训达上亿人次。"中职就业率连续多年保持在95%以上，高职毕业半年后就业率达90%，对口率达76%。通过高等职业教育发展，更多孩子圆了大学梦，成为家庭第一代大学生，获得改变个人和家庭命运的机会。"从数据统计来看，2010—2014届高职高专毕业生失业比例连续五年来呈现下降趋势，从11.6%降至8.1%。反映出劳动力市场对高职高专毕业生的需求在不断增长。其中有几个方面的原因：一是，毕业去向已经从"单一出口"（即受雇全职工作）向"多口径分流"（即受雇于半职工作、自主创业、毕业后升本）转变。其中，自主创业比例从2.2%增长到3.8%，读本科的比例从2.6%增长到4.2%，表明《国家中长期教育改革和发展规划纲要（2010-2020年）》出台后，鼓励大学生自出创业以及建立现代职业教育体系（尤其是高职高专与本科的课程衔接）的各项相关举措取得了初步成效。二是，产业升级对高技能劳动力的需求增长。2010—2014届高职高专毕业生的就业率在大部分专业大类都有所提升。根据麦克思调查，12个专业大类中有11个都呈上升趋势，尤其是医药卫生大类、艺术设计传媒大类和电子信息大类组成了拉动高技能人才需求增长的"三驾马车"。这些都有力地表明，高职高专毕业生已经有效地适应和满足了经济社会发展对技能型人才的需求，解决了就业与产业结构调整升级转换的矛盾。

除就业率、创业率稳步提升外，职业院校学生的就业实际收入也为社会民生问题的解决提供了较好的注释。2010—2014届高职高专毕业生毕业半年后的平均月收入从2142元增长到3200元，增幅为49%。根据CPI（即消费者物价指数）进行调整后，以上四届毕业生毕业半年后的平均月收入从2142元增长到2828元，增幅为32%。这就充分表明，高职高专毕业生实际收入仍然有明显提高，明显跑赢了通货膨胀。他们的失业比逐年下降，月收入逐年上升，两大趋势并行证明了劳动力市场对高职高专毕业生的需求增长，整体上没有出现"为了降低失业比例而接受低收入"的低就业现象。同时，开始出现了向5000元以上相对高收入群体比例逐渐增多的态势，这就充分表明，作为劳动力市场的价格信号，高收入群体的逐渐增多，反映了市场需要这部分高技能人才，并且充分认可他们所创造的价值。

第三节　发展职业教育与"新四化"布局

经济社会越是发展，就越是需要高质量的职业教育。从国家今后整个发展大战略来看待职业教育发展的历史作用，我们就可以知晓其在整个现代化建设布局中的重要位置，无形中增加我们必须重视职业教育政策的必要性和紧迫性。党的十八大报告指出，"坚持走中国特色新型工业化、信息化、城镇化、农业现代化道路，推动信息化和工业化深度融合、工业化和城镇化良性互动、城镇化和农业现代化相互协调，促进工业化、信息化、城镇化、农业现代化同步发展。"这是我国新时期现代化建设的发展取向，也是国家整个治理体系布局的关键一步，是一个关系到实现"两个百年"奋斗目标和民族复兴中国梦的战略部署。"新四化"协调发展，与十八届五中全会提出的创新、协调、绿色、开放、共享的五大理念有着内在统一性。在推进"新四化"过程中，对职业教育的发展提出了新的需求。

第一，大力推进工业化与信息化的深度融合，可以推动信息网络技术广覆盖，加快制造模式向着数字化、网络化、智能化、服务化转变，能够发挥以信息化带动工业化、以工业化促进信息化的融合优势，利用信息技术和先进适用技术改造传统产业，提高研发设计、生产过程、生产设备、经营管理信息化水平，提高传统产业创新发展能力。"伴随着信息技术、制造革新、能源技术、材料技术的交叉融合和群体兴起，第三次工业革命孕育着新的生产组织方式和商业模式，可以有力地助推我国产业转型升级和结构调整。"推进工业化和信息化深度融合是大势所趋，其中不仅需要生产先进的技术和设备，也更需要与之相适应配套的高素质劳动者。第三次工业革命，无论是绿色能源革命还是数字化制造，对人力资本提出了更高的要求，社会需要拥有具备驾驭数字化和智能化设备的人才。这就需要从国家战略的高度认真考虑怎样才能够去不断提高人力资本。除了需要培养大量的创新型复合型人才，还要着眼于培养高技能的技术人才，为工业化和信息化的融合提供源源不断地人力支持。这些人才，不仅是"高效的劳动者和创造者，而且也是在观念系统和行为习惯上脱胎换骨、头脑更加开放、能够与时俱进、不断互助合作的新型人才。"只有劳动力素质过硬，具有较强的学习能力，能够很快适应新技术新设备的要求，根据新科技的发展及时补充调整和优化自己的知识与技能，才能够把新技术新设备这些"硬件"的作用充分发挥出来，提高生产效率，保证产品质量，不断带动产业升级，增强企业的市场竞争力。

第二，大力推进工业化与城镇化的良性互动，可以使两者相互倚重，充分发挥城镇化为工业化创造有效需求、而工业化为城镇化提供有效供给的作用，能够实现产城互动，有效衔接和融合，促进"四集一转"，即企业（项目）集中布局、产业集群发展、资源集约利用、功能集合构建，农民向城镇转移，以工业化引领提升城镇化水平、以城镇化支撑工业化转型升级。在促进产业聚集、城市布局、人口分布相互衔接的过程中，同样少不了职业教育的作用。通过接受系统的职业教育和岗前技能培训，在产业集聚区附近的居民可以拥有一技之长，掌握新知识，开阔眼界，积极投身于集聚区建设，紧随工业化发展的趋势，实现转型发展，离土不离乡，服务于企业发展、转型升级的需要。只有他们实现身份的接纳，即从政治经济、文化教育、社会心理、权益保障等方面拥有平等的权利，才算是真正融入城镇成为新市民。既可以从根本上解决好制约企业长远发展的人力资本问题，也可以产生示范带动作用，促使更多的居民去转变生存和发展理念，进行理性妥善安排，顺应新形势，主动学习新知识、掌握新本领，去投身工业发展大潮中，这样可以真正实现产城互动、资源组合、优势互补，实现工业化、城镇化和周边民众长治久安的协同发展。另外，麦肯锡报告预测，在中国未来20年城市化进程中，主战场将从40个超大城市（包括直辖市、副省级城市及其他省会城市等）转移到数百个充满活力的中小城市。过去五年里，以本科生为例，在2010—2014届毕业生就业去向中，他们的就业城市分布已经初步出现"重心下沉"，就业比例在直辖市为两成左右，在副省级城市有三成，在地市级及以下的地区接近五成。国家在2014年出台的《关于进一步推进户籍制度改革的意见》中，已经明确地提出，要全面放开建制镇和小城市落户限制，有序放开中等城市落户限制，合理确定大城市落户条件，严格控制特大城市人口规模，有效地解决户口迁移中的重点问题，已经充分考虑到大中小城市之间的人才有序流动和迁徙、分布问题，今后只要注重这方面政策的持续有力引导，可以逐步缓解大学毕业生去向与城市化进程的不匹配现象，为逐步缩小各地区之间的人才分布差距奠定基础。

第三，通过大力推进城镇化和农业现代化相互协调，充分发挥工业化和城镇化对农业现代化的带动作用，加强发展规划、产业布局、基础设施建设、劳动就业等方面的城乡统筹，缩小城乡差别，促进城乡协调发展。要真正解决好"三个1亿人"问题（即促进约1亿农业转移人口落户城镇、改造约1亿人居住的城镇棚户区和城中村、引导约1亿人在中西部地区就近城镇化），就必须在进城长期稳固发展和留在农村培养新型农民上面下功夫。城镇化是需要突出以人为核心的城镇化。习近平总书记指出，"户籍人口城镇化率直接反映城镇化的健康程度。根据我国《国家新型城镇化规划（2014—2020年）》预测，2020年户籍人口城镇化率将要达到45%左右。按照2013年户籍人口城镇化率35.9%计算，年均提高1.3个百分点，年均需转户1600多万人。"尽管仅有五年左右时间，让上亿人实现真正城镇化不是个小任务。其中涵盖升学、参军、城镇就业创业或者举家迁徙的农业转移人口，为他们提供及时有效的教育、就业培训和指导、社会保障、医疗保障等公共服务就成为当务之急。这就需要继续依靠现代职业教育，加强城镇新增劳动力、城市失业转岗人员的培训，依托职业院校做好新兴城镇居民素质提升工程，促进农村富余劳动力到二、三产业和城镇转移就业。办好市民学校和社区道德讲堂，增强新增劳动力尤其是来自于农村劳动力的城市融入感和适应能力，培育现代市民意识和文明生活习惯，让他们在心理上进城、技能上进城、文明习惯上进城，实现新老市民的素质不断提升，使城镇化真正实现以人为本，成为一个增强正能量和社会凝聚力的过程。据统计，在职业教育网络覆盖下，"十一五"以来，"每年培训进城农民工2000多万人，累计有4000多万农村新生劳动力在接受职业教育后，进入城镇工作。职业院校还为现代农业发展和新农村建设累计输送了近500万毕业生。近70%的职校毕业生在县市就近就业。职业教育已成为促进中小企业集聚发展、区域产业中高端发展、城乡协调发展的一支生力军。"

此外，全面推进农业现代化，要想让农业成为有奔头的产业，不仅"需要现代的科学技术、产业体系、经营方式和发展理念，更需要培育大批有文化、懂技术、会经营的新型农民。"新形势下，新型职业农民包括种养能手、家庭农场主、农民合作社带头人和公司化农场主等，他们"具有较为系统的科学文化素质、掌握现代农业生产技能、具备一定的经营管理能力，以农业生产、经营或服务作为主要职业。"普遍有较为明显的五个特征："一是一心一意想搞好农业；二是爱学习、肯学习，有文化，是学习型农民；三是懂技术，有专业技术特长，是农业领域的行家里手，四是会经营，有经营管理才能，善于投资理财；五是讲诚信，有高尚的职业道德。"这些新型农民需要经历一个系统的教育培训、认定管理和政策扶持的过程，这样才可以为走出高效、产品安全、资源节约、环境友好的农业现代化道路夯实基础，从根本上提高农业质量效益和竞争力。通过以上分析，可以得知，职业教育质量的好坏，关系到为社会培养人才素质的高低，影响到很多行业的健康发展，甚至与"四化同步"的战略构想密切相关，关乎中华民族实现伟大复兴的整体目标。

第四节　发展职业教育与促进经济发展新常态

职业教育在我国一开始正式出现，就与经济发展密切关联。从最初的实业教育的发展可以看出，职业教育与经济社会相得益彰、互为倚重。当前，我国发展仍然处于重要的战略机遇期，面对复杂多变的国际政治经济格局的调整和国内改革发展稳定的各项任务要求，需要充分认识到自身所具备的难得机遇和有利条件。从历史的纵向坐标来看，我国正站在新的历史起点上。但与此同时，我国经济发展出现了新态势、新特征，受到内外部压力影响，进入矛盾增多、爬坡过坎的关键阶段。一定程度上讲，呈现经济增速换挡期、结构调整阵痛期、前期刺激政策消化期"三期叠加"的复合型特点，这些都正在深刻影响和改变着我国的经济发展走向。首先，从经济发展总量来看，经济发展进入"增速换挡期"。由原来的年均10%左右的高速增长稳步向年均7%左右的中高速增长阶段过渡，今后7%上下的平均增速将成为一个新常态。产业结构方面，一些不适合发展需要的产能严重过剩，低端产业亟待升级优化重组；区域发展方面，几大经济板块的发展态势均衡不一，部分区域面临空心化困扰；在要素方面，刘易斯经济拐点已经出现，人口老龄化趋势加快，人口红利渐行渐远，各种生产成本持续上升。总体上看，长期积累的结构性矛盾凸显，结构调整势在必行，"阵痛"也在所难免。再次，我国经济发展进入"前期刺激政策消化期"。2008年，为及时应对国际金融危机对我国造成的不利影响，我国政府出台了4万亿拉动内需、产业振兴等一系列刺激计划。这些政策当时确实为我国经济迅速企稳回升发挥了重要作用，对世界经济起到"压舱石"作用。但毋庸置疑的是，也容易带来通胀压力大、金融资本脱实向虚、地方债务凸显、产业发展畸形等隐患，为新一轮宏观调控增加了难度。

全球范围来看，2008年金融危机之后，"发达国家纷纷提出了'再工业化'战略，陆续兴起回归实体经济的高潮，试图实现从'产业空心化'到'再工业化'的回归。"2015年世界主要经济体的复苏态势已经渐渐显现。我国外部发展的环境将是更加趋于复杂多变。首先，全球供需结构正在发生深刻变化。许多新兴国家加入对外开放的大军之中，采用很多优惠政策去吸引投资，以促进其内部产业结构的调整升级，而有着独特资源优势的国家也正在进行产业链条的适度延伸，谋求更大的利润空间，世界范围内的市场竞争将会是更加激烈。世界已经进入一个大发展、大变革、大调整的关键期。其次，科学技术越发重要。新一轮科技革命和产业变革正在发生突破性变革，带动关键技术的交叉融合、整体性提升。各国都在立足本国国情积极实施科技和人才战略，力求抢占未来发展制高点。要想实现经济社会持续健康发展，实现"两个一百年"奋斗目标和中华民族的伟大复兴，就必须去正视今后发展征途中存在的制约因素，这样才可以提前化解掉很多风险，消除不稳定、不确定性因素。当前我国经济发展面临的主要挑战有：资源环境的约束不断加剧、生产要素成本持续上升、就业总量大和就业结构性矛盾突出等，这些都需要我们去正确认识新时期职业教育在化解以上矛盾中的重要作用，充分认识到职业教育是转方式调结构、实施创新驱动发展战略的重要抓手，促进职业教育办学规模、层次结构、布局与经济社会发展的要求协调互动，立足于当前和今后发展实际需求，站位全局，去助推经济发展长期稳定，实现发展职业教育、培育适用人才，促进经济发展的整体性目标。

　　培育适用人才发展和经济增长之间有着密切的互动关系。首先，经济增长是人才发展的坚实基础。经济增长对人才的开发和发展具有决定性作用。一是，经济状况决定了人才资源的供给和需求关系。在近代社会化大生产建立初期，经济增速缓慢，经济总量也不大，最先发展起来的是劳动密集型产业，产业的技术有机构成不高，对普通劳动力需求大而对人才需求量小。随着科学技术的进步，劳动生产率快速提高，经济增速逐渐加快，这就使得对普通劳动的需求不断下降，对高素质人才的需求不断提升。二是，经济增长制约着人才资本结构的变动。经济增长和发展状况，决定着人才的文化教育层次以及部门、地区和职业的分布结构等。三是，经济增长带动了人才的相应迁移和社会流动，人才资源根据经济增长的需要在地区、产业和职业间进行适时适量地运动变化。其次，人才发展是经济增长的源泉。人才是决定经济增长的关键性因素。新经济增长理论该理论认为，人力资本的差别，是导致各个国家经济增长率差异的主要原因。从生产过程角度看，人力资本在生产过程中发挥着要素和效率两方面的功能。作为要素，人力资本在生产过程中不可或缺；后者指人力资本投入质量和比例的提高，是生产效率提高的关键要素。人力资本素质的提高可以提升经济增长的速度和质量。从我国长远健康发展的角度来看，"发展人才事业，提高全民族人口的素质，把沉重的人口负担转化为人力资源乃至人才资源的优势，这是实现中国梦的一条必由之路。"由此可以得知，发展是第一要务，人才资源是第一资源，人力资本质量是经济发展质量的关键。

　　习近平总书记指出，"作为一个制造业大国，我们的人才基础应该是技工""工业强国都是技师技工的大国。"但据来自人力资源和社会保障部的一项统计显示，中国2.5亿第二产业就业人员中，技能劳动者总量仅为1.19亿人，仅制造业高级技工一项的缺口就高达400余万人，这种高级技能人才的供需矛盾十分严重，已经影响到了企业的技术升级，在我国很多产能过剩一定程度上是自身劳动力素质不高、科技含量不高导致的，很多产品质量难以再有提升的空间，导致同质竞争，出现部分产业产能过剩现象。而输送技能型人才中等职业教育招生数目也是令人担忧。由于职业教育的社会吸引力还不太高,"2014 年中等职业教育招生 619.76 万人,比 2013 年减少了 55 万人,占到高中阶段教育招生总数的 43.76%。中等职业教育在校生 1755.28 万人,比上年减少 167.69 万人,占到高中阶段教育在校生总数的 42.09%。"近年来,经济合作组织国家提出了"培训优先"的理念,美国、英国、法国、澳大利亚等国家纷纷制定职业培训计划,及时出台相关法案,旨在抓紧时间培养制造业复兴发展紧缺的高级技工。同样,在我国要想实现由工业大国向工业强国的转变,推动经济提质增效升级,也需要适应经济转型升级对劳动者素质的新要求,及时抓住职业教育和培训的关键,培养中高端技术技能人才,全面提升广大劳动者的职业素质。在通过发展职业教育提升经济发展质量方面,我国近十年来也积累了新的宝贵经验。自 2005 年以来,"我国职业教育领域不断解放思想,突出中国特色,加强产教融合、校企合作,特别是在制造业、高速铁路、城市轨道交通、民航、现代物流、电子商务、旅游服务、信息服务等快速发展的行业中,新增就业人口的 70% 都是来自职业院校的。"可以说,职业院校毕业生已经成为产业大军的主要来源,成为我国推动实体经济健康发展的中坚力量。近年来,我国服务业快速发展,在第三产业中就业人口的比重越来越多,而文化创意、体育健身、家政和养老服务等需要大量的专业技能人才,培养经济新的增长点,塑造服务业新优势,第一产业更加集约高效,实现中国经济的升级换代,实现以上目标,需要有大规模的技能人才来支撑其健康发展,全面提升人力资源的整体素质。

第五节　发展职业教育与构建学习型社会

终身教育思想是 20 世纪 60 年代以来,"联合国教科文组织及其他有关国际机构的提倡和推广下,已在全世界广泛传播,成为许多国家制定教育方针、政策的理论依据，并把其视为提高国民素质，促进经济发展，增强国际竞争力的战略手段。"我国学者认为，"终身教育是人们在一生中所受到的各种培养的总和，它包括一切教育活动、一切教育机会和教育的一切方面。"国际上对终身教育比较认同的理解是："它是社会所有有目的、有计划的教育与培训的总和，其中囊括了各个年龄阶段和各种方式的教育，如学校和准学校的教育（早期的学校教育、社区教育等）；再者在内容上，它既包括基础教育，也包括职业教育和专业性教育，以及社会、文化、生活方面的教育。"相对于传统教育来讲，终身教育在纵向和横向上都有拓展。纵向上，延长了人的受教育年限，贯穿于人一生的婴儿期、婴幼儿期、青少年期、成人期和老年期等各个阶段的教育，使人的受教育权利贯穿一生；横向看，表现为对社会各种资源的重新整合，不仅仅是学校教育，也表现为一些"准学校"教育模式，如社区教育、职业培训以及两种以上教育形式的整合。联合国教科文组织教育部主席保尔·朗格朗曾经指出："终身教育表明了这样的一种努力，它把不同阶段的教育与培训统筹与协调起来。个人不再处于这样一个分段状态。在职业生活、文化表现、个性发展以及个人表现和满足自我的其他方面需求与教育培训之间将建立起一种永久性联系。教育越来越被视为一个各个部分相互依赖，并且只有在相互联系中才有意义的整体。"终身教育为实现教育机会的平等和教育民主创设了平台，在空间上打通了学校与社会、家庭的阻隔，实现了多元的立体的整合，保障了每一个人终身学习的机会，使得实现教育民主化成为终身教育的一个基本追求。20世纪90年代中期，我国参考借鉴国际社会倡导终身教育、终身学习、学习型社会等理念，通过教育立法确认了终身教育基本理念。进入21世纪以来，"我国综合国力和国际竞争力显著增强，促进新型工业化、信息化、城镇化、农业现代化和生态文明同步发展，都对深度开发人力资源、增强劳动年龄人口乃至全民族素质提出更为多样化的要求。"为了适应终身学习时代或者学习型社会的要求，需要改革传统的教育思想和观念，注重培养学生的实践能力，"让其开动脑筋，使他们充分发挥自身智慧和潜力，焕发出强烈的求知欲望和创新意识，增强自信，进而培养他们的创造性思维能力和综合素质。"着眼于提高学生的人文素质，培养学生获取知识的兴趣，激发学习的积极性主动性，使其思想处于主动、活泼、思维富有创造性的状态；从未来职业岗位需要出发，使其具备较强的学习能力，通过网络、新媒体等最新手段，培养自主教育能力、自主学习能力和自主管理能力，以便在职业岗位多变的社会环境中做到终身学习和教育，不断调整自己，适应不断发展的社会。

第十二章 完善职业教育政策是国家治理体系现代化的重要内容

伴随着改革开放事业的不断推进深化，我国职业教育政策也逐渐成形成熟，为社会技术技能型人才的培养起到很好的保障作用，有力地推动了经济社会的发展，夯实了我国长远发展的人才基础。进入21世纪以来，党中央国务院高度重视职业教育，把发展职业教育作为实现人的全面发展、实现社会公平、促进经济发展的有效途径，做出了加快发展现代职业教育的战略决策。通过召开三次全国职业教育工作会议，颁布了《国民经济和社会发展的第十二个五年规划纲要》《国务院关于大力发展职业教育的决定》（国发〔2005〕35号）、《国家中长期教育改革和发展规划纲要（2010—2020）》《国家中长期人才发展纲要（2010—2020年）》《国务院关于加快发展现代职业教育的决定》（国发〔2014〕19号）、教育部等六部门关于印发《现代职业教育体系建设规划（2014—2020年）》以及《中共中央关于制定国民经济和社会发展第十三个五年规划的建议》等重要文件和措施，从根本上扭转了世纪之交职业教育发展整体下滑的趋势，树立了发展现代职业教育的理念，对今后构建新时期中国特色、世界水平的现代职业教育体系作出了系统设计和安排，确立了多元办学体制，深化了职业教育管理体制改革，增加了技术技能人力资本的积累，确立了中国特色现代职业教育发展道路，以其丰硕的成果成为教育领域综合改革的一个亮点，为实施创新驱动发展、全面建成小康社会做出重要贡献。

尽管我国职业教育已经取得了显著的成绩，但总体上看，仍然处于教育领域薄弱环节的局面没有改变，正如《国务院关于加快发展现代职业教育的决定》所指出的那样，"当前职业教育还不能完全适应经济社会发展要求的情况，结构不尽合理、质量有待提高、办学条件薄弱、体制机制不畅。"具体来讲，集中在五对矛盾关系上："一是社会需求旺盛与有效供给不足；二是规模能力与质量结构不尽合理；三是就业能力提升与社会吸引力不强；四是中央大力发展与各方响应不足；五是公平教育目标与政府责任缺位。"这就需要我们去认真思考职业教育政策在制定、执行中存在的问题，不断努力，逐步实现职业教育现代化，为社会培养更多的高素质劳动者和技术技能人才。

第一节 进一步强化顶层理性设计

当前和今后一段时间，我国正处于从"低端制造"向"精品制造"转型、从制造大国向制造强国跨越的关键期，高技能技术人才的短板是一个制约性因素。《国家中长期教育改革和发展规划纲要（2010—2020）》提出："到2020年，形成适应经济发展形式转变和产业结构调整要求、体现终身教育理念、中等和高等职业教育协调发展的现代职业教育体系，满足人民群众接受职业教育的需求，满足经济社会对高素质劳动者和技能型人才的需要。"这就表明，构建现代职业教育体系是我国教育现代化的重要目标之一，是教育发展的重要任务。职业教育涉及党和政府、企业、行业、学校、学生及家长等多方面的关切，有它自身的运行特点和属性，要有系统的制度加以保障，有健全的法律法规来保证其规范运行。这就需要用系统性思维来看待现代职业教育的发展。把发展现代职业教育看作一个相互联系的整体性事物，中国现代职业教育体系的理性化、法治性要求国家要进一步加强对职业教育体系的顶层理性设计，各级政府加强统筹规划、立法、整合资源、经费投入等职能，满足我国经济发展方式转变和产业结构转型升级的要求，立足于社会民主、法治化需求，服务于人的终身发展、自由发展，从宏观上，科学设计、理性规划，形成更为完善有效的职业教育发展的政策框架。

一、逐步提高职业教育办学层次

职业教育办学层次要充分考虑到外在适应性和内在衔接性的问题。在经济社会快速转型的当下，我国职业教育层次结构还存在很多问题。首先，我国职业教育体系整体上所培养的人才还不能充分满足经济社会发展的需要。其次，我国职业教育各层次内部存在衔接性和灵活性不顺畅，"学生在各不同教育层次和类型间很难进行转换，表现在中职与高职之间及职业教育与普通教育之间难以进行灵活转换。"一般认为，接受系统的普通教育是一种较为传统的成才之路，而接受职业教育则是一种选择性的成才之路。求学者可以依据自身实际，经过一番比较衡量之后，去理性地选择接受普通教育或职业教育。

随着科技的快速发展、产业结构的优化升级，社会职业岗位的总体结构发生了变动，从而水涨船高，导致职业岗位的技术含量也是不断加大，技术层次不断攀高，同时与职业岗位相适应的教育层次也会随之配套高移。教育对每一个人来说是一个持续不断的学习过程，经过对各国职业教育发展情况的对比发现，职业教育层次的高移化是一种普遍趋势。总体上看，经济发展程度与职业教育办学层次结构呈现出明显的正相关关系，由此可见，"技术技能型人才教育层次的高处延伸发展，是一种客观规律，是高等教育大众化的重要部分。"从我国社会主义现代化建设的人才需求动向看，"经济发展和产业结构调整需要职业教育培养多样化技术技能型人才，这种人才类型需求的变化对职业教育体系发展的影响，是我国职业教育层次高延的客观必然。"由此可见，经济社会的发展、科学技术的进步是教育层次高延的根本动因，职业教育是培养技术技能型人才的教育，有其特殊性，根据人才需求形势变化的趋势，自然也应该包含本科和研究生层次。纵观其他国家的职业教育发展可见，一向"以职业教育发展闻名的澳大利亚、德国都已经发展了完善的本科及以上层次职业教育。"他们从人才培养结构和层次上有力地支撑了国家经济社会的发展与转型。我们可以学习借鉴俄罗斯的大职教观，从国家层面进行理性设计，构建层次清晰、贯通上下的职业教育体系。该国将九年义务教育后的职业教育分为四个层次："初等职业教育（高中层次）、中等职业教育（专科层次）、高等职业教育（本科层次）、高等后职业教育（研究生层次）与补充职业教育（继续教育层次）"，从而构建了可持续发展的职业教育体系。我们国家通过深化考试招生制度改革，通过越来越普及的技能型高考模式，"选拔出适合通过职业教育途径成长的人才，逐渐打通从中职、专科、本科到研究生的上升通道。"从制度构建中切实改变专科层次高职教育是职业教育终结教育的现状，通过建设一个有序的教育体系，拓宽职业院校毕业生不断提升专业造诣和实践技能的途径，为他们成长成才提供符合自身实际的多样化选择，使得职业教育真正成为具有高度吸引力的选择性成才通道，促进职业教育与普通教育协调发展，根据各自的职能和作用，共同促进经济社会的全面发展。

二、充分体现职业教育公益性

按照《中共中央关于制定国民经济和社会发展第十三个五年规划的建议》要求，要"坚持普惠性、保基本、均等化、可持续方向，从解决人民最关心、最直接、最现实的利益问题入手，增强政府职责，提高公共服务共建能力和共享水平。"这就充分表明，不断增加公共服务供给，是坚持共享发展、增进人民福祉的重要任务，是全面建成小康社会的题中应有之义。

职业教育作为一种教育类型，其公益性主要"指面向全体公民，能为受教育者之外的其他社会成员带来巨大的经济和非经济效益，并且这种收益是无偿、无排他性地享有的属性"，用经济学术语就是职业教育为社会所提供的公共产品。职业教育的公益性主要体现在普惠性上。从国家投入政策这一视角看，职业教育的公益性越来越强，充分体现了制度的正义性。我国从2006年开始，启动了中等职业教育学生助学金制度，对所有在校农村学生和城市家庭经济困难学生给以资助。其中，中职一、二年级学生每生每年资助1500元，现在又有所提升。此项资助政策落实到位后，受惠学生达1600万人，占中等职业学校在校生的90%，在第三年实行"顶岗实习、半工半读"

的政策，学生在积极参与实习实践中获得合理的收入，从根本上缓解了广大受教育者及其家庭的经济负担，通过接受适合自身的教育形式，增加了对国家政策的认可度，为他们健康成长打下一个良好的基础。对广大中职生逐步实行免费政策，是一个立意深远的战略布局，不仅满足了广大学生上学的需要，同时也是整个国家民生建设的重要内容，成为全面建成小康社会实现全面脱贫的重要举措。这样，为普通高中的贫困学生免除学杂费、进而实现高中全免费积累了宝贵经验，为今后全面普及高中阶段的教育奠定了坚实的基础。

综上所述，在政府出台的惠及广大普通家庭的职业教育政策上，凸显了公益性和公平性，为建立"以权利公平、机会公平、规则公平为主要内容的社会公平保障体系，"提供了重要的参照和依据。今后，伴随着我国职业教育办学层次的逐步提升，可以依据国家的财力基础，在高等职业教育阶段依据专业发展需要逐渐出台更为切合学生实际的学费减免政策，这样可以充分照顾到社会公共的共同利益，维护社会和谐正常运行。据调查，在很多高职院校的新生未报到率中，有很大一部分是学生因家庭经济贫困或者家长落后的教育投资观念导致。在保障基本公共服务均等化的过程中，要切实维护好职业教育的公平和均等，完善资助方式，实现家庭经济困难学生资助全覆盖。通过不断强化职业教育的公益性，还可以不断增强受教育和培训者的社会责任感、实践能力和创新精神，培养具有民主精神、完善人格、包容精神的技术技能人才，适应文化多元发展的趋势，使每个人就业都有相对优势，创业有本领、升学有奔头，为他们的终身学习和发展奠定基础，给来自普通家庭的学生们以职业、地位、尊严和公平，实现人的全面发展。

三、持续推进职业教育法治化建设

发达国家的职业教育办学经验表明，要想保证职业教育的可持续发展，满足经济社会发展的需求，满足人们全面发展的需要，就需要完善的立法体系以支撑。如美国，为了能够有力地促进和推动职业教育稳步发展，联邦政府都能够及时颁布符合当时发展实际、服务于职业教育健康发展的法案。"从1862年的莫利尔法案至今，关于职业教育的法案就达到130多部。"通过不断完善的依法治理教育，充分体现了职业教育方面的立法数量大、周期短、质量高特点，体现出美国对科学性和公平性的追求，科学精神和人文精神的有机融合。日本作为世界上职业教育最为发达的国家之一，其职业教育发展非常富有特色。其中，完善的职业教育法律法规体系是较为典型的特点。该国的职业教育以及职业教育方面的立法工作始终与该国的经济发展密切跟进。从1903年明治政府颁布了《专门学校令》，到后来的《职业安定法》《产业教育振兴法》《职业训练法》等，各类涉及职业教育的法律法规多达100多种，呈现针对性强、种类完备等特点，无论是规模、层次、质量和效益等都走到了全世界前列。既有《产业教育振兴法》《职业训练法》等有关职业教育基本法，也有《工业学校章程》《实业教育国库补助法》等诸多配套的单向法规，系统完善的法律法规体系，充分体现了日本的国家意志和对职业教育发展整个发展方向的准确把握。

  回首我国的教育立法工作，经多年的不懈努力，已经逐步构建了基本的教育法规框架，现行的教育法规主要有《中华人民共和国义务教育法》《中华人民共和国教育法》《中华人民共和国教师法》为依法治教工作打下坚实的基础，为教育发展提供了法律的保障。单就职业教育来言，依然有需要改进和补充的地方。我国现在处于快速的社会转型期，很多新生事物层出不穷，在职业教育发展过程中，需要把实践中涌现出来的利好政策或规定及时上升到法律层面加以固定，取得更为丰硕的成果。

  新形势下，构建现代职业教育体系，需要坚持党委总揽全局、协调各方，完善各级党委和政府领导教育改革发展的体制机制，用法治思维和法治方式去不断提高教育质量，不断完善职业教育的法律支撑体系，努力把职业教育改革发展纳入法治化轨道。

  一是要根据经济社会和教育发展需要，需要修订完善《教育法》《教师法》《民办教育促进法》《高等教育法》《中华人民共和国学位条例》，以及人力与社会保障、税收等相关涉及职业教育发展的法律条款；适时调整与修订相关职业教育法律法规，对"职业教育的法律地位、体系架构、基本制度、条件保障、统筹协调等关键问题进行进一步明确，"建立《职业教育法》的下位法以及各种单向法，"制定各种实施细则，完善法律保障体系，如校企合作办法、教师企业实践、学生企业实训、职业教育办学质量第三方评价、就业准入等法律规定，"使职业教育发展更加有章可循、有据可行，提高政策执行的实效性。在增强执行力的同时，新制定的下位法和单向法，可以充分利用好政策工具的作用，激励院校、行业、企业、科研机构、社会组织等各种力量积极参与到职业教育发展，激发职业教育的办学活力。

二是在《职业教育法》的修订中，进一步明确和凸显企业在职业教育中的主体作用和功能定位。从权力、义务和责任等方面，为企业发挥主体作用提供可靠的法律保障。推进跨界融合，出台政策激励更多的"教育型企业"参与职业教育发展中，从税收优惠、财政直补、购买服务等方面，赋予有资格的企业以"教育型"企业的法律地位，将行业企业举办的职业教育纳入职业教育体系，并且将企业开展职业教育的情况纳入企业社会责任报告，对积极参与校企合作的企业给予一定的财政支持、政策倾斜、资金补贴、表彰奖励等，从而带动更多的企业愿意支持、兴办、服务好职业教育发展，使得校企协同育人、共赢发展、共享合作成果的局面更加活泼和生动，形成全社会校企之间深度合作，校企间实现"无缝对接"的良好机制和氛围，这样，才能培养更多技术技能型人才，满足经济社会发展对多样化人才的需要。

第二节 改进政府宏观管理作用

政府在职业教育领域的职能始终是国际职业教育领域研究中的热点。国际劳工组织认为，熟练工人在工作中所需要的高技能是一种公共产品，政府在其中扮演着非常重要的角色，肩负着不可推卸的责任。联合国教科文组织认为，这种责任主要包括为职业教育发展提供法律框架，能够主导各个方面利益等方面。2012年5月在第三届世界职业与技术教育与培训大会上达成的《上海共识》明确指出，"要进一步推动政府在职业教育发展中的主导作用，尤其是在促进协调合作与生活技能的培养上，并建议推动普通教育与职业教育之间的联系，尊重人的发展。"

一、明晰各级政府职业教育职责分工

处理好政府与市场的关系，不失时机地推进政府职能转变，是党的十八大提出来的明确要求，也是新一届政府的庄严承诺。党的十八届三中全会强调，"政府要加强发展战略、规划、政策、标准等制定与实施，加强市场活动监管，加强各类公共服务提供。"这就表明，政府职能定位已经从"经济建设型向以公共服务为中心、以公共服务均等化为路径的公共服务型政府转变。"为社会提供职业教育和培训，是政府的基本公共服务内容之一。推进职业教育良性发展，应该深化职业教育的管理体制改革，处理好政府、学校和社会的关系，清晰政府的角色定位，形成中央政府、省级政府、地市政府、县乡政府的多层面分工协作、责任共担的政府职能体系。

在我国，各项公共政策的制定和实施过程实际上是"指的是以中国共产党党组织为首的所有履行当代社会公共权力的组织机构的决策与执行的过程。"根据经济社会发展的客观需要，构建惠及全民的职业教育体系，需要中央政府和省级政府去进行宏观科学规划，在倡导、组织、运作区域职业教育合作中发挥好指导和引领作用，同时肩负起规划、立法、资源整合、经费投入等职能。中央政府、省级政府及其职业教育主管部门应按照"简政放权、创新管理"的要求，合理分配职业教育管理事权，分清哪些事务属于国家管理范畴，哪些事务应归地方管理，分级确定各级政府推进职业教育合作的权利和责任。要实现职业教育的协调发展，需要建立涉及教育、发改、经信、财政、人社、税务等相关部门参与的职业教育工作联席会议制度。使用好"看不见的手"和"看得见的手"，注重发挥市场资源配置中的决定性作用和更好的发挥政府的作用。以中职教育为例，对于地方各级政府来言，有三个因素在积极推动中职教育的发展:"中央考核、本地产业需求、居民教育需求。"中央政府在督促地方政府发展中职教育的过程中,提出了"普职比大体相当"和"每个县至少办好一所职教中心"的明确要求,然后是各级教育行政主管部门依此建立健全科学的考核机制,督促省市县各级政府去履行好发展职业教育的责任,这是较为明显的政府的"看得见的手"。而市场"看不见的手"在职业教育发展中如何去更好地发挥作用,主要取决于政府和当地招商引资入驻的各类企业的互动关系,一旦本地区的职业教育数量和质量很难以去满足本地居民教育需求,背离了本地区企业的用工实际需要,民众自然会"用脚投票",有选择地跨地区去找到中意的职业教育机构或者经过短期的培训直接进入劳动力市场。这也是对企业用工需求和学校办学定位的最为直接的检验。

按照2011年国家提出的《全国主体功能区规划》布局,国家的主体功能区将主要由"'两横三纵'城市化战略格局、'七区二十三带'农业战略格局、'两屏三带'生态安全战略格局"构成,随着交通、通信等基础设施的快速发展,在不同主体功能区需要加强相互协作地区人才、资源、信息的联动发展。从国家层面来讲,可以引导各主体功能区超越地方利益的局限性,加强各主体功能区之间职业教育的相互合作发展,优化劳动力、资本、技术、管理等要素的市场化配置,促进各种生产要素的有序流动,促进地区之间的均衡协调发展。以职业教育协作发展为抓手,带动整个人才培养链条的有效衔接,促进人才的合理配备,从而推进社会的稳定和谐发展。

二、树立正确的人才观和成才观

当前我国正处于经济转型换挡的关键期,处于新型工业化发展的关键阶段,党和政府高瞻远瞩,反复强调要大力发展职业教育,把它定位为促进经济社会发展的重要基础和教育事业发展的战略重点。通过多次召开全国性的职业教育工作会议,出台重要文件加以推动,不断加大对职业教育的投入力度,为职业教育发展营造了良好的外部社会环境。

努力把现实中对技术技能型人才的巨大需求给反映出来,把这类人才在事关国家前途命运的核心关键领域中的独特作用给宣扬出来，倡导"三百六十行，行行出状元"的社会观念，每个人只要在适合自己、自己感兴趣的岗位上全心投入，努力工作，都会成长为社会上的有用之才的。习近平总书记指出，"核心价值观，其实就是一种德，既是个人的德，也是一种大德，就是国家的德、社会的德。"青少年代表着国家的未来、民族的希望，他们的价值取向决定了未来整个社会的价值取向。根据职业院校学生毕业后主要在生产服务一线工作的特点，需要重点引导学生加强职业道德、法律意识、合作意识、交流能力、学习能力、创新能力等素质的培养，树立正确的人人成才观念、多样化人才观念、终身学习观念和系统培养观念，注重学思结合、知行统一、因材施教，为党和人民事业培养"德技双馨、身心双健的技能人才和高素质劳动者，"为他们打开通往成功成才的大门，为他们将来更为长远的健康发展奠定坚实的基础。

2014年9月国务院出台了《关于深化考试招生制度改革的实施意见》，其中最主要的原则是"坚持育人为本，遵循教育规律，""把促进学生健康成长成才作为改革的出发点和落脚点，扭转片面应试教育倾向。"有研究人员明确指出，此轮高考制度"改革的实质是以一种更为全面的评价观、更多元的人才观和更深刻的公平现实观对'唯分数论'的超越。"这次实施意见还非常清晰地提出了"因材施教""终身学习""人人成才"等重要指导思想。但是，在现实生活中，思想观念往往是已经潜移默化地内化到人们的大脑之中。实践证明，要想从根本上改变人们的思想观念，不是一朝一夕、一蹴而就的事情，需要一个比制度和政策变革更为漫长、艰巨的过程。政府需要因势利导，营造好"人人有才、人无全才、人尽其才、尽展风采"的多样化人才成长的大环境，使人们逐渐摆脱旧思想观念的窠臼，满足不同人群成长成才的发展需要、实现每个人的全面发展。从而为不同教育类型的并存发展、发挥协同育人的合力奠定坚实的基础。

三、提高技术技能型人才经济社会地位

中国在十八大提出要走新型工业化道路，需要调整经济结构和转变经济

发展方式，促进经济转型已经是刻不容缓的事情。然而，通过发达国家或成功转型的发展中国家的经验可以得知，提升产业结构必须有更高素质和充沛的技术技能型人才基础，尤其是"需要建立至少受过高中阶段教育的劳动力和人才储备，确保产业结构调整和质量的提升，关键就在于劳动力生产效率的提高，而这些恰恰是劳动力教育水平提高的必然结果。"目前，国家提出了"中国制造2025"战略规划，在新一代信息技术、高档数控机床技术和机器人等十大领域进行突破式发展，其目的是在保持原有工业优势的基础上，同发达国家的"再工业化"战略布局一样，顺应"互联网+"的发展大趋势，"促进信息化与工业化的深度融合为主线，开发利用网络化、数字化、智能化等技术，发展智能制造、绿色制造，尽快抢占经济科技发展的制高点，实现从制造大国向制造强国的根本性转变。"在这个关键的转变阶段，既要有高端学术研究型人才，也需要大量的一线技术应用型人才，他们不仅要有较强的技术理论基础，还要有较为娴熟的实践技能和创新能力，这样才能服务好产业结构升级和制造强国战略。时代发展迫切要求培养更多的高素质技能型人才，使这些掌握先进技术的产业工人成为制造强国的基础。现实生活中，频频上演的高薪却难以找到一个技术过硬的技术工人场景，已经明确地表明抓紧时机发展职业教育的重要性和紧迫性。形势发展需要真正提高技术技能型人才的待遇和地位，没有操作层面的优秀工程师和技工，再好的理论、发明及完美的设计也难以实现，因此，需要将高素质的"工匠"与一流的科学家、工程师同等对待。

十八届三中全会指出，"健全资本、知识、技术、管理等由要素市场决定的报酬机制。"十八届五中全会通过的《中共中央关于制定国民经济和社会发展第十三个五年规划的建议》指出，"推行终身职业技能培训制度。提高技术工人待遇，完善职称评定制度，推广专业技术职称、技能等级等同大城市落户挂钩制度。"这为职业教育创设了较为良好的人才培养激励机制，为今后技术工人的发展空间提供了更好的平台和可能。需要进一步完善和实施就业准入制度和职业资格证书制度，改变职业院校毕业生的就业环境，缩小收入分配差距，实现同工同酬；健全技能人才评价体系，规范技工职称评定、放宽职称评定的学历等"硬性指标",着重考核技工人员的专业技能、爱岗敬业精神等,切实改变劳动用工、人才选拔中"重学历、轻技能"的做法;要尽快建立健全与市场相适应的技能型人才工资晋升体系,以提升职业教育受教育者的价值回报预期;还要建立健全面向广大劳动者的社会保障机制。

解决好他们的"后顾之忧",使得各个阶层、各个职业都能够有改革开放和经济发展带来的获得感,享受到发展带来的权利和机会。此外,还可以通过大力宣传优秀技术技能型人才的成长事迹,不断提高他们的经济和社会待遇,吸引更多的人才投身其中去实现自身的价值。

四、创新职业教育管理体制

实现职业教育的现代化,需要处理好政府、学校和社会的关系,才能够更好地促进现代职业教育的发展。首先,要加快转变政府职能。从各种政策文本得知,现阶段我国政府的职业教育职责相当多且杂,既有立法职能、统筹规划职能、管理监督职能、信息服务职能、整个各种资源职能,也有不断优化职业学校布局、组织办学和财政投入等职能。这里面牵扯到教育、发展改革委、人力资源和社会保障、农业、财政、工业和信息化、扶贫办等多个职能部门,需要进一步转变职业教育管理方式,减少部门职责交叉和分散,尽量减少对学校自身教育教学等事务的干预上。政府今后需要通过总体规划、政策引导等手段,以及税收金融、财政支付等杠杆,加强对职业教育的宏观管理、统筹协调和分类指导。能够交给行业的就充分赋权于行业,能够放权于学校的就充分信任并转交于学校,扩大职业院校在专业设置和调整、人事管理、教师评聘、收入分配等方面的办学自主权。

其次,推动职业院校建立现代学校制度。根据教育部在全国推广开的制定大学管理章程、提高高校自我管理能力的形势要求,需要完善职业院校的治理结构。尤其是职业院校需要制定出符合办学特点、能够融合多方力量积极参与管理的章程,把各有关利益方吸收到学校的科学管理当中来,组建由学校、行业、企业等各方共同参与的理事会或者董事会,优化组合起来各种职业教育办学资源，推动职业院校面向市场、面向社会自主办学，确保决策科学、按照规定和规律来办学。

最后，建立健全质量评价制度和督导评估制度。《国务院关于加快发展现代职业教育的决定》提出，要"建立就业状况定期发布制度。"教育部在近几年做好高校毕业生就业创业工作的通知中多次提出，要进一步健全高校毕业生就业质量年度报告制度，加强对毕业生就业创业与职业发展状况的跟踪调查。这是非常有利于高职院校提高办学质量的有效方法。经过近十年来的麦克思研究院颁布的大学生就业报告，能够从中清晰地看到人才培养过程中的态势和走向，通过用人单位的持续不断的反馈，为很多学校（包括高职院校）根据实际用人动态的变化进行专业方面的必要调整提供了客观公正的依据和参照。这些建立在充分调研、综合分析梳理基础上的职业教育质量评价体系，以学习者的职业道德、技术技能水平和就业质量为核心，很有针对性和实效性，能够对今后更好地提升职业院校的办学质量提供参照。今后，还需要根据职业院校办学的特点，进一步完善学校、行业、企业、研究机构和其他社会组织共同参与的职业教育质量评价机制。

第三节　充分发挥各方利益相关者的功能

纵观很多经济强国的发展实践可以得知，他们既是制造业强国，同时也是职业教育强国。职业教育在这些国家的发展壮大中始终发挥着不可或缺的重要作用，发展职业教育是这些国家的国家战略与布局。而要统筹协调好各方面的力量，调动起各方积极性，形成具有正效应的利益链，聚集起齐心协力搞好职业教育的合力，就需要建立一个动态有效的工作机制，促进职业教育的良性发展。

一、调动相关政府部门积极性

首先，地方政府在发展职业教育中承担着主要责任。作为地方职业教育深化产教融合、校企合作，不断进行政策创新的主体，"具有规划职业教育发展目标、调整学校布局和专业结构、整合资源、落实经费等职能。"国家应该充分调动起地方政府的积极性，促使地方政府在结合本地方实际过程中，梳理总结出以往经验，探索解决职业教育发展的难点问题，依据当地经济社会发展的实际大胆探索创新，对地区经济社会发展的人才需求趋势进行预测，统筹规划职业教育与普通教育的发展规模和职业教育中学校的布局，不断提高办学的经济效益和社会效益，切实发挥职业教育为区域经济社会服务的能力。这就需要明确政府、相关部门、行业组织、企业和学校的各自责任，解除地方政府肩负的一些具体职业教育责任，减轻政府负担，使其主要精力用于营造制度环境、制定发展规划、改善基本办学条件、足额拨付办学经费、加强规范管理和监督指导等。在对地方政府的绩效考核中，在对政府的文化教育事业一项进行考核时，可以把职业教育产教融合、校企合作的情况作为一项参照内容，促使其更加重视职业教育的发展。

政府各部门，尤其是与发展职业教育较为紧密的部门，如教育部、发展改革委员会、财政部、人力资源社会保障部、农业部、扶贫办等部门，要在有效运用总体规划、政策引导等手段以及税收金融、财政支付等杠杆，加强对职业教育发展的统筹协调和分类指导，形成合力。

二、拓展行业组织多种功能

随着经济社会的快速发展，行业协会、学会、商会等行业组织已经成为职业教育与产业发展中的桥梁和纽带，需要正视它们的地位和作用。可以"通过分类制定行业职业指导政策，将适宜行业承担的工作通过授权、委托等方式交给行业，并及时给以政策的支持、强化服务监督。"只要对行业企业在职业教育中的地位、责任、权利、义务等有了明确的法律保障，他们参与职业教育才会有足够的动力和积极性。这就需要我们把产业需求作为职业教育改革的导向，赋予行业协会、学会、商会等社会组织一定的权利，将政府部门的权利进行一定程度的下放。如：培养行业组织力量，使其能够逐步承担起职业资格证书考试与认证的相关组织实施工作，会同企业和学校，创新行业职业资格标准，提升行业人才标准，根据用人市场的变化趋向，及时更新职业资格证书的考试内容，这样可以促使学校在人才培养上面与社会上实际用人标准的一致性，可以实现学生毕业水准与社会用人标准的"无缝对接"。此外，还可以把信息服务的功能放权给行业协会，它们是支持职业教育发展的主要社会力量，对学校和外界的各种信息有着清晰地认识和把握，掌握着企业的用人需求数量和结构、动态走向等信息，能够有效地实现与企业的深度沟通，是企业发展的专家能手，对行业的发展有着很好的指导作用。最后，行业协会还可以积极协调和规范产教融合、校企合作工作，对学校和企业实施专业指导和技术服务，使其真正参与到产教融合中来。

三、发挥企业办学重要作用

职业教育发展中，各利益相关方最后获得利益最大的应该是企业。因为企业对职业教育的办学质量最为关切，它关系到企业的核心竞争力和长远发展。职业教育的办学特色应该体现在适应社会实际发展需求，培养用得上、留得住、发展好的实用性人才。企业能够及时参与到急需人才的系统培养中，对学校、企业自身和学生都是非常有好处的。《国务院关于加快发展现代职业教育的决定》明确提出，企业是职业教育的重要办学主体，其价值和作用主要体现在用人需求、能力要求、岗位吸纳、税收缴纳、薪酬支付等方面，不仅在以上几方面拥有主导话语权，且直接涉及是否加以实施和执行。企业作为一个独立的法人，会根据自身经济发展状况和企业运营的成本核算，经过深思熟虑，理性研判，才能够确定其参与举办、治理职业院校和组织教育教学活动的内容和程度。这样，企业的主体作用才能够得以顺利发挥。故此，"只有让企业以'主体'的身份参与，才能够让职业教育更加'接地气'"。企业一方面以主体身份参与到人才培养全过程，便于对专业教改发挥积极作用。比如，可以通过建设从"企业"到"学校"倒推的产教融合生态系统，使得学校和企业找到合作共赢的利益共同点，在育人标准和用人标准方面形成共识，实现供需双方的完美对接，开设能够体现职业岗位核心能力和职业素质的专业课程体系，同时，学校有必要请有丰富企业实践经历的能工巧匠做兼职老师来承担人才培养的实践环节任务，企业参与检验与评价人才培养结果。企业可以扮演好角色，协同学校推进创新创业教育。学校的创新创业教育实践中，由于很多创业教育的老师并没有多少的创业经历，在引导学生们创业教育中很容易出现"纸上谈兵""无关要害"的情况。而国家推动倡导的"大众创业、万众创新"的国策要想真正地落到实处，需要将创新创业教育与专业教育这"两张皮"进行有机地融合。在教育引导的过程中，需要从重知识传授向重创新精神、创业意识和创新创业能力培养的转变，从仅仅面向有创业意愿的部分学生向全体学生的转变。在经济发展的新常态下，创新已经成为引领发展的新动能。学校和企业需要发挥各自优势和长项、整合各自资源，去共同做好创新引领工作。院校有较好的文化根植能力和环境资源，能够给以创业教育实践场地和启动经费的适度资助；企业历经市场经济大潮的洗礼，积累了丰富的创业经验，可以把符合市场变化规律、有潜质的项目引入学校里面，做好师资培训、投资引导、孵化服务等具体工作。企业同样可以发挥自身优势，为学校老师提供实践场所，熟悉和实效企业生产一线的实际运行特点，便于他们把专业理论教学和实验实训指导有机融合起来，实现讲师与工程师的合二为一。这样，他们能够有自己的切实体会和感悟，去非常精确地引导学生，实现从学校到企业真实环境的"无缝对接"，树立正确的学习观、成才观和成长观，达到学以致用，理论与实践的高度结合，真正地促进学生的技术技能的积累与创新。

四、充分发挥市场引导作用

职业教育是为人才市场服务的，人才市场的动态变化不断引导着办学方的方向和重点。要想更好地发挥出来职业教育在人才强国战略中的重要作用，就需要对外部劳动力化态势有较为全面地理解和认识。当前和今后，我国的劳动力市场出现了一些新动向。一是劳动力人口总量开始下降，就业供求矛盾相对有所缓解；二是经济发展开始进入新常态，又凸显出结构性就业矛盾，出现劳动力技能和就业岗位不匹配一定程度的下岗失业人员增加与一些岗位合适人员"招工难"并存现象；三是随着生产要素在全球范围的流动，原来依靠低廉劳动力的竞争模式已到穷途末路，通过高素质更低成本的劳动力去提高企业劳动生产率已成为增强竞争力的不二选择；四是"新技术、新产业、新业态层出不穷，各种新的劳动组织形式、就业形态将会更加灵活。"

以上分析都促使职业院校去深入思考去认真定位，尊重市场在人力资源配置中的决定性作用，对办学体制进行深入系统改革，引导社会力量参与其中，培养更多的适应市场变化需求的技术技能型人才。

一是充分体现出行业企业是职业教育最大受益者和办学主体的作用。利用好国家有关政策的扶持平台，"建立政府补贴、购买服务、基金奖励、捐资激励等制度，使教育、财税、土地、金融等政策工具形成合力，积极引导各类办学主体以独资、合资、合作等形式去参与到职业教育的发展创新之中，"形成稳定的利益共同体，促进职业教育协同发展。

二是充分借鉴江浙津等地的经验，组建包括院校、行业企业、科研机构、社会组织等多元主体的职教集团，建立开放性的职业教育治理框架，建立"政校合作""校企合作""校校合作""政企合作"，形成各种信息与资源共享、权利与义务对等，在各成员之间进行充分协商、密切合作，确保参与各方的积极性，均享职业教育为当地经济社会发展创造的人才红利。同时，还要不断"提高职教和产业合作的统筹层次，探索建立职业教育发展委员会，并且使之实权化，给予其一定的资金使用和分配权。"

三是借助职教集团的平台和媒介，做好"五个对接"，不断提高人才培养的针对性和实效性，服务好当地的经济社会发展和人的全面发展，彰显出职教特色及生命力，这五个对接是："（1）实现职业教育专业设置与产业需求对接；（2）实现课程内容与职业标准对接；（3）推动教学过程和生产过程对接；（4）推动毕业证书和职业资格证书的对接；（5）推动职业教育与终身学习的对接。"这样，不仅推动在校生能够全面提升素质，也为社会上有志于终身学习不断提升自我的人士搭建成长成才、不断自我超越的平台。

参考文献

［1］鲍玮.高职教育实践教学体系的建设探索[M].天津：天津科学技术出版社，2017.

［2］陈强.高职教育立德树人理论创新研究[M].昆明：云南大学出版社，2020.

［3］陈永芳，师慧丽，王路炯.职业教育教学设计理论与案例分析[M].上海：同济大学出版社，2019.

［4］陈泽宇.职业教育新工科课程开发的理论与实务[M].北京：北京理工大学出版社，2019.

［5］丁惠炯.新常态视野下现代职业教育治理体系研究[M].北京：经济日报出版社，2018.

［6］葛科奇.高职教育导师制实践与创新[M].天津：天津科学技术出版社，2018.

［7］胡正明，何应林，方展画.优质高职院校建设理论与实践研究[M].武汉：华中科技大学出版社，2019.

［8］黄春荣.职业教育扶贫研究与实践[M].北京：北京理工大学出版社，2020.

［9］李全文.高职教育改革的理论与实践[M].成都：电子科技大学出版社，2011.

［10］刘康民.高职教育供给侧改革研究[M].北京:北京理工大学出版社，2020.

［11］齐爱平.职业教育基本问题研究[M].北京：知识产权出版社，2016.

［12］史伟，杨群，陈志国.新时期职业教育校企合作办学模式探索[M].天津：天津科学技术出版社，2018.

［13］王辉珠.现代职业教育学概论[M].西安：西北大学出版社，2015.

［14］王升.高职教育的创新发展探索[M].石家庄：河北人民出版社，2018.

［15］王晞.新时代职业教育教师队伍专业化建设与发展[M].北京：北京理工大学出版社，2019.

［16］王资，周霞霞，王庆春.高等职业教育内涵式发展评价研究[M].重庆：重庆大学出版社，2018.

［17］徐晔.中等职业教育功能定位研究[M].北京：北京理工大学出版社，2021.

［18］闫智勇，吴全全.现代职业教育体系建设目标研究[M].重庆：重庆大学出版社，2017.

［19］张耀嵩.高等职业教育办学体制机制研究[M].上海：复旦大学出版社，2017.

［20］周建松.现代职业教育体系建设与高职教育创新发展[M].杭州：浙江工商大学出版社，2017.

［21］蔡泽寰.应对工业4.0高职教育的趋向[N].襄阳日报，2015-06-09（5）.

［22］陈睿.对职业教育管理创新模式的研究[J].学周刊，2016(15)：129-130.

［23］陈士强.高职院校实践教学管理模式探析[J].继续教育，2008(5)：9-11.

［24］陈子季.以大改革促进大发展推动职业教育全面振兴[J].中国职业技术教育，2020(1).

［25］程允丽.加强实践教学培养合格人才实践[J].中国科技信息，2007，（3）：256-257，260.

［26］韩彦芳，欧阳志红.中国制造2025背景下职业教育人才培养的思

考[J].职业,2016(2):22-23.

[27]黄维新.实践教学是职教课程改革的核心[J].职业技术教育(教学版),2006(26):81-82.

[28]黄文杰,张圆圆.高等职业教育创新管理模式探讨[J].中国培训,2017(2):73.

[29]姜大源.跨界、整合和重构:职业教育作为类型教育的三大特征:学习《国家职业教育改革实施方案》的体会[J].中国职业技术教育,2019(7).

[30]蒋琪.高校信息化教学模式及问题与对策研究[J].中国职工教育,2014(20):188.

[31]金明根.高等职业教育管理模式的研究与探讨[J].教育现代化,2016,3(5):129-130.

[32]李逢庆.混合式教学的理论基础与教学设计[J].现代教育技术,2016,26(09):18-24.

[33]李桂华,赵鹏程.高等职业教育管理体制创新研究[J].湖北广播电视大学学报,2007(11):8-9.

[34]李海燕.高等职业教育人才培养模式改革途径研究[J].继续教育研究,2012(6):57-58.

[35]李家瑛.实现中国制造2025目标现代职业教育任重而道远[J].天津职业院校联合学报,2016(18):23-25.

[36]李建国.中高职协调发展视角下的现代职业教育体系构建:以江苏盐城地区为例[J].黑龙江高教研究,2013(6):156-158.

[37]李梦卿,邢晓."双高计划"背景下高等职业教育人才培养方案重构研究[J].现代教育管理,2020(1).

[38]刘任庆.当前职业教育体系存在的问题与对策研究[J].成人教育,2014(9):65-67.

[39]彭汉庆.对影响高职实践性教学若干问题的思考[J].湖北职业技术学院学报,2004,7(1):8-10,20.

[40]任占营.新时代高职院校强化内涵建设的关键问题探析[J].中国职

业技术教育，2018（19）．

［41］王华．高等职业教育教学模式改革的研究与实践［J］．中国教育学刊，2015（S2）：252-253．

［42］王开淮，聂文俊．论高职院校学生教育管理与教学活动深度融合的育人模式［J］．教育与职业，2017（10）：53-56．

［43］王清华．现代职业教育的实践与思考：江苏省职业教育的考察报告［J］．石家庄职业技术学院学报，2013（5）：7-10．

［44］吴枫．中国制造2025背景下湖北省职业学校应对策略研究［D］．武汉：湖北工业大学，2016：11．

［45］吴融生，林群强．高等职业教育实践教学模式改革的探索［J］．现代职业教育，2018（15）：22-23．

［46］徐芸．关于中高职教育课程衔接的思考［J］．教育与职业，2014（11）：44-45．

［47］许海港．高等职业教育管理模式的创新研究［J］．淮南职业技术学院学报，2020，20（2）：75-76．

［48］闫梅红．中高职协调发展视角下的职业教育发展现状及对策探析［J］．教育与职业，2012（27）：16-19．

［49］颜彩飞．中国制造2025与现代职业教育的转型发展思考［J］．河南科技，2016（3）：1-4．

［50］燕艳，李潘坡．基于课堂教学模式重构的"互联网＋职业教育"信息化发展框架探究［J］．教育与职业，2018（04）：92-97．

［51］于志晶，刘海，岳金凤，李玉静，程宇，张祺午．中国制造2025与技术技能人才培养［J］．职业技术教育，2015（21）：3-5．

［52］喻忠恩．职业教育改革的模式选择及政府角色［J］．职教通讯，2018（15）．

［53］袁方．新时代背景下高职学生管理模式的创新研究［J］．科教文汇（中旬刊），2019（9）：114-115．

［54］赵惠莉，王兵．供给侧改革语境下省级统筹高等职业教育的发展路

径[J].教育与职业,2016(21):32-37.

[55]周如俊.基于CDIO审视中职校专业教育实施误区与应对之策[J].江苏教育(职业教育版),2010(7):32-34.

[56]朱萍.职业教育管理模式创新与发展策略初探[J].天津职业院校联合学报,2016,18(6):11-14.

[57]庄西真.创新·指南·落实:《国家职业教育改革实施方案》解读[J].教育与职业,2019(7):5-10.